FOM-Edition

FOM Hochschule für Oekonomie & Management

Marcel Seidel • Axel Liebetrau
(Hrsg.)

Banking & Innovation 2015

Ideen und Erfolgskonzepte von Experten
für die Praxis

Herausgeber
Marcel Seidel
FOM Hochschule für Oekonomie
& Management
Stuttgart
Deutschland

Axel Liebetrau
BGI – Banking Innovation Group GmbH
Stuttgart
Deutschland

Dieses Werk erscheint in der FOM-Edition, herausgegeben von FOM Hochschule für Oekonomie & Management.

ISBN 978-3-658-06745-8   ISBN 978-3-658-06746-5 (eBook)
DOI 10.1007/978-3-658-06746-5

Die Deutsche Nationalbibliothek verzeichnet diese Publikation in der Deutschen Nationalbibliografie; detaillierte bibliografische Daten sind im Internet über http://dnb.d-nb.de abrufbar.

Springer Gabler
© Springer Fachmedien Wiesbaden 2015

Lektorat: Angela Meffert

Gedruckt auf säurefreiem und chlorfrei gebleichtem Papier

Springer Gabler ist eine Marke von Springer DE. Springer DE ist Teil der Fachverlagsgruppe Springer Science+Business Media
www.springer-gabler.de

Geleitwort

Innovationen sind für den Bankenbereich mindestens genauso wichtig wie für andere Wirtschaftsbereiche. Die Finanzmarktkrise hat gezeigt, dass aber nicht alle Innovationen gemessen an den Kriterien Nachhaltigkeit, Kundennutzen, Transparenz oder Sicherheit ausgereift waren.

Mit dieser neuen Publikationsreihe wird daher ein Forum geschaffen, das Wissenschaft und Praxis beim Bemühen um branchenbezogene Innovationen unterstützt: *Banking & Innovation* richtet sich an Führungskräfte und Entscheider aus den Bereichen Banking und Finance, die kreativ, innovativ und vor allem langfristig denken und handeln. Dieses Buch ist von und für Vordenker der Branche geschrieben und führt Perspektiven aus Wissenschaft und Praxis handlungsorientiert zusammen.

Das Themenspektrum der vorliegenden Erstausgabe ist mit 34 Experten-Beiträgen breit gefächert. Ziel ist es aufzuzeigen, wie vielfältig das Spektrum an innovativen Themen in der Bankbranche ist und welches Chancenpotenzial sich damit verbindet. Den Rahmen für die Themen geben die klassischen Erfolgsfaktoren Strategie, Struktur, Kultur und Technik vor. Außerdem werden außergewöhnliche Themen behandelt und interdisziplinäre Ansätze vor- und angedacht. Die Analyse von Entwicklungspfaden anderer Branchen schafft neue Einsichten und bietet einen Innovationstransfer für den Bereich Banking.

Die FOM Hochschule für Oekonomie & Management stellt gerne den Rahmen für diese Publikationsreihe. In der Bankwirtschaft bilden sich zahlreiche Mitarbeiter berufsbegleitend an den bundesweiten Studienzentren der FOM weiter. Ihnen, aber auch der Bankwirtschaft insgesamt, sollen die Inhalte Anregung und Inspiration für neue Ideen sein.

Wir freuen uns sehr, dass unsere Expertise auch in Form konkreter Beiträge unserer Hochschullehrer Eingang in die Reihe gefunden hat. Dem ersten Band dieser neuen Publikationsreihe wünschen wir eine gute Resonanz in Wissenschaft und Praxis.

Prof. Dr. Burghard Hermeier   Prof. Dr. Thomas Heupel
Rektor der FOM Hochschule   Prorektor Forschung der FOM Hochschule

Vorwort der Herausgeber

Innovationen sind die treibende Kraft für Unternehmenserfolg. Allerdings: Banken sind nicht gerade dafür bekannt, innovativ zu sein. Trotzdem müssen auch Banken innovativ sein, wenn sie im Wettbewerb bestehen wollen. Wir zeigen mit den vorliegenden Beiträgen, wie dies gelingen kann.

Spricht man mit Bankern, stehen die Herausforderungen des Tagesgeschäfts, zum Beispiel betriebswirtschaftliche Herausforderungen und Regularien, klar im Vordergrund. Innovationen sind es jedenfalls nicht. Gleichzeitig ist natürlich jedem Manager klar, dass auch im Banking der Wettbewerb im heutigen Internetzeitalter unter anderem aufgrund eines Wissens- und Qualitätsvorsprungs entschieden wird.

Was aber ist eigentlich eine Innovation im Bankensektor? Es zeigt sich sehr schnell, dass der Begriff „Innovation" offensichtlich sehr uneinheitlich verwendet wird. Für die Einen ist etwas nur dann eine Innovation, wenn es sich um etwas „noch nie Dagewesenes" handelt. Andere sehen etwas auch dann als Innovation an, wenn es lediglich für die Bankbranche oder im jeweiligen Bankensektor neu ist.

Hier wird unter Innovation die zielgerichtete Durchsetzung von neuen strategischen, organisatorischen (Strukturen und Prozesse), kulturellen, technischen und methodischen Problemlösungen in der Bankbranche verstanden.

Neu heißt hier, eine bestimmte Problemlösung ist nur dann eine Innovation, wenn in diesem Thema ein zeitlicher Vorsprung gegenüber anderen Lösungen besteht. Denn schon seit Langem hat sich herumgesprochen: „Es ist nicht mehr der Große, der den Kleinen frisst, sondern der Schnelle frisst den Langsamen."

Bei der Durchsicht der verschiedenen vorliegenden Lösungsansätze werden Sie feststellen, dass manche Lösung sehr zeit- und ressourcenintensiv ist. Dies ist sicher auch der Grund, dass ein systematisches Innovationsmanagement als Stelle nur selten und wenn, dann in größeren Instituten installiert ist.

In Genossenschaftsbanken und Sparkassen findet sich auf Primärbankebene kaum eine Stelle „Innovationsmanagement". Dort entstehen Innovationen bestenfalls aus Ideen der Führungskräfte und/oder sie sind Aufgabe der Verbände. Aber selbst dort gibt es keine explizite Stelle „Innovationsmanagement". Innovationen werden oft extern eingekauft oder in situativen Projektgruppen entwickelt und abgearbeitet. Problematisch dabei ist: Aufgrund gewachsener und bewährter Verbandsstrukturen dauern Entscheidungen manchmal lange, und gute Ideen bleiben auf der Strecke.

Die Branche braucht gute Antworten, denn schon heute zeichnen sich im Banking gigantische Veränderungen ab. Angesichts einer rasanten globalen technologischen Entwicklung und neuer einflussreicher und finanzkräftiger Mitspieler im Banking (zum Beispiel Amazon, Google, Facebook) brauchen die traditionellen Banken schleunigst eine wirkungsvolle Innovationsstrategie.

Ob eine solche Strategie alleine oder mit anderen Banken gemeinsam entwickelt wird, hängt von vielen Faktoren ab. Andere Branchen machen es jedenfalls vor: Dort werden für Forschung und Entwicklung unternehmensübergreifend strategische Allianzen oder Kooperationen gebildet. So könnte es auch ein von mehreren Banken gemeinsam getragenes Finance-Lab geben, oder die Verbände stellen hierfür gezielt Ressourcen zur Verfügung.

Die vorliegenden Beiträge sind jeder für sich gesehen spannend und zeigen ein Stück Innovation in Banken. Manche Lösung ist sehr bankspezifisch, manche Lösungen gibt es bereits mit ähnlichen Inhalten und Vorgehensweisen in anderen Branchen. In Banken oder einzelnen Bankengruppen ist das Thema jedoch neu.

Da es sich nicht um ein Lehrbuch mit durchgehenden, aufeinander aufbauenden Inhalten handelt, kann der Leser dort einsteigen, wo sein besonderes Interesse liegt. Dennoch haben wir auf eine Struktur nicht ganz verzichtet. Die Sammlung der Beiträge zu Banking & Innovation orientiert sich grundsätzlich an den generellen Erfolgsfaktoren Strategie/Vertrieb (9 Beiträge), Struktur (4 Beiträge), Kultur (10 Beiträge) und Technik (7 Beiträge). Außerdem ist den Beiträgen, in denen es primär um die Betrachtung innovativer Methoden in Banken geht (4 Beiträge), ein eigener abschließender Teil gewidmet. Diese Zuordnung zu den einzelnen Erfolgsfaktoren ist uns nicht immer leicht gefallen und sicher auch ein gutes Stück subjektiv.

Wir bedanken uns an dieser Stelle bei allen Autoren für die kooperative Unterstützung durch ihre Beiträge. Wir bedanken uns auch bei den Verantwortlichen der FOM Hochschule für die Möglichkeit, im vorliegenden Rahmen ein Jahrbuch zu den existenziellen Fragestellungen der Bankbranche veröffentlichen zu können, insbesondere bei Herrn Professor Thomas Heupel für die Aufnahme des Werkes in die FOM Edition und bei Herrn Dipl.-jur. Kai Enno Stumpp für die Begleitung bei dessen Erstellung.

Prof. Dr. Marcel Seidel

Axel Liebetrau

Inhaltsverzeichnis

Teil II   Strategie/Struktur

Teil III   Kultur

Mitarbeiterverzeichnis

Philipp Becker Feusisberg, Schweiz
E-Mail: philippmoritz.becker@gmail.com

Katharina Berger Deutsche Bank AG, Eschborn, Deutschland
E-Mail: katharina.berger@db.com

Alexander Bönner FOM Stuttgart, Stuttgart, Deutschland
E-Mail: alexander.boenner@fom.de

Georg Bouché Bouché & Jakob GbR, Berlin, Deutschland
E-Mail: contact@georg-bouche.com

Kerstin Bruns Evangelische Kreditgenossenschaft eG (EKK),
Kassel, Deutschland
E-Mail: kerstin.bruns@ekk.de

Hendrik Budliger Basel, Schweiz
E-Mail: hbudlinger@hotmail.com

Alexander Burggraf Waldbrunn, Deutschland
E-Mail: alexanderburggraf@web.de

Timo Capriuoli Volksbank Heilbronn eG, Heilbronn, Deutschland
E-Mail: timo.capriuoli@volksbank-heilbronn.de

Margret Dreyer Dt. Postbank AG, Bonn, Deutschland
E-Mail: margret.dreyer@postbank.de

Claude Del Don Wädenswil, Schweiz
E-Mail: claude.deldon@bluewin.ch

Dirk Emminger Finanz Informatik Technologie Service GmbH & Co. KG, Offenbach, Deutschland
E-Mail: dirk.emminger@f-i-ts.de

Tobias Endreß University of Gloucestershire, Gloucestershire, GL, UK
E-Mail: tobias.endress@connect.glos.ac.uk

Jens Fehlhauer Genopace GmbH, Berlin, Deutschland
E-Mail: jens.fehlhauer@genopace.de

Kurt Gerlach Volksbank Düsseldorf Neuss eG, Neuss, Deutschland
E-Mail: kurt.gerlach@deine-volksbank.de

Ariel Sergio Goekmen Vaduz, Liechtenstein
E-Mail: arielsergio.goekmen@kaiserpartner.com

Andreas Grahl AMOSSE – Allianz Managed Operations & Services SE, München, Deutschland

Alexander Gysinn Volksbank Heilbronn eG, Heilbronn, Deutschland
E-Mail: alexander.gysinn@volksbank-heilbronn.de

Maria-Helena Hansen Wüstenrot Bausparkasse AG, Ludwigsburg, Deutschland
E-Mail: maria-helena.hansen@wuestenrot.de

Ira Holl Deutsche Bank Privat- und Geschäftskunden AG, Privat- und Firmenkundenbank, Berlin, Deutschland
E-Mail: ira.holl@db.com

Norbert Huber Fürth, Deutschland
E-Mail: huber.norbert@rr-web.de

Markus Keck Commerzbank AG, Frankfurt am Main, Deutschland
E-Mail: markus.keck@commerzbank.com

Ralf Knappkötter Welver, Deutschland
E-Mail: ralf.knappkoetter@t-online.de

Elizaveta Kozlova best-practice innovations GmbH, Köln, Deutschland
E-Mail: elizaveta.kozlova@b-pi.com

Patrick Kramer UBS AG, Zürich, Schweiz
E-Mail: patrick.kramer@ubs.com

Melanie Lais Wiesbaden, Deutschland
E-Mail: melanie.lais@web.de

Axel Liebetrau Stuttgart, Deutschland
E-Mail: a.liebetrau@bankinginnovationgroup.de

Markus Malz Wüstenrot Bank AG, Ludwigsburg, Deutschland
E-Mail: markus.malz@wuestenrot.de

Stefan Mertes Commerzbank AG, Frankfurt am Main, Deutschland
E-Mail: stefan.mertes@commerzbank.com

Franziska Nocke Evangelische Kreditgenossenschaft eG (EKK), Kassel, Deutschland
E-Mail: franziska.nocke@ekk.de

André Del Piero Burgdorf, Schweiz
E-Mail: delpi67@gmail.com

Elke Präg WisA – Angewandte Neurowissenschaften und Vorträge,
Leonberg, Deutschland

Elisabeth Prähauser Salzburger Sparkasse Bank AG, Salzburg, Österreich

Volker Pressel Volksbank Rheinahreifel, Daun, Deutschland
E-Mail: volker.pressel@voba-rheinahreifel.de

André Renfer Hypothekarbank Lenzburg AG, Lenzburg, Schweiz
E-Mail: andre.renfer@hbl.ch

Alexander J. Renner Finanz Informatik Technologie Service GmbH & Co. KG,
Offenbach, Deutschland
E-Mail: alexander.renner@f-i-ts.de

Dieter Rohrmeier Hochschule der Sparkassen-Finanzgruppe, Bonn, Deutschland
E-Mail: dieter.rohrmeier@dsgv.de

Horst Schreiber Volksbank Trier, Trier, Deutschland
E-Mail: horst.schreiber@vr-web.de

Marcel Seidel Stuttgart, Deutschland
E-Mail: marcel.seidel@fom.de

Ewald Seifried BIG – Banking Innovation Group GmbH, Stuttgart, Deutschland
E-Mail: e.seifried@bankinginnovationgroup.de

Birgit Spors ING-DiBa AG, Frankfurt am Main, Deutschland
E-Mail: b.spors@ing-diba.de

Axel Steudle Pforzheim, Deutschland
E-Mail: axel.steudle@web.de

Kaspar Trachsel Bremgarten bei Bern, Schweiz
E-Mail: kaspar.trachsel@me.com

Felix Wenger UBS, Communication & Branding, Zürich, Schweiz

Marianne Wildi Hypothekarbank Lenzburg AG, Lenzburg, Schweiz
E-Mail: marianne.wildi@hbl.ch

Stefan Wittlinger TeamBank AG, Nürnberg, Deutschland
E-Mail: stefan.wittlinger@easycredit.de

Jens Wöhler S Broker, Wiesbaden, Deutschland
E-Mail: jens.woehler@sbroker.de

Andrew J. Zeller TeamBank AG, Nürnberg, Deutschland
E-Mail: andrew.zeller@teambank.de

Stefanie Zethner Volksbank Mittelhessen eG, Gießen, Deutschland
E-Mail: stefanie.zethner@vb-mittelhessen.de

Friedrich G. Zuther Berlin, Deutschland
E-Mail: fgz@gmx.net

Der Weg zu einem neuen Banking

Axel Liebetrau und Marcel Seidel

1.1 Grundsätzliche strategische Gedanken[1]

Die Zeiten des Verkäufermarktes sind auch in der Finanzindustrie längst vorbei. Früher wurden Produkte und Dienstleistungen im stillen Kämmerlein entwickelt und über gut strukturierte Vertriebseinheiten an den meist wenig informierten Kunden gebracht. Klare Geschäftsprozesse effizient organisiert und getrennt in Produktion und Vertrieb prägten die Branche. Für den Kunden war in der technisierten Wertschöpfungskette kaum Platz.

> Wenn Du heute nur Zeit hast für eine Einsicht, dann sollte es diese sein. Wir sind keine Zuschauer oder Empfänger oder Endverbraucher oder Konsumenten. Wir sind Menschen – und unser Einfluss entzieht sich eurem Zugriff. Kommt damit klar.
> Vernetzte Märkte beginnen sich schneller selbst zu organisieren als die Unternehmen, die sie traditionell beliefert haben. Mit Hilfe des Webs werden Märkte besser informiert, intelligenter und fordernder hinsichtlich der Charaktereigenschaften, die den meisten Organisationen noch fehlen. (Levine et al. 1999)

Mit diesem Intro beginnt das „Cluetrain-Manifest", eine Sammlung von 95 Thesen über das Verhältnis von Unternehmen und ihren Kunden im Zeitalter des sozialen Internets,

---

[1] Die strategischen Aussagen basieren auf dem *„Zürcher Modell der kundenzentrierten Bankarchitektur"* von Auge-Dickhut et al. (2014).

A. Liebetrau (✉)
Haydnstraße 5, 69168 Wiesloch, Deutschland
E-Mail: a.liebetrau@bankinginnovationgroup.de

M. Seidel
Rohrer Str.153, 70771 Leinfelden-Echterdingen, Deutschlanda
E-Mail: marcel.seidel@fom.de/m.seidel@bankinginnovationsgroup.de

© Springer Fachmedien Wiesbaden 2015
M. Seidel, A. Liebetrau (Hrsg.), *Banking & Innovation 2015*, FOM-Edition,
DOI 10.1007/978-3-658-06746-5_1

welche bereits im Jahr 1999 von Rick Levine, Christopher Locke, Doc Searls und David Weinberger veröffentlicht wurde. Nach vielen Jahren ist das Cluetrain-Manifest weiterhin hoch aktuell und lesenswert. Bereits damals zu Hochzeiten des Dotcom-Booms wurde eine pragmatische Sicht auf Menschen, Märkte und neue Kommunikationstechnologien formuliert. Die Thesen beschreiben, welche wachsende Macht die neuen Technologien auf die Kommunikation zwischen Produzent und Kunden haben wird. Das Manifest skizziert das Ende der einseitigen Kommunikation und des einseitigen Vertriebs. Die Märkte und die Vertriebe der Zukunft basieren auf den Beziehungen der Menschen untereinander und auf den Beziehungen der Unternehmen zu den Menschen (Levine et al. 1999).

Inzwischen hat sich viel geändert. Heute ist dieser Machtwechsel in allen Branchen und Industrien, nicht nur in der Bankbranche, vollzogen. Die Märkte gehören vollständig den Kunden. Der kundenzentrierte Markt im sozialen und mobilen Web und in der realen Welt steht für Gespräche auf Augenhöhe, mit Menschen und nicht mit Zielkunden, Kooperation und Gleichrangigkeit sowie Offenheit und Transparenz.

Die originäre Selbstverständlichkeit einer jeden Bank, die Kundenorientierung erlebte daher in den letzten Jahren ein Comeback, während klassische Shareholder-Value-Ansätze in den Hintergrund gerieten. Investitionen in ein besseres Verstehen des Kunden, seines Lebensstils und seiner Bedürfnisse wurden getätigt. Customer-Relationship-Management (CRM) entwickelte sich von einer reinen Sammelstelle von Kundendaten hin zu einer prozessintegrierten Unterstützung im kompletten Kundenbeziehungsprozess. Ergänzend wurden die CRM-Systeme mit IT-generierten Kundenbewertungen und Aussagen zu den zukünftigen Vertriebspotenzialen, welche der Kunde der Bank bieten kann. Kundendeckungsbeitragsrechnungen wurden flächendeckend eingeführt und entwickelten sich zum zentralen Leitgedanken im Vertrieb. Die Betriebswirtschaftslehre entwickelte neue Konzepte und Methoden zu aussagekräftigen Customer Lifetime Value (CLV), neuartigen ABC-Analysen/Programmstrukturanalysen und IT-gestützten Kunden-Scoring-Modelle weiter. Anstelle der eigentlich wichtigen Frage bei der Kundenorientierung: „Was bringt mir als Kunde eine Bank?", wurde nach dem betriebswirtschaftlichen Wert des Kunden für die Banken gefragt. Der Vorteil wurde einseitig optimiert und echte Win-win-Situationen wurden von der Bankindustrie und der Betriebswirtschaftslehre gleichsam vernachlässigt.

Kundenorientierung wurde zu oft von den Banken auf den „golden Weg" zu mehr Profitabilität und Verkaufssteigerung reduziert. Kundenorientierung als ein anderes Wort für Gewinnmaximierung und Kundenausrichtung und als anderes Wort für eine verdeckte Shareholder-Value-Ausrichtung (Auge-Dickhut et al. 2014).

Diese Ansichten können als klischeehaft, einseitig und lückenhaft angesehen werden. Unbestritten ist aber, dass viele bisherige Kundenorientierungsprogramme eher ein Aufbäumen gegen die immer stärker werdende Macht des Kunden sind, welche die „gute alte Zeit" konservieren und fortführen wollen. Die nächste Entwicklungsstufe nach dem besseren Verstehen des Kunden und dem Eingehen auf seine Bedürfnisse ist die Schaffung von spürbaren Vorteilen auf beiden Seiten. Das Anstreben von Win-win definiert das wesentliche Kriterium für eine echte Kundenzentrierung. Dieses Statement ist ein Aufruf und eine Hilfestellung den Kunden nicht nur als Dreh- und Angelpunkt zu sehen, sondern dem

Nutzen des Kunden (Client Value) den gleichen Stellenwert wie dem eigenen Nutzen zu geben. Dies wiederspricht nicht dem weiterhin gültigen und wichtigen unternehmerischen Grundsatz Gewinne zu erzielen, sondern erweitert den unternehmerischen Grundsatz auf die langfristige und nachhaltige Perspektive, Gewinne für beide Seiten zu erzielen. Win-win als Mantra für Vertrieb und Backoffice. Win-win als wichtigstes strategisches und operatives Ziel einer innovativen Versicherung. Win-win als gleichrangige Shareholder- und Customer-Value-Ausrichtung (Auge-Dickhut et al. 2014).

Um die veränderte Rolle der beidseitigen Nutzensteigerung, dem Schlüsselfaktor besser zu verstehen, müssen wir Win-win besser verstehen. Wikipedia definiert Win-win als die Zielsetzung, bei welcher beide Beteiligten einen erkennbaren Nutzen erzielen. Jeder Partner respektiert sein Gegenüber und versucht, dessen Interessen ausreichend zu berücksichtigen. Es wird unter gleichwertigen Partnern an einem für beide Seiten zusagenden Ausgleich gearbeitet. Dieser Ansatz ist deutlicher auf langfristigen Erfolg und langfristige Zusammenarbeit als auf kurzfristigen Gewinn ausgerichtet.

Beidseitiger Interessenausgleich zwischen Kunde und Bank als entscheidendes Merkmal und Unterscheidungskriterium zwischen Kundenzentrierung und der heute gelebten Vorstufe Kundenorientierung.

Die Zukunft eröffnet Banken neue Chancen, die auf beidseitige Nutzensteigerung setzen und sich als fairer Partner ihrer Kunden positionieren. Diese Banken sind fit und vorbereitet für eine Ökonomie mit mehr Macht beim Kunden und Geschäfte auf Augenhöhe. Banken, welche dieses neue Wirtschaftsprinzip nicht beachten, werden Probleme haben, weiterhin am Markt Erfolg zu haben.

Dies ist kein naiver Aufruf für einen neuen Managementtrend, kein übertriebenes Schwarz-Weiß-Denken oder gar eine neue Weltanschauung. Die These schaut auf die aktuell stattfindenden Machtverschiebungen (Shifts) und Trends in den Märkten und führt bereits erkennbare Veränderungen nach der Finanz- und Weltwirtschaftskrise der vergangenen Jahre konsequent fort.

Die neue Rolle des Kunden vom Zaungast und Objekt der Deckungsbeitragsrechnung hin zum Dreh- und Angelpunkt sowie als gleichrangiger Partner auf Augenhöhe. Kundenzentrierung mit Win-win als das evolutionäre Wirtschaftsprinzip für die Bank der Zukunft!

Bleibt die Frage, was eine Bank konkret tun kann, um die oben beschriebene neue Art der Kundenorientierung einzuführen. Dies wird in Abschn. 1.2 des Beitrags vorgestellt.

1.2 Konkrete Schritte zur Kundenzentrierunga

Obwohl das in Abschn. 1.1 beschriebene Ziel „Kundenzentrierung" in vielerlei Hinsicht klar ist, stehen am Anfang viele Fragen: Welche Defizite gibt es in der Bank? Was heißt „Kundenzentrierung" für uns konkret? Haben wir ein gemeinsames Verständnis bzw. wie

Tab. 1.1 Kernerfolgsfaktoren der Unternehmensgestaltung

Erfolgsfaktor	Inhalt
(1) Strategie	Beim **Erfolgsfaktor Strategie** geht es zum einen um den Status der Gesamtbankstrategie (bezogen auf die Ausrichtung der Kundenorientierung), aber auch um die daraus abgeleiteten Konsequenzen für die Funktionalstrategien (zum Beispiel Vertriebsstrategie, Organisationsstrategie oder Personalstrategie)
(2) Struktur	Das **Themenfeld Struktur** widmet sich beispielsweise der gegenwärtigen Organisations- und Vertriebsstruktur. Außerdem können hierunter auch die Filial- sowie die Mitarbeiter- und Kundenstrukturen betrachtet werden
(3) Kultur	Das **Themenfeld Kultur** wird vielfach unterschätzt, ist aber von grundlegender Bedeutung. Welche Denk- und Werthaltungen herrschen vor? Sind diese synchron (ziehen alle als Team an einem Strang) oder steht der Vorteil des Einzelnen im Vordergrund?
(4) Technik	Das **Themenfeld Technik** darf im Informations- und Kommunikationszeitalter nicht fehlen. Im Hinblick auf die Kundenorientierung einer Bank umfasst Technik zum Beispiel die Technikausstattung in den Filialen, aber auch die technischen Zugangsmöglichkeiten der Kunden (PC und Electronic Devices wie Tablets oder Smartphones). Insbesondere mit Blick auf die umworbene junge Generation ein wesentlicher Wettbewerbsfaktor

sieht dieses aus? Genügt eine behutsame Feinjustierung der (Vertriebs-)Strategie oder ist ein umfassender strategischer Neuanfang notwendig? Wie gelingt es die Mitarbeiter auf diese Reise mitzunehmen und vor allem auch in Wirkung zu bringen?

Aus pragmatischer Sicht ist es gut, vor Beginn etwaiger Veränderungen in einem ersten Schritt erst einmal den Status quo im Unternehmen festzustellen – oder würden Sie vor einem größeren medizinischen Eingriff auf eine Voruntersuchung verzichten?

Zu Beginn eines strategischen Prozesses steht die Feststellung des Status quo. Die Tiefe, mit der die Status-Bestimmung erfolgt, kann unterschiedlich sein. Als Orientierung für sinnvolle Untersuchungsfelder können die vier Erfolgsfaktoren 1) Strategie, 2) Struktur, 3) Kultur und 4) Technik herangezogen werden. Jedes dieser Felder lässt sich wiederum in Unterthemen aufspalten. Diese Erfolgsfaktoren sollte in einem ersten Schritt sorgfältig untersucht werden – die Kenntnis von Stärken und Schwächen des Instituts ist das Ergebnis (vgl. Tab. 1.1).

Das ist jedoch nur ein Aspekt. Begleitend dazu ist es Aufgabe der verantwortlich handelnden Personen, das Spektrum der Möglichkeiten in jedem der genannten Erfolgsfaktoren zu kennen. Die Informationsmöglichkeiten sind vielfältig: Literatur, Verbände, externe Berater sind nur einige Möglichkeiten. Allerdings: Das Management muss sich eine eigene Meinung bilden, was für das Unternehmen perspektivisch gut ist. Hier „blind" Empfehlungen aus der Literatur oder externen Beratern zu vertrauen, kann gefährlich sein, zumal spezifische Besonderheiten eine ganz erhebliche Rolle spielen. Durch die Beschäftigung mit diesen Zukunftsfragen können Chancen und Risiken beurteilt werden.

Tab. 1.2 Konkrete Fragen zur strategischen Ausrichtung. (Quelle: in Anlehnung an Kohlöffel 2000)

Thema	Kernfrage	Mögliche Ausprägungen
(1) Strategisches Grundkonzept	Womit können Wettbewerbsvorteile erzielt werden?	Kostenführer Qualitätsführer
(2) Strategische Methode	Welche Entwicklungsrichtungen für die Geschäftsfelder werden gewählt?	Wachstum Rückzug
(3) Strategie der Geschäftsentwicklung	Welches Vorgehen am Markt wird gewählt?	Marktdurchdringung Marktentwicklung Diversifikation Produktentwicklung
(4) Gestaltung der Wertschöpfung	Wie wird die Wertschöpfungskette gestaltet?	Make-or-Buy-Entscheidungen Gestaltung von Strukturen und Prozesse
(5) Technologische Ausrichtung	Umgang mit Innovationen?	Innovationsorientierung bzgl. Märkten und Produkten

Mit diesen Kenntnissen ausgestattet, kann darüber entschieden werden, ob ein Strategie-Update ausreicht (evolutionäre Vorgehensweise) oder ein strategischer Neuanfang (revolutionäre Vorgehensweise) sinnvoll ist. Die Entscheidung, welche der Optionen sinnvoll sind, muss individuell getroffen werden. Kriterien sind beispielsweise: Aktualität der Strategie, Identifikation der Mitarbeiter mit der aktuellen Strategie, Defizite in der aktuellen Strategie oder Wettbewerbsfähigkeit der Strategie.

In jedem Fall sollten in einem zweiten Schritt die strategischen Grundlagen – Mission, Vision, Werte, Ziele – überarbeitet bzw. neu definiert werden. Dies ist Aufgabe des Managements. Vor allem bei den Instituten des Sparkassen- und Genossenschaftssektors sind hier Grenzen vorgegeben. Aufgrund gruppenspezifischer „Notwendigkeiten" der jeweiligen Bankengruppen sind fertig vorgedachte Konzepte und Instrumente vorhanden und zu integrieren – ansonsten macht eine Gruppenzugehörigkeit keinen Sinn. Am Ende ergibt diese strategische Neuausrichtung, egal ob evolutionär oder revolutionär vorgegangen wird, das Fundament bzw. das Grundgerüst des Unternehmenserfolges.

Dieses strategische Grundgerüst wird im dritten Schritt weiter konkretisiert. Hier ist es von Vorteil, wenn – frei nach dem Motto „Betroffene zu Beteiligten machen" – die verantwortlichen Führungskräfte eingebunden werden. Fünf Fragen sind für die Erstellung eines umfassenden finalen Zielbildes von Bedeutung (vgl. Tab. 1.2).

Tab. 1.3 Akzeptanzfaktoren – Wie Mitarbeiter in Wirkung kommen

Änderungsfähigkeit		Änderungsbereitschaft	
Kennen	Können	Wollen	Sollen
(Kommunikation)	(Qualifikation)	(Motivation)	(Organisation)
Mitarbeiterzeitschriften	Fachkompetenz	Intrinsische Anreize	Projektorganisation
Infoveranstaltungen	Methodenkompetenz	Extrinsische Anreize	Promotoren
…	…	…	…

Mit Abschluss des dritten Schrittes ist das Zielbild entwickelt. In einem letzten Schritt müssen nun die Handlungsfelder definiert werden. Die Kunst besteht darin, konkret-quantitative Erkenntnisse (auf Zahlen, Daten, Fakten basierend) und qualitative Einschätzungen so zusammenzuführen, dass das gemeinsame Zielbild entsteht. Dazu werden die Untersuchungsergebnisse systematisch miteinander in Beziehung gesetzt. Allerdings braucht es eine gehörige Portion Erfahrung und Fingerspitzengefühl, um zum Beispiel Wünschenswertes vom Machbaren zu unterscheiden. Das Ergebnis dieser Entwicklungsaufgabe ist eine fundierte Ausarbeitung des Weges (Roadmap) der gegangen werden muss, um das strategische Zielbild zu erreichen. Diese Roadmap ist Grundlage für die Entwicklung der nächsten drei bis fünf Jahre und muss jährlich angepasst werden.

1.3 Ausblick

Mit der Erstellung von Zielbild und Roadmap ist der strategische Teil der Unternehmensentwicklung abgeschlossen und wird lediglich in jährlichen Updates überprüft und gegebenenfalls angepasst.

Was darauf folgt ist die Umsetzung. Der Umfang der Umsetzung ist abhängig vom Umfang der Handlungsfelder. Bei größeren Vorhaben und zahlreichen Betroffenen und Beteiligten wird die Umsetzung schnell komplex und erfordert neben Fach- auch eine ordentliche Portion Methoden- und Sozialkompetenz (Seidel 2013). Die Umsetzung sollte durch ein Veränderungsmanagement begleitet werden, dass die systematische Einbindung der Mitarbeiter gewährleistet (Seidel und Liebetrau 2013). Ziel eines solchen Veränderungsmanagements ist es, Akzeptanz bei den Betroffenen herzustellen und Widerstände möglichst klein zu halten. Dies sagt sich leicht, ist aber eine aufwendige und anspruchsvolle Aufgabe. Um Akzeptanz zu schaffen, ist einerseits Änderungsfähigkeit (Kennen und Können) und andererseits Änderungsbereitschaft (Wollen und Sollen) notwendig (vgl. Tab. 1.3).

Literatur

Auge-Dickhut, S., Koye, B., & Liebetrau, A. (2014). *Client Value Generation – Das Zürcher Modell der kundenzentrierten Bankarchitektur.* Wiesbaden: Springer Gabler.

Kohlöffel, K. M. (2000). *Strategisches Management.* München: Carl Hanser.

Levine, R., Locke, Ch., Searls, D., & Weinberger, D. (1999). http://www.cluetrain.com.

Seidel, M. (2013). Die Anwendung heuristischer Regeln – Eine Übersicht am Beispiel von Fusionen. Arbeitspapier Nr. 39 der FOM Hochschule für Oekonomie & Management.

Seidel, M., & Liebetrau, A. (Oktober 2013). Mehr Wirkung, weniger Komplexität. *Bankinformation,* 59–65.

Georg Bouché

2.1 Einführung

Die Banco Santander spielt welt- und europaweit eine weitaus wichtigere Rolle als aufgrund ihrer relativen Unbekanntheit außerhalb Spaniens vielleicht angenommen. Die Institutionen werden nach ihrem Börsenwert verglichen.

Der Wert der Bank lag im Jahr 2011 bei US$ 67 Mrd. Damit belegte sie Platz 14 im weltweiten Vergleich. Im Jahr 2013 steigerte sich der Wert auf einen Betrag von US$ 71 Mrd. und die Bank belegte damit Platz 16 der Weltrangliste. Im Vergleich lässt die ehemalige Provinzbank Santander Größen aus Deutschland und den Vereinigten Staaten weit hinter sich: so zum Beispiel die Deutsche Bank AG oder auch Goldmann-Sachs, die im Jahr 2013 die Plätze 36 und 17 belegten, mit Börsenwerten von US$ 36 Mrd. und US$ 70 Mrd.

Den europäischen Vergleich der wichtigsten Akteure zeigt Tab. 2.1.

Neben der Santander Bank mit einem Wert von US$ 115 Mrd. im Jahr 2014 gibt es eine weitere spanische Bank, die unter den besten in Europa vertreten ist: die Banco Bilbao Vizcaya Argentaria (BBVA) mit einem Wert von US$ 72 Mrd. Zum Vergleich: Der Wert der britischen HSBC liegt bei US$ 193 Mrd.

Wie konnte sich das spanische Bankhaus heimlich und leise an die Spitze vorarbeiten? Seit 2008 mussten diverse Geldinstitute in Spanien Insolvenz anmelden. Dies ist nicht verwunderlich. Spanien, ein Land mit 42 Mio. Einwohnern, halb so vielen wie Deutschland mit 81 Mio., beheimatete doppelt so viele Bankfilialen wie die wichtigste Volkswirtschaft in Europa. Ein Grund für das rasante Wachstum ist der ambitionierte Ex-

G. Bouché (✉)
Bouché & Jakob GbR, Argentinische Allee 29, 14163 Berlin, Deutschland
E-Mail: contact@georg-bouche.com

© Springer Fachmedien Wiesbaden 2015
M. Seidel, A. Liebetrau (Hrsg.), *Banking & Innovation 2015,* FOM-Edition,
DOI 10.1007/978-3-658-06746-5_2

Tab. 2.1 Top-Banken in Europa 2011–2014. (Quelle: Banksdaily 2014)

Rang	2011	2012	2013	2014 30. April
1	Deutsche Bank D	HSBC UK	HSBC UK	HSBC UK
2	HSBC UK	Deutsche Bank D	BNP Paribas F	Santander ES
3	BNP Paribas F	Crédit Agri. F	Crédit Agri. F	BNP Paribas F
4	Crédit Agri. F	BNP Paribas F	Deutsche Bank D	Lloyds UK
5	RBoS UK	Barclays UK	Barclays UK	AIB Irland
6	Barclays UK	RBoS UK	Barclays UK	UBS Schweiz
7	ING Group NET	Santander ES	Société Gén. F	BBVA ES
8	Santander ES	Société Gén. F	Santander ES	Barclays UK
9	Société Gén. F	ING Group NET	Group BPCE F	RBoS UK
10	UBS SCHWEIZ	Group BPCE F	ING Group NET	Nordea Schweden

pansionskurs in Lateinamerika, wo sich spanische Konzerne gerne ansiedeln, vor allem wegen der gemeinsamen Landessprache.

Nicht zu unterschätzen ist zudem der Vorstandsvorsitzende, Lenker und Leiter des Geldhauses, Emilio Botín, der 1986 den Vorsitz der Banco Santander übernahm. Forbes (o. J.) schätzt das Vermögen des sechsfachen Familienvaters auf 1,1 bis US$ 1,7 Mrd.

Botín wurde 1934 in Spanien geboren, wo er Rechts- und Wirtschaftswissenschaften studierte. Als Branchenfremder übernahm er den Vorsitz der Bank von seinem Vater. Auch sein Großvater und Urgroßvater waren bereits für Santander tätig. Businessweek (2002) berichtete über seine Obsession in Bezug auf Wachstum und Leistung und über die regelmäßigen Besuche seiner Filialen, wenn er nicht Golf spiele, angle oder jagen gehe.

Laut Noticias Bancarias (2011) wurde die 1857 im gleichnamigen Ort gegründete Banco Santander im Juli 2008 von dem Euromoney Magazine als „beste Bank der Welt" bezeichnet.

> We want to be among the best-managed banks in the world and in the global top 10 in market capitalization. (Emilio Botín, Businessweek 2002)

2.2 Expansion

Guillén und Tschoegel (2008) betonen, dass sich das Bankgeschäft, obwohl die Finanzbranche als global agierender Sektor betrachtet wird, nicht automatisch als international expandierendes Geschäftsmodell von einem auf ein anderes Land übertragen lässt. Ökonomische, politische und kulturelle Hürden müssen überwunden werden, um sich erfolgreich auf einem Markt zu etablieren. Die Banco Santander expandiert in Form von Fusionen und Übernahmen, besser bekannt als „Mergers und Acquisitions" (M&A). Eine Übernahme ist vor allem dann interessant, wenn ein gesättigter Markt von etablierten Banken dominiert wird, weswegen die Banco Santander auf diese Strategie setzt, um neue Märkte zu erschließen. Nach Ansicht von Gillespie et al. (2007) ist es sehr einfach, eine öffentlich gehandelte Aktiengesellschaft in Form einer Fusion oder Übernahme aufzukaufen – dank frei zugänglicher Finanzmärkte weltweit.

2.2.1 Europa und Lateinamerika

Unter Emilio Botíns Führung schluckte Santander im Jahr 1993 die Banco Español de Crédito (Banesto). Die Fusion im Jahr 1999 mit der Banco Central Hispano führte zu dem Namen Banco Santander Central Hispano (BSCH) und gleichzeitig zur größten spanischen Bank im Agglomerat. Im Jahr 2004 wurde das Portfolio durch die britische Bank Abbey National erweitert. Heute firmiert das Unternehmen nur noch unter dem Namen Banco Santander und ist mit mehr als 186.000 Mitarbeitern, über 100 Mio. Kunden, 3,3 Mio. Aktionären und 14.400 Filialen und Niederlassungen auf allen Kontinenten vertreten; in Afrika allerdings nur in Form einer Beteiligung an der Attijariwafa Bank in Marokko. Die zehn wichtigsten Märkte sind Brasilien, Spanien, Großbritannien, Mexiko, Portugal, Deutschland, Chile, Argentinien, Polen und die USA. Guillén und Tschoegel (2008) betiteln die Banco Santander als größte Finanzinstitution in Lateinamerika.

Im Jahr 2004 eröffnete Spaniens Nummer Eins, die Ciudad Grupo Santander (CGS), eine eigene Stadt mit 250 ha, hochmodernen, energieeffizienten und technisch hochgradig ausgerüsteten Gebäuden in Boadilla del Monte in der Provinz Madrid, 30 km außerhalb der Hauptstadt. Neben Ausbildungsstätten, Wohngebäuden und Restaurantbetrieben für Mitarbeiter gibt es Kindergärten sowie Sporteinrichtungen und ein Einkaufszentrum. Als erste europäische Unternehmung wurde Banco Santander mit dem „Work-Life Innovative Excellence Award 2013" ausgezeichnet – für besondere Verdienste für ihre Mitarbeiter, so Santander (o. J.).

Bereits vier Jahre später unterzeichnet Santander eine Vereinbarung zum Verkauf der Finanzstadt für 1,9 Mrd. € an die englisch-spanische Proinvest, so Jiménez (2008). Wenige Monate zuvor, im November 2007, hatte die Bank über 1150 Bankfilialen und andere Immobilien gewinnbringend an den Versicherungskonzern Pearl Group/Sun Capital für 2 Mrd. € verkauft und diese – wie auch die eigens errichtete Stadt – gleich wieder angemietet: fix auf 45 Jahre. Der Verkaufswert betrug insgesamt 4,4 Mrd. € und erzielte einen Profit von 1,7 Mrd. €.

Marco (2014) berichtet, dass diverse Hedgefonds in Provinvests Cuidad Financiera Banco Santander investierten hätten und bezeichnet den Kaufpreis der Finanzstadt von 1,9 Mrd. € als viel zu hoch bewertet – bei einem Cashflow von jährlich 83 Mio. €, gespeist durch die Mieteinnahmen von Santander für über 40 Jahre für 400.000 m² und 5000 Garagen.

Der Erlös aus dem Verkauf fast aller Immobilien wurde benötigt, um sich auf zwei wichtigen Märkten zu etablieren: in Italien und Brasilen, berichtete El Mundo (2007). Santander übernahm die niederländische Bank ABN Amro zusammen mit der Royal Bank of Scotland und Fortis aus Belgien und Holland. Für die 19 Mrd. €, die von den Spaniern benötigt wurden, reichten die Immobilienverkäufe nicht aus, sodass neben Schulden auch die Ausgabe neuer Aktien Teil der Strategie war: eine Kapitalerhöhung von bis zu 4,5 Mrd. €.

Die Strategie war und ist erfolgreich, obwohl Penty (2014) mehr Potenzial in Großbritannien als in Brasilien sieht: Da die britische Wirtschaft mit einer Prognose von 3 % Wirtschaftswachstum deutlich über dem Niveau von Brasilien liege, empfiehlt er der Bank, sich eher auf England zu konzentrieren.

2.2.2 Deutschland

Santander, seit 1987 in Mönchengladbach ansässig, firmiert seit 2006 als Santander Consumer Bank AG auf dem deutschen Markt. Durch die Übernahme der 1957 gegründeten CC-Bank und der Fusion mit der AKB Privat- und Handelsbank engagiert sie sich vor allem in den Bereichen Konsumfinanzierung und Retail Banking. Als sinnvolle Strategie, um Marktkenntnis und Kunden zu akquirieren, finden weitere Übernahmen statt: Die Royal Bank of Scotland (RBS RD Europe GmbH) wird im Jahr 2008 von der Santander Consumer Bank AG übernommen und im Jahr 2009 erfolgt die Übernahme der GE Money Bank GmbH, gefolgt von der Übernahme des Privatkundengeschäfts der SEB AG im Jahr 2011. So akkumulieren sich 320 Filialen und 6,4 Mio. Kunden und machen aus der Santander Consumer Bank AG eine der fünf größten privaten Banken Deutschlands.

Darüber hinaus wirbt die Santander Bank fleißig Banker bei Sparkassen und Versicherungsgesellschaften in Deutschland ab, um neben dem Privatkundengeschäft auch im Geschäftskundenbereich stärker vertreten zu sein, und versucht so, sich neben der Deutschen Bank AG und der Commerzbank AG einen Namen zu machen.

2.2.3 Andere Länder

Banco Santander ist nicht die typische internationale Bank wie zum Beispiel die Kontrahenten Citibank oder HSBC, so Guillén und Tschoegel (2008). Der Fokus von Santander liegt auf dem Privatkundengeschäft. Andere Geschäftsbereiche tragen nur minimal zum Gewinn bei. In den USA, ähnlich wie in Nordafrika, halten Botín und seine Aktionäre Beteiligungen an lokalen Finanzinstitutionen.

Der technologische Fortschritt, vor allem das Onlinebanking, wird von Santander intensiv genutzt, berichten Guillén und Tschoegel (2008). In den USA finden immerhin bereits 20 % der Bankgeschäfte über das Internet statt.

2.3   Erfolgsfaktoren

> Santander is one of the most remarkable stories in modern banking. (Horwood (o. J.)

Die Zeitschrift Economist (2006) fragte sich, warum Unternehmen aus Spanien – einem Land mittlerer Größe mit wenig Unternehmergeist, niedrigen Gehältern, schwachen Fremdsprachenkenntnissen sowie wenig Rohstoffen und Ressourcen – zu den Jägern und nicht zu den Gejagten zählen.

Spanien öffnete den Binnenmarkt, was dazu führte, dass einige Unternehmen ganz vorne mitschwammen, während andere untergingen. Kapitän Botín ist ganz vorne mit dabei in einem Land, das nicht als typisches „financial powerhouse" oder „cutting edge of banking" wahrgenommen wird, so Guillén und Tschoegel (2008).

Die Bank wird geführt von einem Vorstandsvorsitzenden, den die Businessweek (2002) als wachstums- und leistungsbesessen beschreibt, der den Kontakt zur Basis nicht verloren hat, was sich in den oben erwähnten regelmäßigen Besuchen seiner Filialen widerspiegelt. Gekonnt wird durch den Verkauf von Aktiva, wie zum Beispiel Immobilien, Kapital freigesetzt, um Expansionen in Form von Übernahmen voranzutreiben.

Guillén and Tschoegel (2008) bezeichneten Santander als eine Synergie zwischen moderner Großunternehmung und Familienunternehmen, professionell geführt, bald in fünfter Generation: Botíns Tochter Ana Patricia wird als Nachfolgerin gehandelt – in der Geschichte der Banken nichts Neues. Die Familien Fugger und Rothschild machten es ähnlich.

Banco Santander profitierte von der Finanzkrise, die Konkurrenten in die Insolvenz trieb. Kontrahenten litten unter schwierigen Fusionen und Unstimmigkeiten des Managements, während Santander, dank der weltweiten Deregulierung der Banken, bei Einstiegen in Form von Allianzen oder Übernahmen leichte Hand hatte.

Zusätzlich kann man argumentieren, dass das Terrain von Lateinamerika zu „Trainingszwecken" verwendet werden konnte, in Bezug auf Themen wie Expansion, Führungsqualität und Finanzmanagement.

Der hohe Stellenwert des Onlinebankings der zukunftsversierten Bank richtet sich nach den Vorstellungen junger Generationen.

Als Herausforderung bleibt der Einstieg in andere Bereiche neben dem Privatkundengeschäft. Die Akquise von großen Unternehmen oder auch das Investmentbanking sind Bereiche, in denen sich die Bank im Vergleich zu ihrem Hauptgeschäft noch etwas unsicherer bewegt, jedenfalls außerhalb ihres Heimatmarktes.

Literatur

Banksdaily. (2014). Top banks in Europe 2011–2014: http://www.banksdaily.com. Zugegriffen: Mai 2014.

Businessweek. (2002). Emilio Botín. http://www.businessweek.com/stories/2002-06-16/emilio-bot-n. Zugegriffen: Mai 2014.

Economist. (2006). Corporate conquistadors – Why Spanish companies are expanding abroad (16. Februar 2006). http://www.economist.com/node/5536091. Zugegriffen: Mai 2014.

El Mundo. (2007). El Santander pone a la venta su ciudad financiera de Boadilla para acometer la compra de ABN Amro (13. Juni 2007). Spanien: El Mundo

Forbes. (o. J.). Emilio Botín. http://www.forbes.com/profile/emilio-botin/. Zugegriffen: Mai 2014.

Gillespie, K., Jeannet, J. P., & Hennessey, H. D. (2007). Global marketing. USA: Houghton Mifflin Company.

Guillén, M.F., & Tschoegl, A. (2008). *Building a global bank: The transformation of Banco Santander*. Princeton: Princeton University Press.

Horwood, C. (o. J.). Santander: The masters of retail banking. http://www.euromoney.com/Article/1000659/Santander-The-masters-of-retail-banking.html. Zugegriffen: Mai 2014.

Jiménez, M. (2008).El Banco Santander vende su ciudad financiera por 1900 millones a Propinvest. http://economia.elpais.com/economia/2008/01/25/actualidad/1201249989_850215.html. Zugegriffen: 25. Jan. 2008.

Marco, A. (2014). Los fondos buitre se convierten en los caseros de la Ciudad Financiera de Botín. 09. Januar 2014. Spanien: El Confidencial.

Noticias Bancarias (2011). Banco Santander, elegido mejor banco del mundo por Euromoney (06. Juli 2011). http://noticiasbancarias.com/bancos/06/07/2012/banco-santander-elegido-mejor-banco-del-mundo-por-euromoney/16126.html. Zugegriffen: Mai 2014.

Penty, C. (2014): Santander profit may depend on U.K. Instead of Brazil. 28. April 2014. http://www.bloomberg.com/news/2014-04-28/santander-profit-may-depend-on-u-k-instead-of-brazil.html. Zugegriffen: Mai 2014.

Santander. (o. J.). Ciudad Grupo Santander: La idea y filosofìa del Proyecto. http://www.santander.com/csgs/Satellite?appID=santander.wc.CFWCS. . .01%2FGSInformacion%2FCFQP01_GSInformacionDetalleMultimedia_PT12. Zugegriffen: Mai 2014.

Zukunftsmarkt Baufinanzierung – Wachstum in neuen Vertriebskanälen und mit neuen Produktpartnern

3

Jens Fehlhauer und Kurt Gerlach

3.1 Ausgangssituation

Viele Volksbanken und Raiffeisenbanken versuchen, Neukundengewinnung in der Baufinanzierung über die traditionellen Offline-Marketinginstrumente zu generieren. Online sind die wenigsten Volksbanken und Raiffeisenbanken präsent. Allerdings erkundigen sich hier bereits circa 75 % aller potenziellen Baufinanzierungskunden nach einer Finanzierungslösung. Zur Neukundengewinnung ist das Internet somit ein Vertriebskanal, den man als Regionalbank nicht ignorieren darf.

In der Zusammenarbeit mit Hypothekenmaklern ist die Situation ähnlich. Die wenigsten Volksbanken und Raiffeisenbanken arbeiten professionell mit Hypothekenmaklern zusammen. Häufig wurde es in der Vergangenheit einmal ausprobiert, aber aus den unterschiedlichsten Gründen wieder eingestellt. Nach einer Studie von Professor Klaus Fleischer von der Hochschule München (Fleischer 2011) sprechen aber heute schon etwa 30 % der Kunden gezielt mit Hypothekenmaklern. Bis zum Jahre 2015 prognostiziert Professor Fleischer, dass dies sogar rund 40 % aller potenziellen Immobilienfinanzierer tun werden. Auch in diesem Vertriebskanal liegt enormes Potenzial zur Neukundengewinnung für Volksbanken und Raiffeisenbanken.

In der Kundenberatung geht der Trend heute immer stärker hin zu innovativen Produktlösungen und langen Zinsbindungen. Diese Lösungen können häufig von der einzelnen Volksbank oder Raiffeisenbank nicht aus eigenen Finanzierungsmitteln dargestellt wer-

J. Fehlhauer (✉)
Genopace GmbH, Klosterstraße 71, 10179 Berlin, Deutschland
E-Mail: jens.fehlhauer@genopace.de

K. Gerlach
Volksbank Düsseldorf Neuss eG, Zollstraße 2, 41460 Neuss, Deutschland
E-Mail: kurt.gerlach@deine-volksbank.de

© Springer Fachmedien Wiesbaden 2015
M. Seidel, A. Liebetrau (Hrsg.), *Banking & Innovation 2015*, FOM-Edition,
DOI 10.1007/978-3-658-06746-5_3

den. Die genossenschaftliche FinanzGruppe ist gerade hierfür hervorragend aufgestellt. Mit zwei Hypothekenbanken, einer Versicherung, die neben den klassischen Themen Absicherung auch Finanzierungslösungen anbietet, und der größten deutschen Bausparkasse sollte es möglich sein, jedem Kunden ein individuelles Finanzierungsangebot inklusive Risikoabsicherung anzubieten. Unterschiedliche Systemwelten und die Fokussierung auf das eigene Produkt sorgen dafür, dass viele Volksbanken und Raiffeisenbanken nicht das gesamte Produktspektrum der genossenschaftlichen FinanzGruppe anbieten, sondern sich nur auf einzelne Partner konzentrieren.

Nicht so die Volksbank Düsseldorf Neuss eG. Sie beschäftigt sich seit vielen Jahren professionell mit diesen Vertriebskanälen und ergänzt auch das eigene Produktangebot gezielt um die gesamte Produktpalette der genossenschaftlichen FinanzGruppe. Im Jahr 2007 reifte die Idee, diese Themen miteinander zu verbinden und auch technologisch zu unterstützen. Gemeinsam mit der Vereinigte Volksbank Münster eG, ihren bestehenden Produktpartnern aus dem Bereich Immobilienfinanzierung und Versicherung und dem Technologiepartner Hypoport AG wurde im April 2008 die webbasierte Plattform GENOPACE gegründet. Mit diesem Marktplatz kann jede Volksbank und Raiffeisenbank die Vertriebsprozesse umfassend optimieren und neue Marktpotenziale erschließen. GENOPACE-Nutzer erhalten einen Marktüberblick inklusive Eigengeschäft mit nur einer Dateneingabe. Von der Kreditentscheidung über die Wertermittlung bis zum Vertragsdruck unterstützt GENOPACE alle Prozessschritte effizient.

3.2   Neukundengewinnung im Internet

Vor einigen Jahren noch informierte sich der potenzielle Baufinanzierungskunde vor Ort bei fünf bis sechs Banken. Heute informieren sich bereits 75 % aller Interessenten einer privaten Wohnbaufinanzierung im Internet und vergleichen dort die Konditionen verschiedener Banken und Hypothekenmakler. Aufgrund der technischen und medialen Entwicklung ist der Markt heute sehr transparent und der Baufinanzierungsinteressent geht dank der Informationsfülle mit einem hohen Kenntnisstand in das Beratungsgespräch. Trotz allem wird er meist nicht den Direktabschluss im Internet suchen, schließlich handelt es sich in der Regel um die größte Investition seines Lebens.

Online fällt der Interessent die Entscheidung, mit welcher Bank oder mit welchem Hypothekenmakler er ein Baufinanzierungsgespräch führen wird. Das Internet ist somit zu einem wesentlichen Instrument der Neukundengewinnung geworden. Allerdings präsentieren sich die wenigsten Volksbanken und Raiffeisenbanken entsprechend im Web. Die Aktivität der Banken in diesem Bereich konzentriert sich oft auf die eigene Website. Die Möglichkeit zur Online-Finanzierungsanfrage ist dabei sehr häufig nicht vorhanden beziehungsweise für den Kunden nicht gut zu finden. Selbst wenn diese Möglichkeit besteht, ist es notwendig, dass potenzielle Neukunden auf den Online-Rechner geleitet werden.

Andernfalls erreicht die Bank damit fast ausschließlich Bestandskunden. Um im Internet für eine entsprechende Nachfrage zu sorgen, ist es notwendig, dass die Volksbank oder Raiffeisenbank auf Google beziehungsweise Vergleichsportalen präsent ist.

Die Tatsache, dass komplexe Produkte wie Baufinanzierungen in der Regel nicht im Internet, sondern in der Filiale abgeschlossen werden (ROPO-Effekt: Research Online, Purchase Offline), ist eine große Chance für die Volksbanken und Raiffeisenbanken. Sie haben eine sehr gute Offline-Marke, genießen aufgrund ihrer Beratungsqualität hohes Vertrauen und besitzen eine hervorragende Vor-Ort-Präsenz. Die Herausforderung ist nun, das gute Offline-Image in die Online-Welt zu übertragen und hier stärker „Flagge" zu zeigen. Interessenten sollten auf der Bank-Website nicht nur allgemeine Informationen finden, sondern auch die Möglichkeit haben, die Kondition für das individuelle Finanzierungsvorhaben selbst zu berechnen und eine Online-Anfrage zu starten. GENOPACE, der internetbasierte Marktplatz Volksbanken und Raiffeisenbanken, stellt seinen Partnerbanken ein Instrument zur Verfügung, das Real-Time-Konditionen erfasst und so bei einer Datenänderung die Kondition entsprechend anpasst. Hervorzuheben ist in diesem Zusammenhang ebenfalls, dass nicht nur das eigene Produktangebot im Rahmen einer Online-Anfrage geprüft wird, sondern auch die Angebote der relevanten Verbundpartner für die private Wohnbaufinanzierung.

Die Volksbank Düsseldorf Neuss eG nutzt dieses schon seit vielen Jahren. Allerdings ist es nicht damit getan, diesen Online-Rechner einfach in die jeweilige Website einzubinden. Wichtig ist, dass der Baufinanzierungsauftritt sich als reiner Baufinanzierungsauftritt präsentiert. Darüber hinaus sollte auf der Startseite der Volksbank Düsseldorf Neuss eG bereits eine Verlinkung direkt in den Baufinanzierungsbereich vorhanden sein. Die Erfahrung zeigt, dass ohne diese Verlinkung deutlich weniger Kundenanfragen generiert wurden.

Ebenfalls wichtig für die Gewinnung von Neukunden ist die Listung auf Vergleichs- und Immobilienportalen. Hier vergleichen Baufinanzierungsinteressenten die Konditionen verschiedener Anbieter. Um bei diesen Vertriebskanälen eine entsprechende Qualität der Kreditanfrage sicher zu stellen, ist es notwendig, dass der Kunde eine Antragsstrecke durchläuft, in der die relevanten Daten der Finanzierung erfasst werden. Im Gegensatz zur klassischen Offline-Anzeigenschaltung fallen hier erst Kosten an, wenn die Kundenanfrage – der sogenannte Lead – an die Bank weiter gereicht wird. Die Listung auf diesen Portalen ist in der Regel für die Volksbank oder Raiffeisenbank kostenfrei. Insbesondere über diesen Vertriebskanal ist es möglich, die Auslastung der Berater der zu steuern. Eine Veränderung in der Kundenkondition bewirkt quasi ohne Zeitverzug eine verstärkte oder verminderte Anzahl von Finanzierungsanfragen.

Viele große Hypothekenmakler, wie beispielsweise Dr. Klein, sind auf den Online-Portalen präsent. Gerade hier werden sie von dem Kunden gefunden, Hypothekenmakler reagieren sehr zeitnah auf eine Online-Anfrage und sind in der Lage, dem Kunden ein auf ihn individuell zugeschnittenes Finanzierungsangebot zu präsentieren. Hier heißt es für Volksbanken und Raiffeisenbanken von den Hypothekenmaklern lernen.

Die Einbindung von Kooperationspartnern wie der eigenen Immobilientochter, Bauträgern oder Maklern ist eine weitere Möglichkeit, den eigenen Radius zu erweitern.

Volksbanken und Raiffeisenbanken können auch hier einen Online-Konditionsrechner sowie eine Antragsstrecke für die Website zur Verfügung stellen.

Durch die Hinterlegung der Postleitzahlen des eigenen Geschäftsgebietes bleibt auch im Internet das genossenschaftliche Regionalprinzip gewahrt. Da die Kunden auch im Internet an regionalen Anbietern interessiert sind, ist dieser Vertriebskanal somit für alle Volksbanken und Raiffeisenbanken geeignet – unabhängig von deren Größe oder regionaler Lage.

Banken, die sich der Neukundengewinnung im Internet öffnen, sollten berücksichtigen, dass sie hier nicht nur marktfähige Konditionen anbieten, sondern auch gegenüber dem Interessenten eine schnelle Reaktionszeit auf die Anfrage gewährleisten müssen.

GENOPACE bietet seinen Partnerbanken diese schlanken Prozesse und einen einheitlichen Vertriebs- und Antragsweg. Indem für die Website der jeweiligen Volksbank und Raiffeisenbank Real-Time-Konditionsanzeigen, Konditionsrechner und Antragsstrecke zur Verfügung gestellt und Schnittstellen zu den Portalen sowie Möglichkeiten zum Fallimport angeboten werden, können die Daten einer jeden Anfrage – unabhängig vom Vertriebskanal – zentral in Genopace übertragen werden. Über jeden neuen Fall wird der Berater per E-Mail informiert. Genopace funktioniert insofern als „Eingangssammler", der die Anfragen aus verschiedenen Vertriebskanälen bündelt und sie in einem einheitlichen Prozess abbildet. Die Doppelerfassung von Daten und die manuelle Konditionspflege auf den einzelnen Portalen entfallen.

3.3 Zusammenarbeit mit Hypothekenmaklern und Finanzierungsplattformen

Neben dem Trend zur Digitalisierung, die es dem Kunden ermöglicht, online Konditionen zu vergleichen, steigt auch die Bedeutung unabhängiger Hypothekenmakler. Dieser Trend hat sich, gerade auch durch den oben skizzierten Trend zum Online-Vergleich, in den letzten Jahren dynamisch entwickelt.

Die Volksbank Düsseldorf Neuss eG arbeitet schon seit vielen Jahren mit Hypothekenmaklern zusammen. In den ersten Jahren wurden die Finanzierungsanfragen nicht systemisch, sondern persönlich oder per Post an die Volksbank Düsseldorf Neuss eG herangetragen. In diesem Prozess kam es häufig zu Anfrageprüfungen, die sich als nicht darstellbar erwiesen. Durch die Gründung der GENOPACE Plattform wurde dieses Problem weitestgehend gelöst. Eine Anfrage von einem Hypothekenmakler erhält die Volksbank Düsseldorf Neuss eG heute auf elektronischem Weg. Im System erfolgt eine Prüfung aller erfassten Daten des Hypothekenmaklers. Nur wenn eine Finanzierungsanfrage den Kreditrichtlinien der Volksbank Düsseldorf Neuss eG oder einem ihrer Finanzierungspartner entspricht, wird diese Finanzierungsanfrage auch elektronisch an die Volksbank Düsseldorf Neuss eG geschickt und dort geprüft. Dieser Prozess bringt für beide Partner nur Vorteile. Der Hypothekenmakler hat auf Grund der „grünen Ampel" im System eine hohe

Gewissheit, dass diese Finanzierung auch tatsächlich realisierbar ist und die Volksbank Düsseldorf Neuss eG muss nur noch Kreditanfragen prüfen, die ihren oder den Kriterien ihrer Finanzierungspartner entsprechen.

Allerdings ist bei einer zunehmenden Anzahl von Hypothekenmaklern auch der Betreuungs- und Pflegeaufwand für die einzelne Volksbank und Raiffeisenbank sehr aufwändig. Um sich das regionale Neukundenpotenzial möglichst vieler Hypothekenmakler zu sichern, hat sich die Volksbank Düsseldorf Neuss eG ebenfalls dazu entschlossen, ihr Produktangebot auf der Europace-Plattform zur Verfügung zu stellen. Die meisten professionellen Hypothekenmakler nutzen heutzutage eine der großen Finanzierungsplattformen, wie zum Beispiel Europace, über die aktuell schon rund 15 % aller privaten Immobilienfinanzierungen in Deutschland abgewickelt werden.

Mit der Erfassung des Kundenwunsches werden in der Regel über 50 Produktanbieter – zunehmend auch immer mehr Volksbanken und Raiffeisenbanken – verglichen. Zusätzlich werden dem Hypothekenmakler von Europace auch alternative und angepasste Finanzierungsangebote vorgeschlagen, die zwar nicht vom Kunden gewünscht waren, aber aufgrund der bekannten Daten eine sinnvolle Alternative zum eigentlichen Finanzierungswunsch darstellen können.

Immer mehr Volksbanken und Raiffeisenbanken nutzen diesen Trend und stellen ihr Produktangebot auf Finanzierungsplattformen zur Verfügung. Auch hier bleibt durch die Vorgabe der Postleitzahlen des eigenen Geschäftsgebietes das Regionalprinzip gewahrt. Da auch Hypothekenmakler es schätzen, einen regionalen Ansprechpartner zur Verfügung zu haben, werden häufig Finanzierungslösungen der regionalen Volks- und Raiffeisenbank – sofern auf der Plattform vertreten – ausgewählt. Allerdings ist auch in der Zusammenarbeit mit Hypothekenmaklern eine stetige Kontaktpflege für den Erfolg notwendig. Wichtig in der Zusammenarbeit sind neben marktgängigen Konditionen auch Verlässlichkeit in der Abbildung des Produktangebotes und eine professionelle und zügige Bearbeitung der Anfrage. Neben der Grundkondition ist es sinnvoll, zusätzliche interessante Sonderoptionen anzubieten, wie zum Beispiel Tilgungssatzwechsel, eine Volltilgervariante oder Sondertilgungsoptionen. Da durch die Plattform alle von der Volksbank oder Raiffeisenbank hinterlegten Finanzierungskriterien geprüft werden, erhält die Bank quasi eine „schrankfertige" Kreditanfrage. Die Zusammenarbeit mit Hypothekenmaklern hilft somit bei der Erschließung neuer Kundenpotenziale und erhöht die Produktivität und Effizienz in den Vertriebsprozessen. Zudem wird eine rechtssichere Dokumentation – beispielsweise zu den Regularien der Verbraucherkreditrichtlinie – ermöglicht.

3.4 Erweiterung der Produktpalette

Die Vermittlung von Baufinanzierungen an andere Institute wird in der Zukunft weiter an Bedeutung gewinnen. Die Volksbank Düsseldorf Neuss eG arbeitet bereits heute mit allen Finanzierungspartnern der genossenschaftlichen FinanzGruppe zusammen. So können dem Kunden individuelle Finanzierungslösungen mit langen Laufzeiten und pfiffigen Produktvarianten angeboten werden. Was nicht mit dem eigenen Produktangebot abgebildet werden kann, wird an eine andere Bank vermittelt. Institute, die dem Kunden das beste Angebot zur Verfügung stellen möchten, werden zunehmend wie unabhängige Vertriebe agieren und auch fremde Produkte anbieten. Denn wer gewisse Kredite nicht mehr in die eigenen Bücher nehmen möchte oder kann, muss diese an andere Banken vermitteln, um den Kunden nicht zu verlieren.

Dies hat die Volksbank Düsseldorf Neuss eG für sich erkannt. Über GENOPACE hat sie die Möglichkeit, alle Produktpartner der genossenschaftlichen FinanzGruppe in einem einheitlichen Antragsweg anbieten zu können. GENOPACE unterstützt die Volksbank Düsseldorf Neuss eG dabei von der Kreditanfrage über die Kreditentscheidung und Wertermittlung bis zum Vertragsdruck. So können abgestimmte Wertermittlungsverfahren und Darlehensverträge direkt aus dem System generiert werden.

Indem der Berater durch die einmalige Eingabe von Kunden- und Objektdaten automatisch mehrere Finanzierungsmöglichkeiten angeboten bekommt, hat er die gesamte Produktpalette der genossenschaftlichen FinanzGruppe auf einen Blick und kann seinem Kunden die passende Baufinanzierung anbieten.

3.5   Fazit

Auch wenn gerade von Regionalbanken immer wieder das Argument vorgetragen wird, dass man schon einen sehr hohen Marktanteil vor Ort habe, seine Kunden kenne und aufgrund der Bekanntheit der eigenen (Offline-)Marke auch zukünftig Wachstum generieren werde, sind wir fest davon überzeugt, dass sich auch die genossenschaftliche FinanzGruppe zukünftig den beiden oben beleuchteten Trends stellen muss und wird. Im Kundenfokus 2015 werden durch die BVR[1]-Projekte „Beratungsqualität" und „Web-Erfolg" hierfür zum Teil die Weichen gestellt. Entscheidend für den zukünftigen Erfolg in der Neukundengewinnung im Geschäftsfeld privater Wohnbaufinanzierung wird es aber sein, dass der Kunde durch die oben skizzierten neuen Vertriebskanäle zur Volksbank oder Raiffeisenbank gelangt. Erst dann kann er die gute Beratungsqualität erleben. Am Ende wird die Qualität in der Beratung in Kombination mit der Vielfalt der angebotenen Finanzierungsalternativen ein wichtiges Kriterium für den zukünftigen Erfolg sein.

Die Transparenz der Preise ist heute schon da und wird sich zukünftig eher noch verstärken. Transparenz heißt aber nicht zwangsläufig, dass der Kunde immer die günstigste Finanzierungsvariante wählt. Entscheidend sind pfiffige und individuell auf den Kunden zugeschnittene Finanzierungslösungen, die ohne Finanzierungsplattformen nur mit einem erheblichen Aufwand angeboten werden können. Insofern sorgen Plattformen dafür, ne-

---

[1] BVR = Bundesverband der Deutschen Volksbanken und Raiffeisenbanken.

ben der Transparenz, verbraucherorientiert zum Wohle des Kunden das beste Preis- und Leistungsverhältnis zu ermöglichen.

Literatur

Fleischer, K. (2011). Vortrag auf der 17. Europace-Konferenz am 1. März 2011. Folie 7 „Entwicklung der Finanzierungs- und Vermittlermärkte Facts & Trends". Hochschule München Finanz-, Bank- u. Investitionswirtschaft.

Wie vermögende Unternehmer mit innovativen Methoden im grenzüberschreitenden Wealth Management erfolgreich betreut werden

Ariel Sergio Goekmen

Wohl niemals zuvor war der vermögende Unternehmer so von seiner Umwelt gefordert wie heute. Aus den unterschiedlichsten Gründen entscheiden sich wohlhabende Menschen, ihr Vermögen im Ausland verwalten bzw. anlegen zu lassen. Dabei stellt sich zunächst die generelle Frage, warum heutzutage überhaupt ein Unternehmer außerhalb seines eigenen Landes mit aktiven oder passiven Finanzwerten agieren soll. Weshalb sollte ein erfolgreicher Vermögenseigner sich mit zusätzlicher Komplexität belasten, die ein grenzüberschreitendes *Wealth Management* mit sich bringt? Solche Interaktion führt dazu, dass er sich mit fremden Kulturen und Werten auseinandersetzen muss, mit fremden Gesetzen und Gebräuchen.

Ein Grund für eine Verlagerung von Vermögen ins Ausland ist, dass viele Unternehmer von denen hier die Rede ist bereits international aufgestellt sind und ihr Geschäft international betreiben und damit ihre Gewinne aus grenzüberschreitenden Transaktionen erzielen. Selbst wenn dies nicht der Fall ist, so werden ferienhalber oder auch aus Sicherheitsüberlegungen Orte aufgesucht, die außerhalb des eigenen Landes liegen. Dasselbe gilt auch für Finanztransaktionen: Diversifikation ist auch dort vonnöten, um wirtschaftliche Ungleichheiten profitabel oder zumindest risikominimierend auszunutzen und die weiter oben beschriebene Planung umzusetzen. Grenzüberschreitende Internationalität bedeutet vielfach das Zurückgewinnen der Handlungsfreiheit und effiziente Allokation bestehender Ressourcen.

A. S. Goekmen (✉)
Kaiser Partner Privatbank AG, Herrengasse 23, 9490 Vaduz, Liechtenstein
E-Mail: arielsergio.goekmen@kaiserpartner.com

© Springer Fachmedien Wiesbaden 2015
M. Seidel, A. Liebetrau (Hrsg.), *Banking & Innovation 2015,* FOM-Edition,
DOI 10.1007/978-3-658-06746-5_4

4.1 Konsultative Prozesse und Analysemethoden

Das Leben des aktiven Unternehmers ist von seiner Umwelt geprägt. Diese Umwelt ist oft dominiert von seinen geschäftlichen Interessen, beinhaltet partnerschaftliche und familiäre Verpflichtungen, tangiert aber auch seine soziale Engagements und seine privaten Interessen. Wir kennen Unternehmer, bei welchen die Verwaltung und Bewirtschaftung des privaten Vermögens den größeren Teil der Zeit und damit der verfügbaren Ressourcen beansprucht als dies das einkommenbringende Geschäft tut. Dies besonders dann, wenn über verschiedene Jurisdiktionen verstreute Liegenschaften überwacht werden müssen, Privatflugzeuge, Jachten und Helikopter mit Personal verwaltet werden sollen und zudem noch umfangreiche private Sammlungen im Kunstbereich bewirtschaftet werden wollen.

Für den Berater eines Unternehmers stellt sich die Frage, wie er diese verschiedenen Positionen im Blickfeld des Unternehmers zuerst erfassen und damit verstehen kann. Nur, wenn der Berater ein möglichst umfassendes Verständnis für die Innensicht seines Kunden entwickelt, kann er auch tatsächlich einen „added value" in der Beratung bieten. Diese Innensicht des Unternehmers muss nach dessen Prioritäten aufgebaut werden, um den Bogen zwischen den individuellen Spannungsfeldern zu spannen und um auch aus objektiver Sicht zu entdecken, wo rascher Handlungsbedarf besteht und wo die Spannungspotenziale zur Zeit ruhend gelassen werden können. Gerade der letzte Punkt ist in unserer Erfahrung von eminenter Bedeutung, weil ein Berater nur teilweise mit Vorstößen glücken wird, die in einem Bereich stattfinden, die aus der unternehmerischen Innensicht nicht von Bedeutung sind.

Im Mittelpunkt des Beratungsprozesses steht also die Kundenzufriedenheit (vgl. Abb. 4.1), wenn nämlich der Unternehmer nicht im Einklang mit dem Berater steht, ist das Projekt der innovativen Beratung von Beginn an zum Scheitern verurteilt. Je nach Herkunft des Beraters, ob dieser aus dem Consulting-Bereich kommt, von einem Rechtsanwaltsbüro, aus Treuhandsicht agiert oder einen Family-Governance-Hintergrund hat, werden sich die Fragen zur Beleuchtung des Kundenbedürfnisses ändern. Es gibt unzählige Fragen, die geklärt werden müssen. Aufgrund der Vielzahl und Verschiedenartigkeit der Fragen wird es schnell unübersichtlich und komplex.

Das schiere Ausmaß an Themen, die ein vermögender Unternehmer heute zu bewältigen hat, bedeutet in den meisten Fällen ebenso, dass dieser nicht nur einen Berater hat, sondern mehrere. Dazu gehören auch *Trusted Friends*, das sind Menschen, die in ähnlichen Verhältnissen stehen, und natürlich die engsten Familienmitglieder, wenn innerhalb der Familie ein harmonisches Auskommen herrscht und die intellektuellen und persönlichen Lagen diesen Austausch erlauben.

Einen modernen Unternehmer betreffen vier typische Sphären, die im Folgenden kurz beleuchtet werden. Einerseits gibt es unmittelbar um ihn herum die Haushaltsphäre (Sphäre 1, domestic world), worin sich seine persönlichen Habe, die von ihm bewohnten Liegenschaften, seine Aficionado-Besitztümer von Automobilen zu Helikoptern zu Kunstsammlungen und sein persönliches Portfolio befinden. In der zweiten Sphäre befindet sich sein Geschäft (business world), üblicherweise dieses, woraus er die Mehrheit seiner

Abb. 4.1 Konzeption Aufnahmen Kundenbedürfnis. (Quelle: Kaiser Partner Privatbank AG)

Einkünfte zieht. Bei der dritten Sphäre handelt es sich um die Familiensphäre (family governance). Hier stellen sich Fragen, wer mit den Gütern aus dem ersten und zweiten Kreis wann und in welchem Ausmaß umgehen darf, also zum Beispiel ob der Sohn mit dem Helikopter zum Ferienhaus fliegen darf und ob die Tochter dafür ein Reitpferd geschenkt erhält. In der vierten Sphäre (succession and estate planning) geht es um die Zukunft. Denn auch die Lebenszeit eines Unternehmers ist begrenzt und endlich: Wann geht was an wen weiter und was stifte ich zu meiner Erinnerung, also Philanthropie.

Wenn wir uns überlegen, was den modernen Unternehmer beschäftigt, stellt sich heraus, dass wir diese vier Elemente auch als Einflusssphären bezeichnen können. Diese nennen wir für diese Arbeit „Arena" der Einflusssphäre und unterscheiden: 1) Arena of Matter, 2) Arena of Control, 3) Arena of Power, 4) Arena of Succession.

Der Unternehmer delegiert seine Macht an Verwaltungsräte, Vermögensverwalter, Treuhänder, Anwälte, Familienmitglieder. Damit geht ihm allerdings auch ein Bereich der Macht verloren, weil er sie ja eben delegiert hat. Er kann also nicht jederzeit wissen, was seine Delegierten mit der ihr verliehenen Macht tun. Man spricht in der Literatur von einem klassischen „Principal-Agent" Interessenkonflikt. Diese Problematik muss adressiert werden. Wir gehen dazu aus Platzgründen nicht ins Detail. Aber als Beispiel: Sollte ein Unternehmer erwägen beispielsweise aus steuerlichen oder anderen Gründen aus Russland nach England zu ziehen, so wird sein Lebenspartner beachtlichen Einfluss auf diese Entscheidung haben, und ebenso die Kinder, wenn sie sich in Ausbildung befinden. Dieser relevante Punkt der Einflussnahme wird von Beratern im Prozess meist zu wenig beachtet.

In den konsultativen Prozessen ist die Form der Informationsgewinnung von äußerster Wichtigkeit. Wie wir bereits gezeigt haben, steht die Kundenzufriedenheit im Mittelpunkt

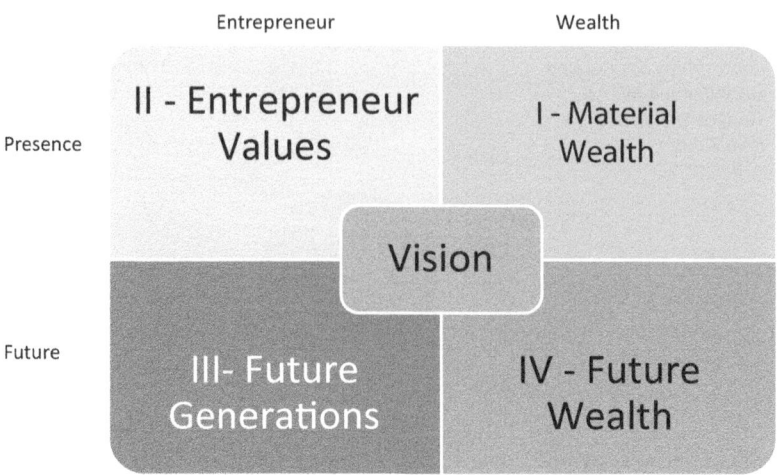

Abb. 4.2 Kernfragen Familienvermögensseminar

allen Handelns eines Beraters. Es ist aber auch bekannt, dass nicht alle Unternehmer sich einem Berater gleich offen zeigen und es ist deshalb wichtig, einen Rahmen zu finden, in welchem sich der Unternehmer und allenfalls seine Familie frei genug fühlen, um all ihre Pläne und Absichten zu äußern. Auf diese soll an dieser Stelle nicht eingegangen werden.

Sehr gute Erfahrungen haben wir beispielsweise damit gemacht, Familienvermögens-seminare zu veranstalten. Diese Form des Interviewprozesses ist hochdelikat sowie privat und verlangt ultimative Fähigkeiten in der Prozessmoderation, um erfolgreich zu sein. Um diesen Prozess anzustoßen ist es oft gut, eine Umgebung zu schaffen, in welcher der Unternehmer und seine Familie sich wohl fühlen.

Zusammenfassend betrachtet werden inhaltlich gesehen die Umwelt und die derzeitige Lage umrissen, die Situation der Familie darin abgebildet, so wie sie sich heute darstellt und wie sie geplant ist. Die Planung kann Umsiedlungen beinhalten, den Kauf oder Verkauf von Unternehmen, die Ausbildung und Entwicklung der Kinder, die Planung der Nach-folge in Unternehmen und Erbschaft, die karitativen und weiteren Interessen der Familie. Eine solche Planung kann vor allem zu Anfang relativ simple Dinge beinhalten wie einen Hauskauf. Später kann die Planung entsprechend des Fortschritts der Familie weiter an Komplexität und Dichte gewinnen. Eine solche Planung basiert immer auf den impliziten und ausgesprochenen ideellen Werten des Vermögenseigners und seiner Familie.

Der Ablauf eines solchen Seminares ist jeweils individuell festgelegt, obwohl er im Großen und Ganzen ähnlichen Strukturen folgt. Abbildung 4.2 gibt darüber Auskunft, welche Elemente dabei besprochen werden. Dank dem strukturierten Vorgehen kann jeder Sektor beleuchtet werden. Es geht soweit, dass gefragt werden kann, wer dereinst einmal die Führung des Familienunternehmens im dritten Quadranten unten links übernehmen kann. Schließlich im vierten Quadranten unten rechts befindet sich die Zukunft der materiellen Welt. Hier könnte beispielsweise der Beschluss umgesetzt werden, vermehrt in wohltätige

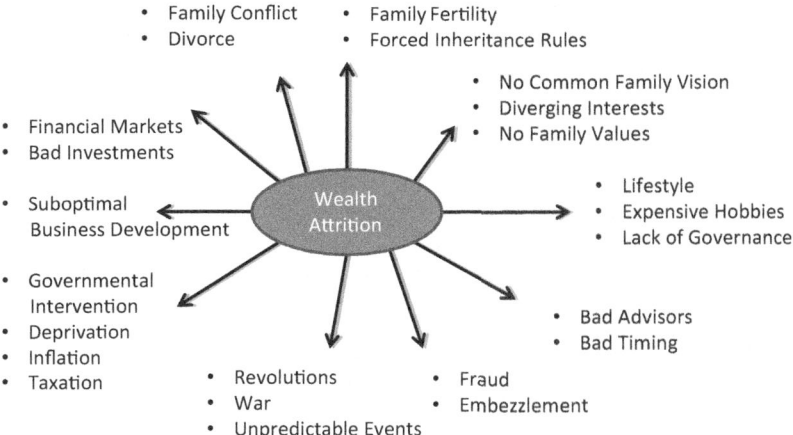

Abb. 4.3 Star of Evil

Projekte zu investieren, ein neues Geschäftsfeld aufzubauen und es befinden sich dort ähnliche in die Zukunft gerichtete Ideen.

4.2   Implementation

Die im ersten Teil gesammelten Daten über die Wertehaltung des Unternehmers und seiner Familie, seine Vision und seine Absichten, müssen nun vom Berater in geeigneter Form verarbeitet und in eine Lösung gegossen werden. Dabei ist es von großer Wichtigkeit, dass dem Unternehmer einsichtig wird, dass insbesondere Finanzvermögen nicht so steuerbar sind, wie seine Unternehmung. Die verschiedenen Interaktionen mit den Familienmitgliedern und Agenten, welche beispielsweise seine Firmen für ihn steuern, müssen in diesem Prozess aufgedeckt werden. Dies ist insbesondere dann von Bedeutung, wenn große Familienprojekte wie Re-Domizilierung, Übergabe der Firma in neue Hände entweder der nächsten Generation, von extern neu angestellten CEOs oder durch Verkauf auf der Traktandenliste sind.

Weshalb ansonsten erfolgreiche Unternehmer ihr Kapital verlieren, zeigen wir in Abb. 4.3, welche wir den „Star of Evil" nennen. Darin kommen die meisten Varianten vor, warum ein Plan letztendlich nicht funktioniert.

Die Frage nach dem Angelpunkt kommt immer wieder vor. Wie kann der moderne Unternehmer sich rüsten, damit er gegen die Bedrohungen der in Abb. 4.3 gezeigten Anlässe gewappnet ist? Es gibt naturgemäß kein Allheilmittel, denn jeder Unternehmer und seine Familie sind einzigartig. Und doch gibt es Anhaltspunkte, die berücksichtigt werden können. Eine Funktion, die immer wieder von Bedeutung ist, sowohl wenn der Unternehmer sich innerhalb eines singulären Wirtschaftsraums wie zum Beispiel der Europäischen Union befindet, als auch wenn er bereits grenzüberschreitend Geschäfte tätigt, ist das Element der Diversifikation.

Unserer Ansicht nach müssen insbesondere große Vermögen im dreistelligen Millionenbetrag diversifiziert werden. Was für große Vermögen gilt, ist aber auch für jedermann von Belang. Dies entspricht einer Volksweisheit, dies entspricht aber auch den Resultaten der modernen Forschung. Dies ist der Grund, weshalb beispielsweise US-amerikanische Unternehmer die administrative Mühseligkeit auf sich nehmen, einen Teil ihrer Vermögenswerte außerhalb ihres Heimatlandes zu halten. Wir kennen Unternehmer, welche Portfoliovermögen dislozieren und ein Drittel in den USA halten, ein Drittel in Europa und ein Drittel in Asien. Das bedeutet, es ist nicht genug, die Diversifikation innerhalb des Portfolios durch Investition in Unternehmen mit verschiedenen Standorten zu erzielen. Was wir unseren Unternehmerkunden empfehlen, ist strikte Risikotrennung.

Dabei spielt das Family Office oft eine zentrale Rolle. Ob dieses ein persönliches Family Office ist oder ein Multi Family Office, ist eine Frage der Größe und Präferenz. Das unabhängige Family Office kann für einen Unternehmer verschiedene Aufgaben wahrnehmen, die er sonst selbst bearbeiten muss. Von Bedeutung ist dabei die Unabhängigkeit des Family Office.

Dabei kann das Family Office zwar selbst Investitionen in Firmen und Finanzvermögen inklusive Sammlungen tätigen, es kann sich aber auch darauf begrenzen, die Resultate für den Unternehmer aufzubereiten und das Controlling zu übernehmen. Dabei werden zum Beispiel die Diversifikation und Gebührenlast regelmäßig überprüft. Was wir bei größeren Unternehmerfamilien ebenfalls sehen, ist der Wunsch, die Familie über das Family Office zusammen zu halten.

Das Thema der Wohltätigkeit nimmt vor allem bei reiferen Unternehmerfamilien mehr Raum ein als bei jüngeren. Hier gibt es teilweise bereits schon existierende Stiftungen, wo jüngere Familienmitglieder sich bereits in der Vorstandstätigkeit üben können.

Der institutionelle Berater der Familie ist in jenen Fällen, in denen ein Family Office existiert, möglicherweise wesentlich mehr gefordert. Ihm stehen dann oftmals Finanzprofis gegenüber, welche die Seite gewechselt haben. Damit wird der Dialog mehr inhaltsbasiert und Fakten werden relevanter. Dies hat Zeit- und Effizienzgewinne zur Folge, führt aber auch zu Transparenz und damit dazu, dass allfällige Unzulänglichkeiten des Beraters nicht verborgen bleiben können. Dies ist aus unserer Sicht ein positiver Faktor, der für das Family Office und die damit verbundenen erheblichen Kosten spricht. Diese Kosten können durch die Einbettung des Family Office in einen bereits existierenden unabhängigen Anbieter substanziell optimiert werden, wenn Interessenkonflikte vermieden werden.

4.3 Fazit

In den vorgehenden Absätzen haben wir gezeigt, wie wichtig die Aufgabe des Beraters ist, sich ein klares Bild von den Umständen und Absichten des Unternehmers zu machen, bevor an eine Umsetzung einer Struktur, um Vermögen zu halten oder Vermögensverwaltungsstrategie gedacht werden kann. Dabei haben wir die Prozesse und die Hintergründe betrachtet und die Funktion sowie den Wert eines Familienvermögensseminars beleuchtet. Wir haben ferner angeschaut, in welcher Situation sich der Unternehmer befindet und weshalb eine Diversifikation auch international Sinn machen kann. Schließlich haben wir die Möglichkeiten eines Family Office beschrieben, im Bewusstsein, dass jede Lösung immer hoch individuell ausgestaltet werden muss.

Es gibt nebst den oben beschriebenen Aspekten noch viele mehr, die beachtet werden müssen und damit ist auch gesagt, dass auch die Prozesse individuell an jeden Unternehmer angepasst werden können und sollen. Deshalb ist es bei der Wahl eines geeigneten Beraters von so hoher Wichtigkeit, dass dieser das Verständnis für den modernen Unternehmer und seine Familie mitbringt und seine Erfahrung in diesen Prozess einbringt. Zum Nutzen und für die Zukunft des beratenen Unternehmers und dessen Familie.

Genossenschaftliche Existenzgründung im Geschäftsgebiet einer Regionalbank – Neue Finanzierungswege in Windprojekten

Volker Pressel

Wie kann eine regionale Bank die Kommunen bei der Projektierung von Windenergieanlagen unterstützen?

Eine genossenschaftliche Kooperation bietet sich immer dann an, wenn das Verfolgen eines wirtschaftlichen Ziels die Leistungsfähigkeit des Einzelnen übersteigt, zugleich aber die selbstständige Existenz gewahrt werden soll. Genossenschaften wirtschaften bodenständig für ihre Mitglieder. Das könnte gerade in wirtschaftlich schwierigen Zeiten ein Zukunftsmodell sein und kollektive Selbsthilfe bedeuten. Das heißt, Menschen oder Unternehmen suchen selbst Lösungen für konkrete Herausforderungen. Außerdem schätzen die Menschen die direkte Bürgerbeteiligung in der Genossenschaft. Schnell ist klar geworden: Hier geht es nicht um die große Rendite, hier bekommt Geld ein Gesicht. Selbst mit nur einem Anteil ist man Unternehmer. Die eingetragene Genossenschaft steht für Gemeinschaft, demokratische Struktur, Sicherheit, Stabilität und für den wirtschaftlichen Erfolg ihrer Mitglieder – eine solide Grundlage die durch regelmäßige Prüfungen durch den Genossenschaftsverband die Geschäftspartner und Mitglieder vor finanziellem Schaden schützen. Auch aus diesem Grund ist die Genossenschaft die mit Abstand insolvenzsicherste Rechtsform.

In einer Genossenschaft schließen sich die gleichberechtigten Mitglieder, mindestens drei, freiwillig zusammen, um gemeinsam zu wirtschaften. Dabei soll die wirtschaftliche Förderung aller Mitglieder aus eigener Kraft und nicht durch Unterstützung Dritter bzw. des Staates gelingen. Die Genossenschaft wird von Personen geführt (Vorstand und Aufsichtsrat), die selbst Mitglied der Genossenschaft sind. Die grundsätzlichen Entscheidungen werden in der Genossenschaft in der Generalversammlung der Mitglieder getroffen.

V. Pressel (✉)
Volksbank Rheinahreifel, Abt-Richard-Straße 13, 54550 Daun, Deutschland
E-Mail: volker.pressel@voba-rheinahreifel.de

© Springer Fachmedien Wiesbaden 2015
M. Seidel, A. Liebetrau (Hrsg.), *Banking & Innovation 2015,* FOM-Edition,
DOI 10.1007/978-3-658-06746-5_5

Hier hat jedes Mitglied unabhängig von seiner Kapitalbeteiligung, mit der auch gehaftet wird, nur eine Stimme. Dadurch werden wichtige Entscheidungen nicht von Einzelinteressen dominiert und eine „feindliche Übernahme" ist auch ausgeschlossen. Zudem kann die Genossenschaft nicht von externen Investoren gekauft werden. Vor diesem Hintergrund zeigt sich, dass Werte in den Vordergrund treten, die jenen entsprechen, die die Menschen gerade heute wieder als wichtig einschätzen: Verantwortungsbereitschaft, Sicherheit, Stabilität und Nähe, Nachhaltigkeit, aber auch Transparenz und Kontrolle sowie Verlässlichkeit. Und diese Werte sind es eben, die mit dem genossenschaftlichen Geschäftsmodell korrespondieren.

Die aktuellen Neugründungen konzentrieren sich allerdings außerhalb traditioneller Genossenschaftssektoren, wie den Bankbereich, die Landwirtschaft und die Wohnungswirtschaft. Neue Ideen und Betätigungsfelder spielen eine zunehmend wichtige Rolle, so auch bei der jüngst gegründeten Genossenschaft GesundLand Vulkaneifel. Die Genossenschaft wurde gegründet, damit die Strukturen im Tourismus geschärft werden. Die Kommunikation und Zusammenarbeit zwischen der kommunalen Tourismusförderung und den Leistungsanbietern lief in der Vergangenheit sehr individuell und sehr lokal im eigenen Ort. Mit der Genossenschaft werden die Interessen der Leistungsanbieter gebündelt und das Marketing eng mit den Touristikern abgestimmt. Jeder Leistungsanbieter erhält nun unter speziellen Qualitätsanforderungen die Möglichkeit, die touristische Entwicklung mitzugestalten und in der Folge hiervon zu partizipieren. Diese Genossenschaftsgründung ist von der regionalen Volksbank aktiv begleitet worden. Rechtliche Fragestellungen wurden über den Genossenschaftsverband geklärt. Das Besondere an dieser Genossenschaft ist aber die landkreisübergreifende Beteiligung der Leistungsanbieter aus dem Gesundheits- und Tourismusbereich.

Und auch im Bereich der erneuerbaren Energien konnte man in den vergangenen Jahren einen Gründungsboom von lokalen Genossenschaften erleben. Ein großer Teil dieser Genossenschaften fördert die dezentrale Versorgung mit aus erneuerbaren Energien vor Ort produziertem Strom.

Der Autor hat einen Exoten unter den genossenschaftlichen Möglichkeiten entwickelt, das die bekannte „Ein-Mitglied-eine-Stimme"-Theorie entkräftet. Dieses genossenschaftliche Grundprinzip wird ausgehebelt, da es um die Umsetzung von Projekten geht die zwar immer mehr Mitglieder aufgrund hoher Renditeerwartungen nutzen möchten, ohne jedoch wirklich aktiv mit eingebunden zu werden. Dieser Artikel stellt ein genossenschaftliches Existenzgründungsmodell der Windfinanzierung vor, das es ermöglicht, kommunale Flächen so zu nutzen, dass die regionale Wertschöpfung möglichst stark ausgebaut wird. Dabei können zu der Gruppe der Existenzgründer viele gezählt werden, wie Bürger, Kommunen, Energieversorgungsunternehmen, Banken und weitere.

Wenn es gelingt, in der Zusammenarbeit zwischen den Beteiligten ein Konstrukt darzustellen, das die Projektierungskosten auf viele verteilt und damit auch das Recht sichert, bei erfolgreicher Projektierung auch weitere Investitionen (Eigenkapital) zu tätigen, wird das genossenschaftliche Modell trotz traditioneller Herkunft innovative und vielleicht sogar präferierte Rechtsform im Bereich der Finanzierung von Windenergie. Bei der Wahl der Rechtsform hat sich der Autor bewusst für die Genossenschaft entschieden, um den Ein- und Austritt von Risikokapitalgebern zu vereinfachen. Außerdem steht die Genossenschaft für die Befriedigung gemeinsamer wirtschaftlicher Bedürfnisse, die es ermöglicht, natürliche und juristische Personen zu einer Unternehmung zusammenzuführen.

Ziel ist es, Kapital zur Verfügung zu stellen, das für den Prozess der Projektierung bis zur Baugenehmigung notwendig ist. Da die Investition in eine Projektierung mit sehr hohem Risiko verbunden ist, muss eine äußerst hohe Transparenz gegeben sein. Das Risiko kann bis hin zum Totalverlust des eingesetzten Kapitals ansteigen, wenn eine Projektierung aufgrund der Gutachtenlage nicht erfolgreich abgeschlossen werden kann.

Kernaufgabe der genossenschaftlichen Projektierungsgesellschaft ist, das Risikokapital zielführend einzusetzen in

- die Sicherung der Grundstücke,
- die Klärung des Genehmigungsverfahrens sowie die Netzeinspeisung und
- die Beauftragung der Gutachten.

Das Risikokapital soll über die Bürger eingeworben werden. Regionale Energiegenossenschaften können gegebenenfalls als „Vehikel" genutzt werden, um energieaffine Bürgerinnen und Bürger mit Investitionsinteresse in erneuerbaren Energien aus der Region anzusprechen und für die Gründung einer Risikokapitalgesellschaft zu begeistern. Das hat den charmanten Vorteil gegenüber einer öffentlichen Erstveranstaltung, dass das Gesamtprojekt nicht aufgrund massiver Proteste von Windkraftgegnern von Beginn an gefährdet ist. Aufgrund der Zusammenarbeit mit einer regionalen Energiegenossenschaft kann sogar jedem Interessierten eine Beteiligung angeboten werden: entweder als Risikokapitalgeber in der neu zu gründenden Genossenschaft mit der Chance, weiteres Geld zu investieren aber auch mit dem Risiko, das Geld zu verlieren, oder in die beteiligte Genossenschaft. Hier besteht der Vorteil der Diversifikation des Portfolios durch bestehende Anlagen innerhalb der Genossenschaft.

Die Beteiligung sollte in kleinen, gleichhohen Beträgen erfolgen. Unabhängig vom Einkommen und Vermögen muss eine ausreichende Anzahl an Anteilen zur Verfügung gestellt werden, damit eine Einzahlung aller an einer Beteiligung interessierter Bürger möglich ist.

Unterscheiden kann man im Gesamtkonstrukt zwischen förderfähigen und investierenden Mitglieder. Gemäß § 8 Abs. 2 GenossenschaftsGesetz kann in der Satzung bestimmt werden, dass Personen als investierende Mitglieder zugelassen werden können. Dies ermöglicht es Kapitalgebern, Geschäftspartnern oder Förderern, die die Einrichtung der Genossenschaft nicht nutzen, sich als Mitglieder zu beteiligen und sich so an die Genossenschaft zu binden. In erster Linie sind unter investierenden Mitgliedern die Bürger gemeint, die als Risikokapitalgeber in die Genossenschaft eingebunden werden, da sie vorrangig an der Kapitalanlage interessiert sind. Dabei empfiehlt es sich sicherzustellen, dass diese

Mitglieder keinen dominierenden Einfluss auf Entscheidungen in der Generalversammlung haben.

Unter förderfähigen Mitgliedern sind die Mandate übernehmenden Akteure, zum Beispiel eine Kommune, eine Energiegenossenschaft und/ oder ein Energieversorgungsunternehmen (EVU) zu verstehen. Die Mandate übernehmenden Unternehmen bzw. Körperschaften sind deshalb förderfähige Mitglieder, weil sie durch die zu gründende Genossenschaft direkt gefördert werden. In diesem Fall profitiert die regionale Energiegenossenschaft davon, dass sie die Möglichkeit der Projektbeteiligung hat, und das EVU profitiert durch den Ausbau des erneuerbaren Energieportfolios. Die Genossenschaft fördert die Kommune in der Umsetzung der regionalen Wertschöpfung durch Generierung von Steuer- und ggf. Pachtzahlungen, Unternehmensgewinnen und Nettoeinkommen, um ihre Aufgabe der Daseinsfürsorge besser erfüllen zu können. Die förderfähigen Mitglieder sollten nach erfolgreichem Projektverlauf aufgrund der Initiatoren-Funktion und der Übernahme der Mandate die Möglichkeit haben, prozentual mehr Geld als die restlichen Mitglieder zu investieren. Diese höhere Beteiligungsmöglichkeit kann in der Satzung über die Unterscheidung in förderfähige oder investierende Mitglieder dargestellt werden.

Jeder Beteiligte darf nur einen Anteil zeichnen. Minderjährige können über die Erziehungsberechtigten anteilsberechtigt werden. Damit verteilt sich das Risikokapital auf viele Köpfe. Haben sich genügend Risikokapitalgeber gefunden, ist es die Aufgabe der Initiatoren, die Genossenschaftsgründung vorzubereiten.

Sollte die Projektierungsphase positiv verlaufen und ein Bauantrag gestellt werden können, müssen durch die Projektierungsgesellschaft weitere Aufgaben bearbeitet werden.

- **Einsammeln von Eigenkapital:**
  Als Risikokapitalgeber haben die Bürger dann die Möglichkeit, sich auch am weiteren Projekt zu beteiligen. Dabei sollte es im ersten Schritt eine Investitionsbegrenzung geben. Wenn eine bestimmte Eigenkapitalquote (z. B. 20 %) nicht erreicht werden kann, sollte das Rundenverfahren angewendet werden, d. h. jeder Risikokapitalgeber darf danach noch weitere Anteile kaufen.
- **Sicherstellung der Fremdfinanzierung:**
  Es müssen Fremdfinanzierungsbedingungen und Konditionen geklärt werden. Je nach Größe und Finanzierungsumfang sind Konsortialpartner einzubinden. Sollte die Projektierungsphase negativ verlaufen, d. h. ein Projekt kann aufgrund unterschiedlicher Ursachen, (wie z. B. auf der Grundlage avifaunistischer Gutachten) nicht durchgeführt werden, ist eine offene und transparente Kommunikation besonders wichtig. Es ist zu klären, wie die weitere Vorgehensweise erfolgen soll.

Vertreter der Kommune, der Energiegenossenschaft und des EVU sollten die Mandate im Vorstand und Aufsichtsrat besetzen. Eine Einbindung investierender Mitglieder in den Vorstand hält der Autor nicht für sinnvoll. Eine Einbindung investierender Bürger in den Aufsichtsrat kann erfolgen (Vorschlag: vier Aufsichtsratsmitglieder, davon ein investierendes Mitglied). Das Hauptziel liegt im Ausbau der regionalen Wertschöpfung durch eine

Investition in Windenergieanlagen auf kommunalen Flächen über eine möglichst breite Einbindung der Akteure vor Ort. Dabei werden zwei Oberziele verfolgt:

- zum einen die Erzielung von Gewinnen über den Betrieb der Anlage und nicht über Planung oder Projektierung und
- zum anderen die Sicherstellung einer möglichst hohen Transparenz bei Planung, Bau und Betrieb.

Es gilt, Aufbauarbeit zu leisten und neue Perspektiven für den ländlichen Raum zu schaffen, die regionale Investitionen auslösen. Regionale Investitionen tragen wiederum dazu bei die regionale Attraktivität zu erhöhen: als Region die l(i)ebenswert ist für Arbeitgeber und Arbeitnehmer aber auch für alle Bürger und Touristen.

Hypi – „TradiVation und DigiLog"

André Renfer und Marianne Wildi

Ist unsere Bank kundenorientiert? Sind die Betreuung durch einen Kundenberater in der Geschäftsstelle sowie die Bereitstellung von Geldautomaten und Online-Banking künftig noch ausreichend? Die technologischen Entwicklungen von Smartphones, Tablets, Social Media und elektronischen Marktplätzen beginnen sich sukzessive auch im Bankgeschäft niederzuschlagen. Große, branchenfremde internationale Anbieter wie Apple, Google oder PayPal breiten sich langsam in unserem angestammten Geschäftsfeld aus und schieben sich zwischen uns und unsere Kunden. Die erhöhte Konkurrenz im Markt verändert weitestgehend die Kundenerwartungen sowie die Spielregeln.

Welche konkreten Schritte sind von einer kleinen Bank einzuleiten, die sich bisher erfolgreich als regional verankert, offen und nachhaltig denkend, über Generationen als der verlässliche Partner „Vis-a-Vis" für Privat- und Geschäftskunden behauptet hat? Müssen wir überhaupt reagieren, wenn uns die Kunden als nicht sehr innovativ empfinden, oder war es gerade die Beständigkeit, welche die Kunden an uns schätzten?

Die Frage ist für eine kleine Regionalbank nicht einfach zu beantworten. Sind wir nicht schon erfolgreich, wenn wir reaktiv die aktuelle Regulierungsflut einigermaßen schadlos überstehen? Bleibt da wirklich noch Platz für aktive Innovation ohne dass wir unser, von den Kunden geschätztes, Profil verlieren und uns auf unnötige Abenteuer einlassen?

Unbestritten ist, dass auch unsere Kunden immer aktiver in der digitalen Welt unterwegs sind. Hypi „TradiVation und DigiLog" (Wortspiel aus „Hypothekarbank", „Tradition und

A. Renfer (✉) · M. Wildi
Hypothekarbank Lenzburg AG,
Bahnhofstraße 2, 5600 Lenzburg, Schweiz
E-Mail: andre.renfer@hbl.ch

M. Wildi
E-Mail: marianne.wildi@hbl.ch

© Springer Fachmedien Wiesbaden 2015
M. Seidel, A. Liebetrau (Hrsg.), *Banking & Innovation 2015*, FOM-Edition,
DOI 10.1007/978-3-658-06746-5_6

Innovation" sowie „Digital und Analog" bzw. „Dialog") beschäftigt sich genau mit dieser Fragestellung. Ziel ist es, unseren Kunden mit einfachen Mitteln ein kanalübergreifendes und doch individuelles Kundenerlebnis zu bieten. Cross-Chanel-Management, sehr fokussiert, mit hoher Motivation und Ideenreichtum, aber trotzdem auf einfache Art und Weise.

Hypi „TradiVation und DigiLog" beschäftigt sich aber auch intensiv mit der Frage, wie wir unsere Kunden aus der innovativen digitalen Welt wieder abholen und in die traditionelle analoge Welt „Vis-a-Vis" zurückführen. Zurückführen in die traditionellen Geschäftsstellen mit neuen innovativen Produkten, flexibel auf die Kundenbedürfnisse der Zukunft angepasst und kundenorientiert ausgestaltet. Wir untersuchen verschiedene Lösungsvorschläge und zeigen Umsetzungsmaßnahmen für eine kleinere Regionalbank auf.

6.1   Herausforderung „TradiVation"

Die Hypothekarbank Lenzburg wurde 1868 gegründet. Die geografische Ausrichtung liegt seit Anbeginn im Herzen des Kantons Aargau in der Schweiz. Bei den Einwohnern im Einzugsgebiet wird die Bank auch gerne als „unsere Hypi" bezeichnet. Die Bank ist aus Überzeugung und Stärke bis heute unternehmerisch denkend und eigenständig geblieben. Sie entwickelt und betreibt ihre eigene Bankensoftware in ihrem eigenen Rechenzentrum. Es lässt sich kaum verheimlichen, dass sehr großer Wert auf Unabhängigkeit gelegt wird. Der Cost/Income Ratio von 50 (Jahresabschluss Hypothekarbank Lenzburg AG 2013) bestätigt die bisherige Strategie der Selbstständigkeit.

Das Produkt- und Leistungsangebot in den Bereichen Sparen, Anlegen, Finanzieren und Vorsorgen ist auf private Kunden, Vereine, Geschäftskunden/öffentlich-rechtliche Körperschaften sowie Anlagekunden ausgerichtet. Es handelt sich um eine kleine regionale Universalbank, welche ein immer standardisierteres und reguliertes Bankgeschäft betreibt; einfach, bodenständig und glaubwürdig.

Als Regionalbank muss sie genau auf ihre historischen Stärken – eine lange Tradition und Verankerung bei ihren Kunden – fokussieren. Die Rückbesinnung auf das klassische und diskrete Bankgeschäft ist dabei ein Element. Dazu gehört auch Vertrauen durch Nähe und Festhalten an Bewährtem.

In der Vergangenheit war die Regulierung im Bankensektor eine große Eintrittsbarriere für neue Marktteilnehmer. Doch dank großem technischem Fortschritt sind heute die Barrieren niedriger, als viele von uns glauben. PayPal hat zum Beispiel seit 2007 eine Banklizenz in Europa, Google eine Lizenz im Vereinigten Königreich und Facebook mit mehr als 250 Mio. Nutzern in Europa, wird bald in Irland die Berechtigung erhalten, Zahlungen abzuwickeln (Manager Magazin online 2014). Es ist davon auszugehen, dass ein sehr großer Anteil der bestehenden Kunden bereits Kunden bei mindestens einem dieser Teilnehmer sind. Die neuen Marktteilnehmer schieben sich so unaufhaltsam zwischen die Hypothekarbank Lenzburg und ihre Kunden.

Insbesondere neue Generationen sind offen für alternative Geschäftsmodelle. Es dauerte nur circa sieben Jahre, bis Apple zum weltweit größten Musikhändler wurde, welcher bereits selbst schon wieder durch neue Streaming-Anbieter wie zum Beispiel Spotify bedroht wird.

Innovation bezieht sich längst nicht mehr nur auf die digitalen Kanäle wie das Online- oder Mobilebanking, sondern auch auf neue, innovative Technologien. Dabei geht es nicht nur um Produkt-, sondern beispielsweise auch um Dienstleistungs-, Service- und Betreuungsinnovationen. Deshalb sind Innovationen zukünftig ein maßgeblicher Schlüssel zum Erfolg. Innovation bedeutet für die Hypothekarbank Lenzburg somit immer auch die laufende Weiterentwicklung des Geschäftsmodells.

6.2   Die Antwort: Hypi DigiLog

Kunden zu gewinnen und zu behalten, gelingt in einer digitalen Welt nur, wenn eine Leistung erbracht wird, welche den Komfort und die Qualität im täglichen Leben der Kunden über die reine Transaktion hinaus erhöht. Mit mehr spielerischer Interaktion ergeben sich automatisch mehr Gelegenheiten für den Verkauf und die Beratung. Diese Sichtweise und das Anbieten von individuellen Lösungen müssen im Zentrum und der strategische Schwerpunkt der Bank als Anbieterin von Finanzprodukten und Dienstleistungen sein.

In einer Zeit der Konsolidierung, neuer Marktteilnehmer, der wachsenden Anzahl regulatorischer Vorschriften und Mehrbelastung durch zusätzliche Kapitalanforderungen ist ein kostengünstiges und flexibles Betriebsmodell notwendig. Geschäftsstellenschließungen und die bestehenden Produkte und Dienstleistungen auf eine digitale und mobile Selbstbedienungsplattform zu migrieren, wird nicht ausreichend sein, um auf die digitale Bedrohung zu reagieren und die Position der Hypothekarbank Lenzburg zu verteidigen. Mit Hypi DigiLog wurde ein Ansatz gewählt, der für die Zukunft eine dynamische und flexible Positionierung erlaubt.

Die aktuelle digitale Transformation und Konsolidierung bieten auch zahlreiche Opportunitäten für traditionelle Regionalbanken. Die Hypothekarbank Lenzburg hat einen großen Vorteil – ihr bestehendes Geschäftsstellennetz. Die Globalisierung und das anonyme Internet führen bei den Kunden zu einer Steigerung von Werten wie „Gemeinschaft", „Regionalität" oder „Individualität". Regionalbanken mit ihrem begrenzten Einzugsgebiet können sich in diesem Umfeld klar und kundennah positionieren.

Verschiedene Studien belegen, dass Geschäftsstellen von den Kunden auch in Zukunft immer noch sehr geschätzt werden. 78 % der Kunden haben in einer Studie von Accenture angegeben, sie würden in den nächsten fünf Jahren mehr oder gleich oft die Geschäftsstelle besuchen (Accenture 2013). Gemäß der Studie von Accenture ist die Verfügbarkeit von Geschäftsstellen in unmittelbarer Nähe ebenfalls einer der Hauptgründe, warum die Kunden bei der Bank bleiben.

Die Digitalisierung macht die Geschäftsstellen somit nicht obsolet. Doch „Nähe" bezieht sich nicht nur auf räumliche Nähe stationärer Vertriebseinheiten. Vielmehr geht es um kommunikative und vor allem emotionale „Nähe". Häufige, eigeninitiierte und vor allem empathische Kundenkontakte sind kritische Erfolgsfaktoren.

Die zentrale Herausforderung lautet also: Wie kann die Hypothekarbank Lenzburg als kleine Regionalbank eine durchgängige digitale Kundenerfahrung aufbauen, mit einem innovativen und kosteneffizienten Ergänzungsangebot in den Geschäftsstellen? Der Ansatz ist eine serviceorientierte Geschäftsarchitektur. Dieser Ansatz beinhaltet die Modularisierung der IT, der Prozesse und der Produkte sowie die konsequente Ausrichtung als serviceorientierte Organisation.

In Zukunft müssen wir alle noch besser in der Lage sein, komplexe Partnerschaften zu leben, explodierende Datenmengen zu bewältigen und ein schnelles Wachstum in der Kundeninteraktion zu bewältigen. Dies führt zu großen Veränderungen in der IT-Infrastruktur, die ebenfalls sehr flexibel und skalierbar sein muss und den Kunden sicher über mehrere Kanäle begleitet, dynamische Produktbündelung und das Management von Drittanbieter-Produkten und -Dienstleistungen ermöglicht.

Die Möglichkeiten der IT haben deshalb einen großen Einfluss auf das zukünftige Geschäftsmodell. Durch die stärkere Modularisierung und Prozessorientierung wird es möglich, IT-System mit Serviceleistungen und Applikationen (Apps) von Drittanbietern enger zu vernetzen. Die Bank gewinnt somit auch in der IT mehr Flexibilität und Individualisierung. Für die Hypothekarbank Lenzburg bedeuten diese Anforderungen klar, dass auch in Zukunft die Hoheit über das eigene Kernbankensystem und die Kundendaten benötigt wird. Wenn eine Bank (unabhängig von ihrer Größe) die Chancen und Möglichkeiten der IT nutzen will, um sich dem veränderten Kundenverhalten anzupassen, ist es von zentraler Bedeutung, die Entwicklung auf oberster Geschäftsleitungsebene im Griff zu haben und aktiv und unabhängig zu steuern.

Hypi DigiLog arbeitet deshalb in zwei Dimensionen:

- Die erste Dimension sind die relevanten Kanäle zu den Kunden. In einer ersten Phase wurden verschiedene Kanäle analysiert, definiert und priorisiert. Aktuell wurden vier digitale und sechs traditionelle Kanäle sowie drei neue Konzeptideen definiert. Die drei Konzeptideen werden nun im Detail weiter analysiert und als Subprojekte weiter ausgearbeitet. Die Kanäle sind ein Instrument für die Vertriebssteuerung und stehen zur Verfügung, um Ideen für entsprechende Verkaufsaktivitäten flexibel umzusetzen.
- Die zweite Dimension sind die Services, welche die Bank in digitaler Form den Kunden zur Verfügung stellen könnte. Diese Services wurden gruppiert und in einer Matrix pro Kanal priorisiert. Ein Service in dieser Dimension ist einheitlich für alle Kanäle definiert und kann auch von externen Partnern erbracht werden. Der Service wird aber möglicherweise nicht auf allen Kanälen mit der gleichen Priorität und mit gleichem Serviceumfang angeboten.

Mit diesem Ansatz ist die Hypothekarbank Lenzburg in der Lage, neue Services strukturiert einzuführen und in ihr Service-App-Framework zu integrieren. Die neue Welle der persönlichen Finanzmanagements (PFM-)Tools bietet ein konkretes Beispiel. PFM ist ein Weg, die Kunden- und Transaktionsdaten zu nutzen, um den Kunden einen täglichen Mehrwert zu liefern und die Interaktion mit den Kunden erhöhen.

Dieses Projekt zeigt, dass es mit dem Service-App-Framework möglich ist, erhebliche Time-to-Market-Vorteile zu erzielen. Als erste Regionalbank verfügt die Hypothekarbank Lenzburg nun in der Schweiz über einen entsprechenden Service, welcher nun auf weitere Kanäle ausgebaut und mit weiteren Service-Apps wie P2P Payment oder E-Rechnungen kombiniert wird.

Gemäß der Studie „Banking 2020 – zwischen Individualisierung und Standardisierung" (Morschheuser et al. 2014) wünschen Kunden in Zukunft einen individuellen Service. Diese Anforderung ist kein Widerspruch zur Standardisierung. Mit den einzelnen Komponenten der serviceorientierten Geschäftsarchitektur ist die Hypothekarbank Lenzburg in der Lage, ihren Kunden maßgeschneiderte Lösungen auf verschiedenen digitalen oder analogen Kanälen anzubieten. Die Entscheidung, welche Aufgabe der Kunde selbstständig erledigt und auf welchem Kanal er diese Aufgabe erledigt, liegt einzig und alleine beim Kunden.

Ein immer größerer Anteil der Kunden-Bank-Interaktion erfolgt bereits nicht mehr durch den klassischen Kundenberater in der Geschäftsstelle. Den Berater braucht es nur noch sehr selten. Aber genau in diesen seltenen Fällen ist die Beratung durch einen gut ausgebildeten Experten enorm wichtig. Dies kann an den folgenden zwei Beispielen dargestellt werden:

1. Die einfache Bezahlung der privaten Steuer-, Versicherungs- oder Stromrechnung sind für die meisten Kunden keine positiven Bankkundenerfahrungen, denn am Schluss befindet sich schmerzhaft weniger Geld auf dem Bankkonto. Also möchte der Kunde diese Aktivitäten „kurz und schmerzlos", aber sicher erledigen können, mit möglichst wenig Interaktion. Mit der E-Rechnung ist es bereits heute möglich, diese Aufträge (auch wenn trotzdem nicht ganz „schmerzlos"), sehr einfach und schnell freizugeben. Diese Aufgabe kann somit selbstständig und am einfachsten im Online- oder Mobilebanking erledigt werden.
2. Ganz anders ist die Situation, wenn sich eine Familie damit befasst, sich ein eigenes Haus oder eine Wohnung zu kaufen. Für die meisten Kunden ist dies ein einmaliges Projekt in ihrem Leben. Die These unserer Politiker und Regulatoren, dass unsere Bankkunden schlecht informiert sind, lässt sich hier in der Praxis nicht bestätigen. Genau das Gegenteil ist der Fall. Heute hat sich ein Kunde bereits intensiv mit dem Thema beschäftigt, sich auf zahlreichen Internetseiten und in Social Communitys aktiv informiert, bei Vergleichsportalen Angebote eingeholt und eventuell sogar damit begonnen, auf der Onlinebanking Plattform einen Antrag zu erfassen. Der Kauf einer Liegenschaft ist aber keine alltägliche Aufgabe und hat weitreichende Konsequenzen. Deshalb möchte er sein Projekt in der Regel noch mit einem Experten besprechen und deshalb mit dem regional verankerten und mit den Gegebenheiten vertrauten Kundenberater seines Vertrauens in einen Dialog einsteigen und seine offenen Fragen in Ruhe besprechen.

Die steigenden Regulatoren und die damit einhergehende Standardisierung verlangen immer mehr einen strukturiert geführten und dokumentierten Beratungsprozess. Die IT-Prozessunterstützung ist deshalb in den meisten Fällen praktisch identisch mit der Erfassung im Onlinebanking. In der Regel einfach mit anderem User-Interface und mehr Funktionalität. Hier ergibt sich ein weiteres Problem. Wo liegt bei der Digitalisierung im persönlichen Kundengespräch der Kundennutzen? Ein Dialog, welcher zu der individuellen und verständlichen Lösung für unseren Kunden führen soll, lässt sich nicht in engen IT-Prozessen führen. Wir haben festgestellt, dass unsere erfahrenen Kundenberater im Normalfall nebst den relevanten Kundeninformationen nur mit ihrem persönlichen „Lieblingsfoliensatz" und einem Notizblock in den Beratungsdialog einsteigen. Die Prozess- und Datenadministration folgt am Schluss und könnte eigentlich auch wieder durch den Kunden selber im Onlinebanking erfolgen. Wie kann also sichergestellt werden, dass nicht gegen zwingende Prozessvorgaben verstoßen wird und trotzdem der Kundenberater die Flexibilität und Möglichkeit empathischer Kundengespräche hat?

Genau hier ist ein wichtiger Unterschied in der Zielsetzung von Hypi DigiLog.

1. In Online- und Selbstbedienungskanälen verfolgt die Hypothekarbank Lenzburg mit ihrem Service-App-Framework eine moderne, innovative und ausgeprägte Kundenzentrierung. Ziel ist eine Erhöhung der Interaktion mit dem Kunden auf Augenhöhe. Kiosksysteme mit interaktiver Videoberatung, Gamified Onlineberatung und Touchpoint-Cloudlösungen mit QR-Code sind hoch priorisierte Themen.

2. Die Kundenberater sind gut ausgebildete und unternehmerische Mitarbeiter, welche den Kunden in den Mittelpunkt stellen. Im physischen Beratungsgespräch werden deshalb mit Hypi DigiLog unsere Kundenberater in den Mittelpunkt gestellt. In Zusammenarbeit mit der regionalen Fachhochschule (FHN – Hochschule für Technik – Institut für 4D-Technologien) wird an innovativen Technologien wie interaktiven Beratertischen in Kombination mit Konzepten wie Pencil Selling (Verkaufen durch Zeichnen und kreatives Visualisieren auf den Tablets) zur Unterstützung des Beraters geforscht. Innovative Technologien sollen dem Kundenberater die Möglichkeiten bieten, seine Kunden in jedem Gespräch neu zu verblüffen.

Mit Hypi DigiLog ist der Kunde besser und transparenter informiert und kann selbstständig entscheiden. Damit wird bewusst ein Wissensvorsprung zerstört und die Kunden werden auf Augenhöhe abgeholt. Dank übereinstimmender gemeinsamer Werte wie „Gemeinschaft", „Individualität" und „Regionalität" bleibt aber ein Vertrauensverhältnis bestehen, das verbindet. Digital hilft, aber bei komplexen Fragestellungen wird immer noch analog entschieden.

▶   Vertrauen verbindet.

Literatur

Accenture. (2013). Banking 2020 thought leadership series. A critical balancing act: US retail banking in the digital era. http://www.accenture.com/SiteCollectionDocuments/PDF/Accenture-Consumer-US-Retail-Banking-Survey.pdf. Zugegriffen: 17. Juli 2014.

Hypothekarbank Lenzburg AG. (2014, 13. Februar) http://www.hbl.ch/info/hbl/Geschaeftsbericht 2013.nrt. Zugegriffen: 17. Juli 2014.

Manager Magazin online. (2014, 14. April). Banklizenz in Irland. Facebook könnte schon bald zur Bank werden. http://www.manager-magazin.de/unternehmen/banken/facebook-mit-banklizenz-in-irland-bald-bank-a-964241.html. Zugegriffen: 17. Juli 2014.

Morschheuser, B., Zerndt, T., Alt, R., Bons, R., & Puschmann, T. (2014, 20. Februar). Banking 2020 – Zwischen Individualisierung und Standardisierung. CC Sourcing der Institute für Wirtschaftsinformatik, Universität St.Gallen. http://sourcing.iwi.unisg.ch/index.php?eID=tx_nawsecuredl&u=0&file=fileadmin/projects/sourcing/publikationen/Banking_2020_-_zwischen_Individualisierung_und_Standardisierung_-_Morschheuser_et_al._2014.pdf&t=1407859050&hash=1325d49b7435fda65113c3faaf4ffa1ed3ae3a87. Zugegriffen: 12. Aug. 2014.

Lebenswelten 2020 – Wie werden wir morgen unsere Finanzen managen?

Dieter Rohrmeier

7.1 Forschungsdesign

Die Fragestellungen des Forschungsprojekts „Lebenswelten 2020" der Hochschule der Sparkassen-Finanzgruppe mit dem iaw Köln und vier Projektsparkassen aus Nordrhein-Westfalen konzentrierten sich auf folgende Thematiken:

- Wie werden Potenzialkunden ihre Finanzgeschäfte zukünftig tätigen?
- Wird es, je nachdem, welche Finanzprodukte gefragt sind, neben den bekannten und vertrauten Finanzinstituten neue Anbieter auf dem Markt geben?
- Geht alles online oder wollen wir in manchen Fällen doch einem vertrauten Berater in die Augen sehen?
- Wie stellen sich Kunden künftig die vertrauensvolle Kommunikation über Finanzprodukte vor?
- Welche Rolle wird Technologie in diesem Zusammenhang spielen?

Im Mittelpunkt jeder Kundenanalyse steht zunächst die Abgrenzung der Zielgruppen. Für das Forschungsdesign einigten sich die Forschungspartner auf Potenzialkundengruppen, die neben Altersgruppen und Einkommen auch spezielle Merkmale erfüllen. Beispielhaft ist dies für eine zentrale Gruppe des Forschungsprojekts, den jungen Potenzialkunden dargestellt. Als Potenzialkunde werden sowohl Studierende und gut gebildete Berufseinsteiger gesehen, genauso auch Kunden mit einer abgeschlossenen Berufsausbildung, die sich auf

D. Rohrmeier (✉)
Hochschule der Sparkassen-Finanzgruppe, Simrockstraße 4, 53113 Bonn, Deutschland
E-Mail: dieter.rohrmeier@dsgv.de

© Springer Fachmedien Wiesbaden 2015
M. Seidel, A. Liebetrau (Hrsg.), *Banking & Innovation 2015*, FOM-Edition,
DOI 10.1007/978-3-658-06746-5_7

Tab. 7.1 Lebensphasen im Forschungsprojekt Lebenswelt 2020

Phase	Phasen-Kennzeichnung	Alter	Bedingungen
1	Abhängigkeit	18–25	Keine Einkommensgrenze
2	Öffnung	20–30	< 1200 E monatl. Netto verfügbar
			< 20 TEuro Vermögen
3	Prosperität/Weichenstellung	25–40	< 2200, < 50 TEuro
4	Konsolidierung	45–60	< 3000, < 50 TEuro
5	Übergabe	< 60	Keine Einkommensgrenze, < 50 TEuro

dem Weg zum Gesellen oder Meister befinden. In beiden Fällen ist von einem späteren hohen Einkommen auszugehen. Insgesamt wurden die Potenzialkunden in fünf Phasen eingeteilt (vgl. Tab. 7.1).

Das Forschungsdesign forderte folgende Untersuchungstechniken:

- Tiefen-Interviews mit Echtkunden der Sparkassen
- Kurz-Interviews in Filialen, auf Straßen, am Telefon
- Onlinebefragung
- Gruppendiskussion mit jungen Potenzialkunden
- Quellenauswertung der einschlägigen Studien
- Expertengespräche mit Vertretern der Finanzbranche

7.2 Wesentliche Ergebnisse

Die qualitativen und quantitativen Befragungen haben zu dem Ergebnis geführt, dass die Kunden ihre Beratungsbedürfnisse unabhängig von ihrem jeweiligen Alter an der Produktkomplexität ausrichten. Die Kunden unterschiedlicher Generationen differenzieren den Markt für Finanzdienstleistungen nach einfachen und beratungsintensiven, komplexen Produkten (vgl. Abb. 7.1).

Das Kundenverhalten ist somit nicht nur über den – normalerweise in den Marktbearbeitungsstrategien der Banken – vorzufindenden Kundentypen zu differenzieren, sondern insbesondere auch über die Komplexität von Produkten zu unterscheiden. Dies hat weitreichende Auswirkungen auf die Frage, wie Kunden mittels Marketing am besten anzusprechen sind. Wenn es folgerichtig ist, dass ein Kunde bei differenzierten Produkten auch differenzierte Erwartungen an den Dienstleister entwickelt und sein Verhalten im Wesentlichen *unabhängig* von Lebensphasen ist, dann wäre die Marketingstrategie neu

Abb. 7.1 Erwartung-
shaltungen von
Potenzialkunden

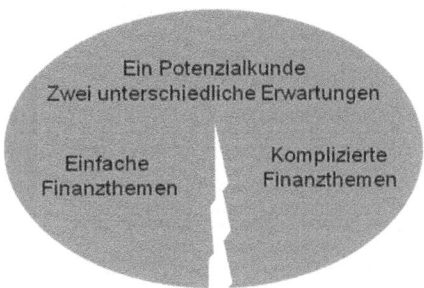

auszurichten. Dies kann nur unter Berücksichtigung (Abhängigkeit) von Lebenswelten der sich weiter ausdifferenzierenden Kundengruppen optimiert werden.

Die Sparkassen sind von ihren Wurzeln her der Finanzdienstleistungswelt als „Allfinanzanbieter" positioniert. Der Werbespruch „Wenn's um Geld geht Sparkasse" ist allseits bekannt und in der Werbung immer wieder transportiert. Er wird mit dem entsprechenden Jingle ins Unterbewusste der Kunden transportiert. In Wahrheit trifft er auf eine veränderte Wirklichkeit. Was wir am Markt feststellen, ist, dass Kunden zwischen einfachen und komplexen Produkten ganz stark differenzieren.

Insbesondere werden einfache Dienstleistungen, wie Giro und Finanztransfers durch neue Marktteilnehmer wie Internethändler, E-Cash-Koordinatoren, Unternehmen der Telekommunikation und Handelsunternehmen angeboten und verstärkt von den Kunden akzeptiert. Diese werden von sich aus den Wettbewerb weiter forcieren.

7.3 Das Lebensweltkonzept

Das Lebensweltkonzept wird im Folgenden am Beispiel der jüngeren Potenzialkunden erläutert:

Die Einzelinterviews der jungen Kunden haben klar aufgezeigt, dass die Lebenswelt dieser Zielgruppe ganz eindeutig emotional von Erlebnisthemen geprägt ist. Dabei spielt das Thema Mobilität innerhalb der Grenzen von Wohnort und Studienort sowie der Eltern und der Wunsch nach Reisen ins Ausland und auf andere Kontinente eine große Rolle. Zentrales Medium, gerade auch für die sozialen Kontakte, ist das Smartphone bzw. das Tablet für die sozialen Netzwerke. Weiterhin sind die Themen Musik, insbesondere das Streamen, eine große Anzahl von „Apps" sowie deren leichte Anwendung, das Surfen im Internet und nicht zuletzt Freunde und Familie bis hin zum „sozialen Shoppen" selbstverständlich online und in allen Lebenslagen in der Lebenswelt die zentralen Aspekte. Alle diese genannten Themen sind von den Jugendlichen und zunehmend in allen Altersklassen emotional hoch besetzt.

7.3.1   Differenzierung der Produkte in einfache und komplexe Produkte

Die Produkte der Finanzbranche, die von den jungen Potenzialkunden als einfach oder unkompliziert angesehen werden, sind hingegen emotional kaum besetzt oder werden nicht als Produkte angesehen, zu denen der Kunde eine enge Bindung zum Anbieter aufbaut. Hierbei handelt es sich um das Girokonto und die EC-Karte oder die Kreditkarte, einfache Anlagen auf Tagesgeldkonten (als Tagesgeld), das kaum mehr beachtete Sparen oder ein einfacher Vermögensaufbauplan und der Privatkredit.

7.3.2   Komplexe Produkte in der Wahrnehmung der Kunden

Als erste Ansprechstation für Produkte, die von den Kunden als komplex angesehen werden, ist das engere private Umfeld genannt, gefolgt von dem „bekannten" Berater in der Bank. Die Interviewten zeigen sich sehr kritisch gegenüber der Finanzwelt und haben hohe Erwartungen an die Plausibilität der angebotenen Argumente, gegenüber einer empathischen Haltung der Berater zu den eigenen Bedürfnissen und der Neutralität in Bezug auf die Produkte. Alle Befragten informierten sich selbstständig im Internet vor der eigentlichen Beratung. Dabei ist feststellbar:

* Bestehende Finanzpartner werden primär kontaktiert;
* Erschlossenes Wissen und Kenntnisse werden mit Berater abgestimmt;
* Steigende Erwartungen und Anforderungen werden an die Bankberater gestellt;
* Im Endeffekt kommt es auf das beste Angebot an.

Die jungen Potenzialkunden zeigen sich hier in hohem Maße als preissensibel, trauen sich eine hohe Eigenkompetenz zum Abschluss auch im Internet zu und sind sehr offen für Neues. Im Hinblick auf die Beziehung zum Anbieter von Finanzprodukten haben die Potenzialkunden kaum Anforderungen an Vertrauen und Kompetenz der Ansprechpartner in den Banken. Ein Abschluss nur über das Internet wird als sehr wahrscheinlich bezeichnet, die persönliche Betreuung und Beratung kaum präferiert.

Mit einem anderen Verhalten gegenüber den Banken reagieren die jungen Kunden dann, wenn es aus der subjektiv empfundenen Sichtweise um komplexere Produkte oder Situationen aus der Lebenswelt geht. Hierbei sind die Bildung von Vermögen, größere Anschaffungen auf Kreditbasis, der Aufbau und Erwerb von Immobilien und die eigene Altersvorsorge zu nennen. Unabhängig von der Altersgruppe hat hier das Thema Vertrauen in die Person, von dem der Kunde beraten wird, enorme Bedeutung. Entscheidend hervorzuheben ist auch, dass bei fast allen der Befragten der persönliche Kontakt gesucht wurde. Eine Kommunikation über Medien wird erst akzeptiert, wenn die Beziehungsebene zur Person aufgebaut ist.

7.4 Trends und Schlussfolgerungen

Auf das sich ändernde Kundenverhalten haben bereits Nicht-Banken mit neuen Geschäftsstrategien reagiert:

* **Facebook greift nach Banklizenz.** Durch den Finanzdienst könnte Facebook zugleich das Kerngeschäft mit den Nutzerdaten stärken und bei den Werbekunden zu Geld machen (Deutsche Wirtschafts Nachrichten 2014).
* **Bei REWE in Zukunft per Smartphone zahlen.** Nach Edeka führt auch Rewe ab November 2014 in seinen Supermärkten das Bezahlen per Smartphone ein (Chip 2013).
* **Google** besitzt im Vereinigten Königreich bereits eine Banklizenz. Und was sollte Google davon abhalten, darauf eingezahlte Guthaben zu verzinsen und Kunden dazu zu bewegen, ihr Gehalt dort einzahlen zu lassen (Handelsblatt 2014)?

Selbstverständlich muss die Analyse der relevanten Zielgruppen weiter in die Tiefe gehen. Dazu gibt das Forschungsmaterial viele weitere Ansatzpunkte. Wenn sich die Trends der genannten Beispiele bestätigen, dann sind die Marketingkonzepte, die Strategien der Kundenansprache und der Kundenbindung bis hin zu den gesamten Strategiekonzepten im Privatkundengeschäft neu zu überdenken.

Forschungspartner

* Sparkasse KölnBonn
* Kreissparkasse Köln
* Sparkasse Bochum
* Sparkasse Siegen
* Hochschule der Sparkassen-Finanzgruppe
* iaw Köln

Literatur

Chip. (2013, 30. Dez.). Rewe: Lebensmittel-Einkäufe per Handy bezahlen. http://www.chip.de/news/Rewe-Lebensmittel-Einkaeufe-per-Handy-bezahlen_66346420.html. Zugegriffen: 25. Aug. 2014.

Deutsche Wirtschafts Nachrichten. (2014, 10. Juni). Facebook beantragt Bank-Lizenz in Irland. http://deutsche-wirtschafts-nachrichten.de/2014/06/10/facebook-beantragt-bank-lizenz-in-irland/. Zugegriffen: 25. Aug. 2014.

Handelsblatt. (2014, 18. Juni). Online-Konkurrenz für Banken. Wer nicht vorbereitet ist, sieht dem Tod entgegen. http://www.handelsblatt.com/unternehmen/banken/online-konkurrenz-fuer-banken-wer-nicht-vorbereitet-ist-sieht-dem-tod-entgegen/10062010.html. Zugegriffen: 22. Aug. 2014.

Potenziale und Grenzen nachhaltiger Geldanlagen 8

Axel Steudle

Das Thema des nachhaltigen Handelns ist seit Jahrzehnten in der Wissenschaft wie auch in der Praxis über die Politik, Gesellschaft und Wirtschaft als existenzielle Aufgabe des 21. Jahrhunderts anerkannt worden. Die Endlichkeit der Rohstoffe, der steigende weltweite Energiebedarf, die expandierende Weltbevölkerung und der Klimawandel führen unweigerlich zu weiterem Investitionsbedarf in den Bereichen erneuerbare Energien, Nahrungsmittelversorgung, Armutsbekämpfung und Klimaschutz (vgl. European Commission 2014). Beispielhaft ist der Umstieg auf die Elektromobilität zu nennen, in China sollen bis zum Jahr 2020 fünf Millionen Elektrofahrzeuge mittels Subventionsunterstützung an die potenziellen Käufer abgesetzt werden um den Herausforderungen der Umweltverschmutzung insbesondere Feinstaub und Smog zu begegnen. Im Vergleich dazu wird in Deutschland der Absatz von einer Million Elektrofahrzeugen bis zum Jahr 2020 angestrebt (vgl. Daimler 2014).

Dafür wird in der Zukunft eine große Menge an Finanzmitteln benötigt werden. Allein für die Umsetzung der Milleniumsziele bezifferte der UN-Generalsekretär Ban Ki Moon den Finanzbedarf auf US$ 100 Mrd. bis zum Jahr 2015 (vgl. United Nations o. J.). Um dem globalen Klimawandel wirkungsvoll entgegenzutreten, wird die Politik weiterhin versuchen, durch entsprechende Subventionen sowie Sanktionen die Wirtschaft zu einer nachhaltigeren Verhaltensweise zu bewegen. Daneben sorgen aber auch marktwirtschaftliche Kräfte dafür, dass sich Unternehmen auf zukunftsschonende Alternativen konzentrieren müssen. Außerdem wird es für Unternehmen zunehmend wichtiger, dass ihre Leitlinien und Produktion dem Konzept der Nachhaltigkeit entsprechen, um somit ein positives Nachhaltigkeitsimage aufzubauen. Nur so können sie dem steigenden Kundenbedürfnis nach einem

A. Steudle (✉)
Holzbeinstraße 1, 75173 Pforzheim, Deutschland
E-Mail: axel.steudle@web.de

© Springer Fachmedien Wiesbaden 2015   53
M. Seidel, A. Liebetrau (Hrsg.), *Banking & Innovation 2015,* FOM-Edition,
DOI 10.1007/978-3-658-06746-5_8

umwelt- und sozialverträglichen Wirtschaften nachkommen und langfristig wettbewerbsfähig bleiben. Das Wachstumspotenzial ist im Bereich der Nachhaltigkeit noch längst nicht ausgeschöpft und spricht für eine weiterhin zunehmende Bedeutung von Geldanlagen im Sinne der Nachhaltigkeit (vgl. Weber, J. 2008).

Die Verfolgung langfristiger, zukunftsbezogener Ziele kann aber nur gewährleistet werden, wenn die kurzfristigen Bedürfnisse der Individuen befriedigt sind. Ein Beispiel hierfür ist die Kürzung der staatlichen garantierten Einspeisevergütung für Solarstrom. Aufgrund der anwachsenden Staatsverschuldung tritt hier das Bestreben der langfristigen, nachhaltigen Entwicklung hinter das Erfordernis der Haushaltskonsolidierung zurück.

Aufgrund der expansiven Geldpolitik der Zentralbanken besteht die Gefahr einer Blasenbildung. Durch das Anwachsen der Geldmenge steigt automatisch die Nachfrage nach möglichen Anlagealternativen, zu denen beispielsweise auch nachhaltige Geldanlagen zählen können. Bedingt durch die steigende Nachfrage erhöhen sich Preise und Kurse, was wiederum neue Anbieter auf den Markt lockt. Nachhaltig sinnvolle Projekte und Unternehmen sind allerdings begrenzt. Aufgrund fehlender Richtlinien können Fondsanbieter ihre Angebotspalette quasi uneingeschränkt deklarieren, um die steigende Nachfrage zu befriedigen. Damit wäre der eigentliche Sinn nachhaltiger Geldanlagen fundamental verletzt. Für den Anleger wird der Markt unglaubwürdig und intransparent. Ein aktuelles Beispiel ist der Windanlagen-Finanzierer Prokon, der bei rd. 75.000 Kleinanlegern 1,4 Mrd. € über Genussrechte eingesammelt hat und seit Januar 2014 von einem vorläufigen Insolvenzverwalter geführt wird.

Auf der Homepage von Prokon (o. J.) ist folgender Hinweis zu den Genussrechten enthalten:

> Genussrechte sind grundsätzlich nachrangige Finanzierungsinstrumente. Das bedeutet, im Falle einer Insolvenz des Unternehmens bekommen erst einmal die Banken ihr Geld zurück und nur was dann noch übrig ist, wird an die Anleger ausgezahlt. PROKON ist anders! PROKON verzichtet weitgehend auf Bankdarlehen. Bei PROKON sind Banken nur zu 4,5 % an der Finanzierung beteiligt. Damit gibt es so gut wie keine vorrangigen Gläubiger, die vorrangig vor den Anlegern ihr Kapital zurückfordern könnten oder vorrangigen Zugriff auf die Vermögenswerte hätten. Der Verzicht auf Bankdarlehen stellt somit eine erhebliche Sicherheit für die PROKON Anleger dar.

Ein weiteres Beispiel ist der Anbieter von Genussrechten „German Pellets GmbH", der in den Medien eine Werbekampagne zum Absatz seiner Anlagen mit 8 % p.a. in den Vordergrund stellt und parallel dazu die Nachhaltigkeit der erneuerbaren Ressourcen (Holz) hervorhebt. Eine Transparenz über die wirtschaftlichen Verhältnisse des Unternehmens ist für den Investor in den Verkaufsunterlagen und auf der Homepage des Unternehmens auf den ersten Blick nicht zu erhalten, es wird vielmehr die emotionale Komponente der Anlageentscheidung mit dem guten Gewissen, ein nachhaltiges Investment zu tätigen, betont. Bei vertiefter Recherche lässt sich ein Rating von BBB der Creditreform Ratingagentur auf den Seiten der German Pellets finden, dass auf die Risiken der Geschäftsentwicklung wie zum Beispiel umfangreiche „Off-Balance-Sheet"-Positionen verweist (vgl. german-pellets 2014a, b).

Um Nachhaltigkeit quantifizieren zu können, müssen Anbieter und Anleger auf die Urteile von Ratingagenturen vertrauen und begeben sich so in eine Abhängigkeit. Unterdessen bleibt zu hinterfragen, inwieweit die gängigen Screening-Verfahren in der Lage sind, die Nachhaltigkeit einer Geldanlage zu bewerten (vgl. Barkawi, A. 2008).

Anbieter von nachhaltigen Finanzprodukten treffen die Entscheidung über die Zusammensetzung eines Portfolios meist in Zusammenarbeit mit externen Research- und Ratingagenturen, die Unternehmen anhand von ökologischen, sozialen und ethischen Kriterien analysieren. Dieser Analyse liegen verschiedene Ansätze (oder Kombinationen davon) zu Grunde:

- Negativ- oder Ausschlusskriterien: Hier wird ein Investment in jene Unternehmen ausgeschlossen, die zum Beispiel in den Bereichen Rüstung, Tabak, Alkohol oder Kernenergie tätig sind, die Kinderarbeit dulden oder Gentechnik einsetzen.
- Festlegung von Positivkriterien: Investiert wird in jene Unternehmen, die bezüglich definierter Kriterien wie Umweltengagement, Frauenförderung, Vermeidung von Korruption oder Schaffung von Arbeitsplätzen besonders positive Leistungen vorweisen können.
- Best-in-Class-Ansatz: die sozial und ökologisch führenden Unternehmen einer Branche werden identifiziert, ohne dass dabei eine Branche generell ausgeschlossen wird.

Beispielhaft ist hier das an der Universität Hannover gegründete „imug Institut für Markt-Umwelt-Gesellschaft" zu nennen. Aus diesem ging 1995 die imug Beratungsgesellschaft hervor.

Das imug ist seit 2001 alleiniger Vertriebspartner von EIRIS Portfolio Manager (EPM). EIRIS Portfolio Manager ist eine webbasierte Datenbank, die Research zu 3200 börsennotierten Unternehmen weltweit anbietet und damit Banken, Fondsgesellschaften und institutionelle Kunden bei der Erstellung nachhaltiger Anlageuniversen unterstützt. Mit EPM lässt sich auf sehr schnelle und einfache Weise ein Unternehmensscreening mit individuell festgelegten Kriterien durchführen. Die Analyse erfolgt anhand von 250 detaillierten Untersuchungskriterien in den Bereichen Umwelt, Stakeholderbeziehungen, Governance, Menschenrechte und Arbeitsbedingungen in der Zuliefererkette sowie sogenannten „sins" wie Rüstung, Alkohol, Tabak oder Glücksspiel.

Das prinzipienbasierte Research wird nach folgenden Grundregeln im imug Code of Conduct näher beschrieben und stellt sich wie folgt dar (vgl. imug 2014):

- Unabhängigkeit – von Finanzinstituten und zu bewertenden Unternehmen
- Transparenz – Nachvollziehbarkeit der Bewertungen, Transparenz über Quellen, Begründungen beim „Downgrading"
- Umgang mit Stakeholderinformationen
- Vertraulichkeit der Daten

- Training – kontinuierliche Themenfortbildung, regelmäßige Telefonkonferenzen, jährliche Analystentreffen in London
- Vieraugenprinzip – jedes Unternehmensprofil wird von imug und EIRIS geprüft

Die zunehmende Nachfrage nach einem langfristigen und verantwortlichen Ansatz in der Geldanlage ist für die Anbieter wie auch den Gesetzgeber auf eine bedeutende Größe angewachsen. Die Auswahl von nachhaltigen Geldanlagen hat sich in den letzten Jahren deutlich hinsichtlich der Anzahl wie auch der Individualisierung des Angebotes entwickelt. Vor zehn Jahren waren rund vier Milliarden Euro in Nachhaltigkeitsfonds investiert, heute sind es über 40 Mrd. € in über 380 Publikumsfonds. Weitere Nachfrager wie Spezialfonds, Pensionskassen, Stiftungen und kirchliche Einrichtungen haben rd. 38 Mrd. € investiert. Bei den Anlageformen hat sich die Produktpalette deutlich ausgeweitet, von den klassischen nachhaltigen bzw. ökologischen Aktien- und Rentenfonds, über projektbezogene Angebote, Mikrofonds für Kleinkredite in Entwicklungsländern, grüne Immobilienfonds bis hin zu verschiedenen Stiftungsfonds von Vermögensverwaltern und nachhaltigen Vermögensverwaltungsmodellen der Banken (vgl. Morningstar Deutschland GmbH o. J.). Die Entwicklung zur Nachhaltigkeit strahlt in die konventionelle Anlageauswahl der Anbieter hinein, da das Nachfrageverhalten der Anleger und die langfristige Glaubwürdigkeit, insbesondere vor dem Hintergrund des Imageverlustes der Banken, eine besondere Rolle spielen (vgl. Decken, C. 2010).

Eine katalysierende Funktion für den Wandel zu mehr Nachhaltigkeit in den Geldanlagen könnten die aktiven Investoren haben. Dahinter steckt die These, dass Anleger nicht nur die eigene Rendite im Blick haben, sondern aus einem langfristigen Interesse an dem Unternehmen, die eigene Macht und Verantwortung als Investor auch im Hinblick auf die Förderung sozialer und ökologischer Ziele einsetzen können (vgl. FNG o. J.). Die aktive Auseinandersetzung zwischen Anlegern und dem Management von Unternehmen mittels eines Engagements der von nachhaltig geprägten Investoren kann eine verstärkte Einflussnahme auslösen (vgl. Hawken o. J.). Der kritische Dialog einer wachsenden Anzahl von Nachhaltigkeitsinvestoren mit Unternehmen kann zu einer veränderten Betrachtung von Themen wie Arbeitsbedingungen in der Textilindustrie in den Schwellenländern, Erhöhung der Umweltnormen, Bekämpfung von Korruption, Meidung von ethisch fragwürdigen Investments wie Rüstungsindustrien, Agrarspekulationen und Rohstoffunternehmen (vgl. Rotthaus, S. 2009).

Zahlreiche Untersuchungen wie auch weitere aktuelle Studien konventioneller Banken belegen, dass ein Investment in nachhaltige Anlageprodukte nicht den Verzicht auf Rendite bedeutet, sondern dass damit eine mindestens ebenso hohe Rendite wie bei konventionellen Produkten erzielt werden kann (vgl. Schröder, M. 2008).

Damit machen nachhaltige Investments in doppelter Hinsicht Sinn: sie fördern eine verantwortliche Wirtschaftsweise und erzielen zudem eine Rendite, die nicht die nächste Blase produziert. Eine vernünftige Umsetzung kann grundsätzlich einen gesellschaftlichen, ökologischen sowie sozialen Mehrwert schaffen.

Literatur

Barkawi, A. (2008). Sustainability indizes. In M. Faust & S. Scholz (Hrsg.), *Nachhaltige Geldanlagen. Produkte, Strategien und Beratungskonzepte*, (S. 539–556). Frankfurt a. M.: Frankfurt School.

Daimler. (2014, 13. Februar). Elektroauto DENZA auf dem Weg zur Markteinführung in China. http://media.daimler.com/dcmedia/0-921-656186-49-1673725-1-0-0-0-0-1-12759-614216-0-0-0-0-0-0-0.html?TS=1398068807589. Zugegriffen: 20. April 2014.

Decken, C. (2010). *Eine empirische Analyse intrinsisch motivierter Anlagepräferenzen am Beispiel Socially Responsible Investments (SRI)*. Diss., Hamburg.

European Commission. (2014, 29. Januar). *Getting a grip on rising energy prices and costs*. http://ec.europa.eu/news/energy/140129_en.htm. Zugegriffen: 18. April 2014.

FNG. (o. J.). *Nachhaltige Geldanlagen*. http://www.forum-ng.org/de/nachhaltige-geldanlagen/nachhaltige-geldanlagen.html. Zugegriffen: 18. April 2014.

german pelllets. (2014a). *Genussrechte german pellets*. http://www.german-pellets.de/investor-relations/das-genussrecht/daten-fakten.html. Zugegriffen: 19. April 2014.

german pellets. (2014b). *Ratings german pellets*. http://www.german-pellets.de/investor-relations/die-emittentin/rating.html. Zugegriffen: 19. April 2014.

Hawken, P. (o. J.). *Blessed unrest*. http://www.paulhawken.com/blessedunrest.com/. Zugegriffen: 18. April 2014.

imug. (2014). *Qualitätsstandards*. http://www.imug.de/index.php/nachhaltiges-investment/service/qualitaetsstandards.html. Zugegriffen: 19. April 2014.

Morningstar Deutschland GmbH. (o. J.). http://www.nachhaltiges-investment.org/Home.aspx. Zugegriffen: 19. April 2014.

Prokon. (o. J.). http://www.prokon.net/prokon-transparent/prokon-transparent-uebersicht.php?id. Zugegriffen: 26. Feb. 2014.

Rotthaus, S. (2009). *Erfolgreich investieren in grüne Geldanlagen. Ökologisch – ethisch – nachhaltig*. Frankfurt a. M.: Campus.

Schröder, M. (2008). Performance Nachhaltiger Geldanlagen. In M. Faust & S. Scholz (Hrsg.), *Nachhaltige Geldanlagen. Produkte, Strategien und Beratungskonzepte*, (S. 519–537) Frankfurt a. M.: Frankfurt School.

United Nations. (o. J.). *News on millenium development goals*. http://www.un.org/millenniumgoals/. Zugegriffen: 18. April 2014.

Weber, V. (2008). Neue Anlagemotive durch gesellschaftlichen Wertewandel. In M. Faust & S. Scholz (Hrsg.), *Nachhaltige Geldanlagen. Produkte, Strategien und Beratungskonzepte*, (S. 247–261) Frankfurt a. M.: Frankfurt School.

Entwicklungen und Trends im Konsumentenkreditmarkt in Deutschland und Österreich

Andrew J. Zeller und Stefan Wittlinger

9.1 Einleitung

Die Konsumentenkreditmärkte in Deutschland und Österreich befinden sich seit gut einem Jahrzehnt in einem ständigen Wandel. Von sich ändernden Kundenanforderungen, über neuartige Produkte bzw. Produktvarianten, bis hin zu bisher branchenfremden Anbietern hat der Markt sein ursprüngliches Nischendasein abgelegt und sich zu einem zentralen Spielfeld für alle Retailbanken entwickelt. Attraktive Rahmenbedingungen wie geringe Arbeitslosigkeit führen des Weiteren zu einer sich intensivierenden Wettbewerbsdynamik.

9.2 Entwicklung und Status quo des Ratenkreditmarkts

Ein erster Blick auf die Entwicklung der Indizes für Konsumenten- und Ratenkredite zeigt die starke Performance insbesondere der Ratenkredite in Deutschland. Während im Betrachtungszeitraum die Konsumentenkredite indexiert gar abgesunken sind, konnten die Ratenkredite mit einem jährlichen Wachstum von mehr als einem Prozent auf einen Indexwert von 1103 steigen. Dahinter steht ein Eurovolumen von 147,3 Mrd. Kreditbestand.

In Österreich hingegen ist das Kreditvolumen im Ratenkreditmarkt seit einigen Jahren rückläufig. Mit einer Marktgröße von ca. 14 Mrd. € macht es ungefähr ein Zehntel

A. J. Zeller (✉) · S. Wittlinger
TeamBank AG, Rathenauplatz 12–18, 90489 Nürnberg, Deutschland
E-Mail: andrew.zeller@teambank.de

S. Wittlinger
E-Mail: stefan.wittlinger@easycredit.de

© Springer Fachmedien Wiesbaden 2015
M. Seidel, A. Liebetrau (Hrsg.), *Banking & Innovation 2015*, FOM-Edition,
DOI 10.1007/978-3-658-06746-5_9

des deutschen Markts aus, allerdings mit teilweise unterschiedlichen Produktansätzen. So findet man hier im Ratenkreditbereich häufig noch immer den variablen Zins, das heißt abhängig von einer Referenzrate verändern sich die Zahlungen der Endkunden periodisch. In Deutschland hingegen ist der Festzins absolut dominierend.

Stark wachsend ist das Segment Internetkredit. Gemäß den regelmäßigen Auswertungen des Bankenfachverbands hat der Internetkredit einen Anteil von circa 18 % am Neugeschäft der Banken. Auch der Durchschnittskredit steigt an diesem Ende und liegt mittlerweile höher als in den stationären Vertriebswegen. Aktuell nehmen Kunden einen mittleren Betrag von 10.000 € im Internet auf.

9.3 Wesentliche Trends im Ratenkreditmarkt

Der dargestellte Markt wird von wesentlichen Trends beeinflusst, die in den nächsten vier Abschnitten überblicksartig dargestellt werden.

9.3.1 Trend 1: Verändertes Konsumentenverhalten

Ließen sich die Kundengewohnheiten noch vor einigen Jahren nach online und offline differenzieren, so lässt sich nun eine zunehmende Verschmelzung erkennen. Der sogenannte Ropo-Effekt („research online, purchase offline") zeigt sich nunmehr in vielen Facetten. Es ist heutzutage für Kunden Normalität geworden, den Einkauf vollständig von der Suche bis hin zum Geschäftsabschluss mit Finanzierungsanfrage im Internet durchzuführen.

Genauso aber sucht man gegebenenfalls in verschiedenen Geschäften Ware im stationären Handel, kauft sie entsprechend auch offline, entscheidet sich allerdings im Nachgang für ein weiteres Zubehörteil oder Accessoire als Komplement zum Einkauf. Dieses wird dann im Onlineshop des Händlers entsprechend nachbestellt.

Ausschlaggebend ist hierbei ein Grundgedanke. Alles muss in erster Linie bequem und einfach sein. Gleichzeitig muss jegliche verbundene Onlinetransaktion sicher sein, der Datenschutz muss insbesondere beim deutschen Kunden gewährleistet sein. Gleichzeitig wird es weiterhin das Filialgeschäft geben, welches ein zentrales Element im Omnikanalmix bleibt (Buschbeck 2014).

Wie stark diese Veränderung mit ihren sich nachziehenden Auswirkungen im Handel ist, zeigt sich anhand der Wachstumskurve im E-Commerce. Weist dieser Steigerungen mit einem CAGR von über zehn Prozent auf, so sind die Wachstumsraten im deutschen Einzelhandel insgesamt mit einem Prozent nur verhalten positiv.

Aus Sicht des Retailbankings ist hier zu beachten, dass der Kunde für sich maßgeschneiderte Zahlungsmöglichkeiten sowie Finanzierungsmöglichkeiten am Online-Check-Out erwartet. Der Händler hingegen hat eine neue Situation. Gegebenenfalls möchte er einem Kunden, den er nicht nicht physisch vor sich hat und nicht aus Bestandsdaten kennt (Wiederholkäufer), auf Rechnung zahlen lassen bzw. ihm Möglichkeiten zum Ratenkauf anbieten. Solche Optionen steigern den Umsatz um bis zu 20 %, gleichzeitig ist die Beurteilung des jeweiligen Ausfallrisikos allerdings für den Händler teilweise herausfordernd.

Was ergo in anderen Branchen bereits zum Alltag gehört, erwartet der Kunde natürlich nun auch von Banken. Die dahinterstehenden tatsächlichen Kundenbedürfnisse haben sich beim Banking nur wenig verändert (Polenz 2013, S. 79). Die klassischen Nachfragen im Kreditbereich sind noch immer Ratenkredite, Kreditlinien und Kreditkarten, ohne an dieser Stelle eine Differenzierung nach dem Verwendungszweck vornehmen zu wollen. Es ist das veränderte Kundenverhalten – nicht die Kundenbedürfnisse – das zu neuen Geschäftsmodellen, Produkten und Services führt. Es gilt den Kunden dort abzuholen, wo er in der Bedarfssekunde ist.

9.3.2 Trend 2: Anbieter reagieren

Das dargestellte Kundenverhalten führt zu sich verändernden Erfolgsfaktoren im Ratenkreditmarkt. Es bieten sich neue Chancen zur Umverteilung von bestehenden Marktanteilen in einem Markt, der nur ein geringes Gesamtwachstum aufweist. Gleichzeitig zieht eine solche Situation neue Mitspieler an, teilweise Neugründungen, aber auch aus anderen angrenzenden Branchen oder aus dem Ausland.

Diese Intensivierung der Marktbearbeitung zeigt sich insbesondere auch in Österreich, wo in den letzten Jahren verstärkt internationale Player auftreten.

Es zeigt sich, dass viele der neuen Angebote nicht notwendigerweise von den etablierten Banken kommen. Neue Mitspieler nutzen hier die Nachwehen der Finanzmarktkrise, die weltweit zu einem sinkenden Vertrauen in Banken geführt hat (Lassignardie und Desmarès 2012, S. 9). In Deutschland nehmen aber die Institute wieder Fahrt auf. Eine Umfrage des Bankenverbands zeigt, dass 2014 beim Vertrauen in die eigene Bank erstmals wieder Werte wie vor der Krise erzielt werden konnten (Bankenverband 2014), dennoch ist das Vertrauen in die Branche allgemein aber gering.

9.3.3 Trend 3: Technologische Einflüsse dominieren

Insbesondere die Entwicklungen auf der technologischen Seite beeinflussen in der aktuellen Situation den Bankenmarkt. Hier mag als Beispiel die Möglichkeit des einfachen Zahlens aufgegriffen werden, prominent vertreten durch Paypal. Kunden erwarten in der Bankenwelt mindestens den gleichen Komfort, den sie in anderen Branchen durch Onlineshops und Apps bereits gewohnt sind. Einen wachsenden Zugang zu Krediten bieten auch Online-Portale. Hier werden Angebote verschiedenster Banken und Aggregatoren gebündelt. Auch wenn der Convenience-Gedanke für den Kunden immer wieder stark in den Vordergrund gestellt wird, so bleibt doch die Frage offen, inwiefern verschiedene Produkte hier durch ein stark einheitliches Raster zwangsvergleichbar gemacht werden.

Für den direkten Kundenkontakt gehen Banken auch zunehmend in soziale Netzwerke und bauen diesen Kommunikationskanal gezielt aus (Hamm 2011). Gleichzeitig lassen sich solche Elemente gut zur Feedback-Generierung nutzen, sodass wesentliche Informationen schneller in der Unternehmenssteuerung eingesetzt werden können (Markey et al. 2013).

9.3.4 Trend 4: Weitere Umfeldeinflüsse

In den vergangenen Jahren wurden Thematiken rund um den Verbraucherschutz sowohl von politischer als auch von der medialen Seite verstärkt aufgegriffen. Auch hier wird wieder deutlich, dass Trends aus anderen Branchen nun schrittweise in der Bankenwelt Einzug halten. Neben den Aufklärungs- und Beratungspflichten bei Herauslage von Krediten ist es aber auch zunehmend das Verhältnis von Überziehungslinien zu Ratenkrediten, welches Aufmerksamkeit erhält. Ist ein Kunde längerfristig in der Kontoüberziehung, so wird erwartet, dass die Bank ihm ein Angebot für die ratierliche Rückzahlung der ausstehenden Summe anbietet.

In diesem Sinne hat der englische Bankenaufseher FCA/PRA vorgelegt und „Treating Customers Fairly" (TCF) als wesentliches Element der Regulatorik eingeführt (Chartered Banker Institute 2011, S. 17). Im Rahmen der Prüfungen wird sichergestellt, dass sich die Banken entsprechend der definierten Fairness-Kriterien verhalten. Mittlerweile wird TCF auch auf andere Länder übertragen wie Kanada, Südafrika und Australien. Insgesamt werden messbare und kundenbezogene Fairness, Transparenz und Qualität immer mehr zum Benchmark (Boldyreff 2014). Gerade in einem Massenkanal wie dem Internet werden sich wahrscheinlich starke Marken in der Kombination mit solchen Attributen immer mehr durchsetzen.

Die steigenden regulatorischen Anforderungen werden sich ergo auf Geschäftsmodelle direkt auswirken. Beispielhaft sei hier das nun im Umsetzungsgesetz zur CRD IV festgelegte Primat der Nachhaltigkeit für Geschäftsstrategien erwähnt sowie die weitergehenden Untersuchungen im Stressfall (Lutz 2014).

Beispiel für Marktverhalten: easyCredit

Ein Beispiel für ein „vom Kunden her gedachtes" Marktverhalten stellt die zur genossenschaftlichen Finanzgruppe gehörende TeamBank AG mit ihrem Markenprodukt easyCredit dar. Der Ratenkreditspezialist aus Nürnberg, der seit 2003 zur Gruppe der Volksbanken Raiffeisenbank gehört, überprüft die im stetigen Wandel befindlichen Kundenerwartungen im jährlichen Turnus mit diversen Marktforschungsinstrumenten – sowohl primär als auch sekundär. So wurde unter anderem im Jahr 2013 die GfK SE – Gesellschaft für Konsumforschung mit der Durchführung einer umfangreichen Kundenbefragung für den Heimatmarkt Deutschland beauftragt. Ein Kundenbeirat agiert als Bindeglied zwischen Kunden und easyCredit. Dieser Beirat gestaltet das zukünftige Produktangebot aktiv mit und hilft, stärker auf die individuellen Bedürfnisse und Wünsche der Kunden einzugehen. „Vom Kunden her gedacht" ist das Leitmotiv der Bank, wenn es um die Einführung neuer Themen und Dienstleistungen geht.

Kunden von heute informieren sich zumeist on- und offline bevor sie eine Kaufentscheidung treffen. Informationen aus dem Internet werden hierbei zur Vorbereitung der Beratung genutzt. Für die Menschen ist jedoch der Bankberater weiterhin die wichtigste Anlaufstelle, da ihnen ein persönliches Vertrauensverhältnis zu diesem besonders wichtig ist. Daher ist die reine Herstellung einer Online-Abschlussfähigkeit aus Sicht von easyCredit zu kurz gesprungen. Der genossenschaftliche Kreditexperte verschmelzt daher erfolgreich die Online-Welt von easyCredit mit der Offline-Präsenz – sprich den Filialen der Volksbanken Raiffeisenbanken bundesweit. So haben Kunden beispielsweise die Möglichkeit online eingegebene Daten auf der Homepage der jeweiligen Primärbank oder bei easyCredit in ihrer Genossenschaftsbank weiterbearbeiten zu lassen, ohne erneut eine Beantragung durchführen zu müssen. Ob Internet, Telefon oder Angebot vor Ort, die Kunden nutzen sämtliche verfügbare Wege für Information und Produktkauf (Boldyreff 2013).

Mit einer Videoberatung bietet easyCredit ihren Kunden bereits seit Mitte 2013 auch online die Möglichkeit eines persönlichen und kompetenten Beratungsgesprächs an. Der Berater ist hierbei für den Kunden wie in einer normalen Gesprächssituation sicht- und hörbar. Damit bildet dieser Service einen weiteren Schritt zur Verschmelzung von Online- und Offlinewelten und für den Kunden den Vorteil, nicht auf einen persönlichen Ansprechpartner verzichten zu müssen.

„Vom Kunden her gedacht" wurde auch bei der Entwicklung der easyCredit-Finanzreserve. Hierbei handelt es sich um ein innovatives Instrument zum Liquiditätsmanagement bei dem ein flexibel abrufbarer Kreditrahmen mit den Vorteilen einer klassischen Kreditkarte verbunden wird. Hierdurch wird der Karteninhaber in die Lage versetzt einen echten Ratenkredit bei Bedarf zuzuschalten.

Fairness steht bei easyCredit im Mittelpunkt der Vision. Das „institut für finanzdienstleistungen" in Hamburg (iff) hat in einer wissenschaftlichen Studie die Frage beantwortet, was Fairness im Ratenkredit bedeutet und so die Grundlage für die Kriterien zur Fairness-Messung definiert. Auf Basis dieser Studie wurde von der Deutschen Gesellschaft zur Zertifizierung von Managementsystemen (DQS) ein Audit mit dem Siegel „Fairness im Ratenkredit" entwickelt, das einen neuen Standard am Markt setzt. Die TeamBank AG hat als erstes deutsches Unternehmen dieses Siegel für easyCredit erhalten.

9.4 Ausblick

Der in Deutschland und Österreich stark fragmentierte Ratenkreditmarkt wird aufgrund der veränderten Kundenbedürfnisse und des sich verschiebenden Anbieterverhaltens weiterhin sehr dynamisch bleiben. Auch die aufgezeigten Umfeldeinflüsse sprechen dafür. Niedrige Refinanzierungskosten bei zumindest in Deutschland positiver Risikosituation lassen den Markt für Banken und Innovatoren weiterhin interessant erscheinen. Dabei kommt auch der finanziellen Bildung von breiten Gesellschaftsschichten eine immer größer werdende Bedeutung zu (Decker 2012).

Drei interessante Szenarios bezüglich der Entwicklungsmöglichkeiten im Retail Banking werden von Schiefelbein und Friedrich aufgestellt (Schiefelbein und Friedrich 2013):

1. **„Banken als Innovatoren."** Banken übernehmen in diesem Szenario selbst die Rolle des Innovators und setzen auf ihre tief gehende Expertise im Umgang mit Finanzkunden und -märkten.
2. **„Banken und Innovatoren."** Banken haben etablierte Kunden und Systeme, können jedoch nicht schnell genug auf sich in Nischen entwickelnde Innovationen reagieren. Gleichzeitig haben diese Nischeninnovatoren nicht die notwendigen Kundenzahlen. Ergo bietet es sich an, dass Banken und Innovatoren gemeinsam an Erfolgsmöglichkeiten arbeiten.
3. **„Innovatoren als Banken."** Hier geht man davon aus, dass die traditionellen Banken zu sehr in ihrer Rolle als Bewahrer gefangen sind und neue Marktteilnehmer Schritt für Schritt die Aufgabe der Banken übernehmen.

Neben den dargestellten Szenarios der Innovatoren bleibt weiterhin die Frage nach der Monetarisierung dieser Innovationen von erheblicher Bedeutung (Daruvala et al. 2012, S. 32). Kombiniert man diese Gedanken mit der Vision eines Ökosystems des Bezahlens (Roth und Milkau 2014), so schälen sich weitere Erfolgsfaktoren für das Banking der Zukunft heraus. Der Kunde erwartet Sicherheit, Fairness und Einfachheit. Dass diese Attribute nicht nur kommuniziert, sondern im Unternehmensalltag tatsächlich gelebt werden, lässt sich mit einem konsequenten Markenmanagement sicherstellen und auch positionieren. Hier liegen weiterhin die großen Chancen der Retailbanken.

Literatur

Bankenverband. (2014). Zufriedenheit und Vertrauen bei Bankkunden. Befragungsergebnisse April 2014.

Boldyreff, A. (2013, 19. Juni). Genossenschaftliche Idee mit Überzeugung leben. *Börsen Zeitung.*

Boldyreff, A. (2014, 15. Mai). Genossenschaftliche Werte partnerschaftlich leben. *Börsen Zeitung.*

Buschbeck, P. (2014). Lernen von Apple – Plädoyer für den smarten Wandel im Privatkundengeschäft der Banken. *Zeitschrift für das gesamte Kreditwesen, 7,* 355–357.

Chartered Banker Institute. (2011). *Banking Operations* (5. Aufl.). Edinburgh: Chartered Banker Institute.

Daruvala, T., Dietz, M., Härle, P., Sengupta, J., Voelkel, M., & Windhage, E. (2012). The triple transformation. McKinsey Annual Review on the banking industry.

Decker, C. (2012). Förderung der finanziellen Bildung – Aufgabe und Chance für Genossenschaftsbanken. *Zeitschrift für das gesamte Genossenschaftswesen* (Sonderheft 2012), 35–48.

Hamm, M. (2011). Facebook wird zum Verkaufskanal. *Banken+Partner, 6,* 28–30.

Lassignardie, J., & Desmarès, P. (2012). World Retail Banking Report 2012. Capgemini and EFMA, Paris.

Lutz, P. (2014). Aufsichtliche Überprüfung von Geschäftsmodellen der Kreditinstitute – Status Quo und zukünftige Entwicklungen. *Zeitschrift für das gesamte Kreditwesen, 4,* 168–169.

Markey, R., Reichheld, F., & Dullweber, A. (2013). Closing the customer feedback loop. Best of Bain. *Bain & Company,* 113–120.

Polenz, C. (2013). Lieber ein zufriedener Nicht-Kunde als ein unzufriedener Kunde. In K. D. Koch (Hrsg.), *No. 1 Brands – Die Erfolgsgeheimnisse starker Marken* (S. 73–82). Zürich: Orell Füssli.

Roth, G., & Milkau, U. (2014). Innovationen im Zahlungsverkehr – Zwischen Wallet War und Kundenvertrauen. *Zeitschrift für das gesamte Kreditwesen, 4,* 194–196.

Schiefelbein, M., & Friedrich, H. (2013). Paradigmenwechsel im Banking. In O. Everling & R. Lempka (Hrsg.), *Finanzdienstleister der nächsten Generation* (S. 49–68). Frankfurt a. M.: Frankfurt School Verlag.

Teil II
Strategie/Struktur

Hendrik Budliger

10.1 Einführung

Die fortschreitende Digitalisierung führte in der Musikindustrie zu disruptiven Innovationen. Plötzlich war es nicht mehr notwendig, in ein Geschäft zu gehen, um Musik zu kaufen: Musik kann nun von zu Hause oder sogar unterwegs bezogen werden – als Download oder als Stream. Eine ähnliche Entwicklung durchläuft die Bankenindustrie, wenn sie auch der Musikindustrie hinterherhinkt.

10.2 Die Situation in der Musikindustrie

Mit der Digitalisierung und den Einbrüchen im Verkauf von analogen Datenträgern wie Schallplatten, Kassetten und CDs ging der Umsatz in der Musikindustrie in Europa von 7,1 Mrd. € im Jahr 2000 bis ins Jahr 2010 um 4 Mrd. € zurück. (Miclet o. J., Folie 4.) CD-Läden sind verschwunden und Musiklabels beklagen schwere Einbußen. Gleichzeitig sind neue Geschäftsmodelle entstanden, die Tantiemen an die Künstler entrichten. Diese neuen Erträge auf den Online-Musikplattformen, die in Schweden und Norwegen bereits 50 % der Musikindustrie ausmachen (IFPI 2014, S. 34 f.), konnten das Schrumpfen dieser Industrie allerdings nicht auffangen.

Musikpiraterie-Plattformen, die keine Lizenzgebühren für die Musik entrichten, haben die Digitalisierung angekurbelt. Vorreiter war das 1999 gegründete Napster. Mittlerweile gibt es allein in Europa über 300 legitimierte Plattformen. Die bekanntesten unter ihnen

H. Budliger (✉)
Casinostrasse 10, 4052 Basel, Schweiz
E-Mail: hbudlinger@hotmail.com

© Springer Fachmedien Wiesbaden 2015
M. Seidel, A. Liebetrau (Hrsg.), *Banking & Innovation 2015,* FOM-Edition,
DOI 10.1007/978-3-658-06746-5_10

sind eMusic, YouTube und iTunes, gefolgt von Spotify. Richten wir unseren Blick auf Europa, gestaltet sich die aktuelle Situation besonders facettenreich: Es existieren nationale Anbieter, die zuerst in ihren Ursprungsländer bekannt wurden, um von dort aus zu expandieren. Die Verbundenheit mit dem Heimatland erklärt sich durch die multilinguale Sprachlandschaft, aber auch die virale Ausbreitung, die verschiedenen Jurisdiktionen und nicht zuletzt durch regional divergierende Musikgeschmäcke.

iTunes, entstanden 2001, ist die erste große legale Plattform, die es ermöglicht Musik kostenpflichtig herunterzuladen. Der Gründer, Steve Jobs, war der festen Überzeugung, dass die Kunden nicht nur Musik hören, sondern sie auch besitzen wollen. In diesem Punkt ist der Unterschied zu Plattformen, bei denen Musik nicht auf der Festplatte gespeichert, sondern im Netz gestreamt wird, zu sehen. War dieses Modell am Anfang sehr erfolgreich, gehen die Downloadzahlen zunehmend zurück. Die Idee hinter dem um fünf Jahre jüngeren Spotify ist eine offene Plattform, die Lizenzen an die Musiklabels zahlt. Auch wenn der Musiker beim Verkauf einer CD mehr verdient hat, so stellt der entrichtete Betrag von Spotify doch ein Vielfaches dessen dar, was eine Radiostation pro Hörer bezahlt. Der Kunde profitiert von legaler Musik per Klick, finanziert über Werbung, wie bei YouTube, oder durch eine Flatfee pro Monat. Spotify ist zudem offen für Künstler, die ihre Musik direkt, ohne Label, hochladen möchten. Inzwischen bietet Spotify 20 Mio. Titel an und wächst täglich um 20.000, daraus haben die Benutzer bereits 1,5 Mrd. Playlists erstellt. Playlists werden durch Benutzer erstellt, doch inzwischen haben auch Musiklabels die Playlists entdeckt, um ihren Musikern eine Plattform zu geben. (Rowan 2014, S. 101 ff.)

Durch die Digitalisierung der Wertschöpfungskette haben neue Marktteilnehmer den Umsatz der Musikindustrie stark gedrückt. Neue Angebote mit Zusatznutzen für den Kunden sollen den schrumpfenden Markt wieder auffangen und zu neuem Wachstum verhelfen. Die Auswahl an Musikplattformen wächst weiter und verbreitet sich über soziale Netzwerke signifikant. Die Vernetzung mit anderen Applikationen und die Verknüpfung mit Smartphone, Auto, Musikanlage, Laptop und Fernseher macht das Angebot ubiquitär. Mit der Digitalisierung der Musik wurden auch die Intermediäre digitalisiert und die CD-Läden sind fast vollständig von der Bildfläche verschwunden. Verkaufslokale waren nicht nur Ort fachkundiger Beratung, sondern auch Treffpunkt von Musikliebhabern und Musikern. All dies findet nun online statt. Musikplattformen geben dem Kunden neue Hörvorschläge, die berechnet wurden und Musik kann auf sozialen Netzwerken mit anderen Fans geteilt und kommentiert werden. Einzig Musikzeitschriften gibt es noch, denn am Grundbedürfnis nach Information hat sich nichts geändert.

Während Spotify bereits über eine Milliarde USD an Lizenzgebühren entrichtet hat, ist die rechtliche Situation mit den Playlists noch unklar. Unlängst klagte der Londoner Nachtclub „Ministry of Sounds", dass eine Playlist, die er mit viel Recherche erstellt hatte, auch auf Spotify angeboten wurde, ohne dass der Club dafür eine Entschädigung erhielt. Für diesen Einzelfall haben Spotify und Ministry of Sounds eine Einigung gefunden (BBC 2013).

Laufend entstehen neue Netzwerke zwischen Online-Radiostationen und Musik-Plattformen oder auch zwischen Plattformen untereinander, so kann man von seinem Spotify-Account auch auf seine Last.fm-Playlists zugreifen. Auf den ersten Blick sind das zwei Konkurrenten, die sich vernetzen, allerdings erkennt man auf den zweiten Blick, dass sie sich in wesentlichen Bereichen unterscheiden. Die Stärken von Spotify liegen in der technischen Plattform, während last.fm von einer besseren Personalisierung und einem eigenen sozialen Netzwerk profitiert. Auch erwähnenswert sind Radiostationen, die gleich anzeigen, wo sich die Musik herunterladen oder streamen lässt. Es handelt sich auch hier um einen Link zu einem Konkurrenten.

Einige Künstler sind so etabliert, dass sie ganz ohne Plattform und andere Intermediäre auskommen und ihre Musik direkt auf ihrer eigenen Homepage anbieten. So hat zum Beispiel die englische Band *Radiohead* 2007 ihr Album *In Rainbows* exklusiv auf ihrer Homepage angeboten. Hierbei wurde den Fans überlassen, wie viel sie für den Download zahlen wollten. Die Umsatzzahlen sind nicht bekannt, nur dass das Album in der ersten Woche über 100.000-mal heruntergeladen wurde. Ein anderes Beispiel ist *Nine Inch Nails*, die ihre „*Ultra-Deluxe Limited Edition*", limitiert auf 2500 Stück zu US$ 300 innerhalb von 30 h ausverkauft und damit die Produktionskosten locker amortisiert hatten. Man darf dieses Direct-to-Fan-Prinzip als eine Möglichkeit sehen, um mit einem größeren Kundenerlebnis die Zahlungsbereitschaft der Kunden zu verbessern. (Peis 2008)

Eine weitere Innovation bietet merge.fm. Diese Plattform bezieht den Benutzer in den Entstehungsprozess eines neuen Titels ein. Gegen eine Gebühr kann der Fan unfertige Musikstücke hören und kommentieren. Neben den zusätzlichen Erträgen für die Musiker kann somit ein geschlossener Kreis von Fans bei der Entstehung neuer Werke mitwirken. Der Fan wird zum „Prosument", der nicht nur konsumiert, sondern auch mitgestalten kann, was seine Verbundenheit noch erhöht.

Die *Shuffle-Taste* und damit eine zufällige Reihenfolge beim Abspielen von Liedern gab es schon beim CD-Spieler, und diese Funktion hat sich auch auf den Musikplattformen durchgesetzt. Wenn man seine Lieblingsmusik gefunden hat und dazu neigt, immer die gleiche oder ähnliche Musik zu hören, ist die Shuffle-Taste eine schöne Möglichkeit der Abwechslung. So können neue Titel entdeckt oder alte wiederentdeckt werden, und der Geschmack kann sich weiterentwickeln, vielleicht auch in eine überraschende Richtung. Der Zufall ist voller Zauber.

Diese Auswahl an Entwicklungen ist nicht abschließend, und sie schließen einander auch nicht aus. Sie beeinflussen einander, verstärken und ergänzen sich. Konkurrenten werden zu Partnern. Etablierte Unternehmen steigen in diesen Markt ein, so wie es Apple getan hat und inzwischen auch Google. Neue Unternehmen werden gegründet und schaffen es in wenigen Jahren, größere zu überholen, so wie Spotify in Europa iTunes den Rang abläuft.

10.3 Die Situation bei Banken

Die Ausgangslage ist bei den Banken ähnlich. Die Profitabilität hat sich seit der Finanzkrise und durch den damit verursachten Vertrauensverlust und neue Regulatorien halbiert. Während die Banken damit beschäftigt sind, die regulatorischen Anforderungen zu erfüllen, drängen neue Anbieter mit innovativen Lösungen in den Markt. Vergleichsportale machen

die Angebote der Banken transparent. Soziale Trading-Plattformen sind die Musikplattformen der Bankenindustrie und für jeden zugänglich. Nutzte 2010 erst ein Viertel der
Bankkunden Onlinebanking, ist es nun bereits die Hälfte. Diese Hälfte generiert zwischen
10 und 30 % höhere Geschäftsvolumen. (moneycab 2011) Zu den aufgeführten Beispielen in der Musikindustrie, nämlich Netzwerke, Kundenerlebnis, ubiquitäre Verknüpfung,
Playlists, Direct-to-Fan, Prosument und Shuffle-Taste gibt es auch Entsprechungen in der
Bankenindustrie, oder sie sind zumindest vorstellbar.

Die Banken werden sich mit erfahrenen Online-Dienstleistern vernetzen, um die eigenen Kunden und deren Bedürfnisse besser kennenzulernen und das Kundenerlebnis zu
verbessern. Das Bankangebot soll online besser präsentiert und personalisiert werden. Das
beinhaltet nicht nur bankeigene Produkte, sondern auch eine Lösung, die aus mehreren Mo-
dulen von verschiedenen Anbietern bestehen kann. Ein kalibriertes Monitoring informiert
den Kunden, wie sich die Märkte, die Performance der Investments und die eigenen Bedürfnisse verändern. E-Commerce-Plattformen, die mithilfe von Statistik und Semantik gute
Resultate liefern, wie beispielsweise Amazon oder Online-Dating-Plattformen, zeigen den
Weg. Die eigenen Kompetenzen mit komplementären Dienstleistungen zu ergänzen und
über mehrere Kanäle für den Kunden personalisierten Mehrwert zu generieren, wird zu
einer wichtigen Disziplin von Banken.

Durch die immer stärkere Verbreitung und Verwendung von Smartphones werden auch
immer mehr bankrelevante Geschäfte darüber abgewickelt. Mobiles Bezahlen wird immer beliebter, Apps übernehmen die Budgetplanung und erfassen alle Ausgaben, und auch
Sparziele können hinterlegt werden. In Verknüpfung mit Bankdaten lässt sich schnell und
automatisch die Tragfähigkeit für einen Kredit oder eine Hypothek berechnen oder Sparvor-
schläge anhand von realen Ausgabegewohnheiten unterbreiten. Die notwendigen Formulare
könnte ein Computerprogramm mit den gespeicherten Daten der Bankbeziehung und dem
Smartphone weitgehend selbst ausfüllen. Die Formulare wären interaktiv und würden sich
dem Kunden, seinem Profil und Herkunftsland anpassen sowie dem Produkt, das auch aus
mehreren Komponenten bestehen kann. Der Kunde füllt das Formular aus, beantwortet
die verbleibenden Fragen, bestätigt, dass er für das Produkt geeignet ist und die Risiken
verstanden hat, signiert es und schaltet es für die Bank frei.

Während es Musikplattformen ermöglicht haben, dass man von zu Hause aus Musik
erwerben kann, gibt es in der Bankenindustrie Plattformen wie Wikifolio und Ayondo.
Auf diesen Plattformen werden Portfolios angeboten, in die direkt investiert werden kann.
Privatpersonen verwalten diese Portfolios als Hobby, doch zunehmend engagieren sich auch
Investmentgesellschaften und nutzen diese Plattformen zur Akquise. Täglich entstehen neue
Ideen, und neue Anlagestrategien werden zur Investition angeboten. Die Vergleichbarkeit
ist mit den wichtigsten Kennzahlen gegeben. Wie bei den Musikplattformen werden auch
hier mehrere Intermediäre übergangen, was den Prozess vereinfacht und die Kosten senkt.
Andere Banken wiederum verzichten ganz auf Plattformen und konzentrieren sich auf den
Direktvertrieb. Einzelne Hedgefonds-Manager bieten den eigenen Hedgefonds direkt von
ihrer Homepage an, schreiben Artikel und zählen auf die Mundpropaganda, ganz im Stile
eines Direct-to-Fan-Vertriebs.

Des Weiteren ist zu erwarten, dass der Kunde immer stärker in die Dienstleistung der Bank einbezogen wird. Der Kunde ist es längst gewöhnt, beim Buchen von Flügen, beim Herunterladen von Musik oder beim Zusammenschrauben von Regalen einen Teil der Wertschöpfungskette selbst in die Hand zu nehmen. Seit Jahren schon kann der Kunde bei einer Bank online Überweisungen tätigen und sein eigenes Portfolio zusammenstellen. Doch Banken öffnen sich noch weiter und laden ihre Kunden zu ihren Investmentkomitees ein, damit sie Fragen stellen und diskutieren können. Über offene Foren und im direkten Kontakt mit dem Kundenberater wird die einseitige Beratung zunehmend zu einer Diskussion über das Weltgeschehen und die Bedeutung für die Märkte. In einer immer komplexer werdenden Welt wird es immer schwieriger, Marktbewegungen richtig zu antizipieren. Ein Austausch von Meinungen und wie diese in einem Portfolio abgebildet werden können, sollte im Vordergrund stehen.

Da nur wenige Vermögensverwalter die Entwicklungen des Marktes übertreffen und noch weniger dies auch in mehreren aufeinanderfolgenden Jahren schaffen, werden andere Kriterien neben der Performance immer wichtiger. Die gesamten Kosten und die Unabhängigkeit von Berater und Manager gewinnen an Bedeutung. Auch passive Instrumente die günstiger sind, und eine Marktentwicklung abbilden, ohne den Anspruch, sie zu übertreffen, werden immer beliebter. Viel zitiert sind die Geschichten von Affen und Dartpfeilen, die bei Experimenten eine bessere Performance erreicht haben, als gestandene Vermögensverwalter. Italienische Physiker kamen bei einer Studie zu dem Schluss, dass zufällige Investitionen gegenüber gängigen Investmentstrategien vorteilhaft sind, weil sie frei von Erwartungen und vergangenen Ergebnisse sind und deshalb bei vergleichbaren Erträgen eine geringere Volatilität haben. Ob zufällige Investitionen wirklich ein Markt werden, bleibt abzuwarten.

Auch die Playlist hat eine Entsprechung in der Bankenindustrie. Sie entsteht durch Recherche und Kuration von Einzeltiteln zu einem neuen Ganzen, um einen bestimmten Geschmack und Zeitgeist zu treffen. Das Pendant im Bankbereich ist das Portfolio. Auch hier gibt es spannende Entwicklungen und Explorationen. Klassischerweise ist es der Finanzberater, der aufgrund der Kundensituation und der Spar- und Investmentziele ein Portfolio mit dem Kunden zusammenstellt. Doch mit zunehmender Digitalisierung und den zunehmenden Interpretationsmöglichkeiten der erfassten Daten sind auch Computerprogramme denkbar, die einen personalisierten Vorschlag für einen Kunden erstellen können. Erste Beispiele gibt es schon. Internetseiten stellen mit wenigen Fragen an den Kunden die passenden ETFs zu einem Portfolio zusammen. Je mehr Daten berücksichtigt werden sollen, umso wichtiger wird die Rolle des Computers. Und bedenkt man, dass Computerprogramme inzwischen fähig sind, ganze Bücher zu schreiben, Musik zu komponieren oder Gedichte zu verfassen, kann man auf weit ausgeklügeltere Angebote direkt vom Computer gespannt sein.

All diese Maßnahmen haben folglich einen Einfluss auf den Ertrag der Bankenindustrie. So wie in der Musikindustrie der Markt kleiner wurde, aber die Umsätze mit digitaler Musik weiter steigen, ist eine ähnliche Entwicklung bei den Banken zu erwarten. Ein Vergleich zwischen den Ertragszahlen dieser beiden Industrien in Deutschland unterstützt die The-

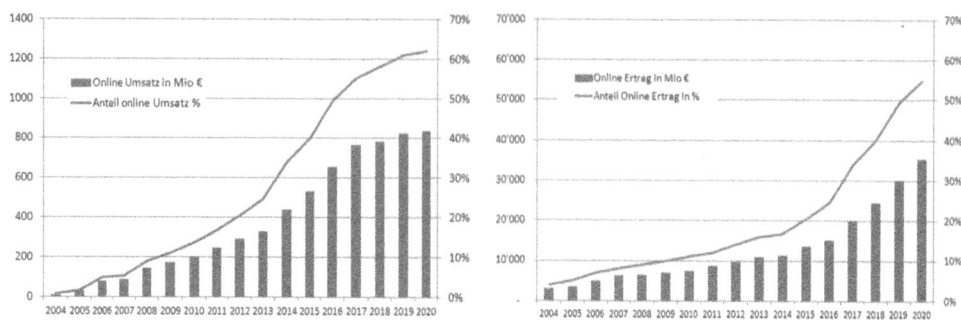

Abb. 10.1 Entwicklung der Musikindustrie (*links*) und des Retail Bankings (*rechts*)

se, dass die Bankenindustrie (hier wurden explizit die Ertragszahlen des Retailgeschäfts zugrunde gelegt) den Online-Entwicklungen des Musikgeschäfts um einige Jahre hinterherhinken, aber eine vergleichbare Entwicklung durchmachen wird. Da die Bankenindustrie aber rund fünfzigmal größer ist, wird diese Digitalisierung extensive Auswirkungen haben (vgl. Abb. 10.1).

Abbildung 10.1 ist exemplarisch. Die Daten und Prognosen wurden von verschiedenen Online-Quellen zusammengetragen und die Ertragsentwicklung der Banken anhand der Entwicklung der Musikindustrie extrapoliert (zugrunde liegende Daten von BVMI 2012; PwC 2013; IFPI 2013; Statista 2014 und Roland Berger 2013).

Diese Auswahl an möglichen Entwicklungen illustriert eindrücklich das enorme Potenzial der Bankenindustrie. Die Musikindustrie ist in den diskutierten Beispielen der Digitalisierung ein paar Schritte voraus, was Fantasien für die Entwicklungspotenziale der Banken weckt. Apple, Google und Facebook sind in den Startlöchern und verfügen bereits über eine Banklizenz. Etablierte Wertschöpfungsketten werden aufgebrochen und neue Lösungen mithilfe der Digitalisierung möglich. Gewinner sind die Kunden, die von neuen Angeboten mit mehr Transparenz und Personalisierung zu geringeren Kosten profitieren werden.

Literatur

BBC. (2013, Sept. 4). Ministry of sound sues spotify. http://www.bbc.com/news/entertainment-arts-23956750. Zugegriffen: 16. Aug. 2014.

BVMI. (2012). Musikindustrie in Zahlen 2012. http://www.musikindustrie.de/uploads/media/Jahrbuch_BVMI_2012.pdf. Zugegriffen: 16. Aug. 2014.

IFPI. (2013). IFPI Digital Music Report 2013 – Engine of a digital world. http://www.ifpi.org/downloads/dmr2013-full-report_english.pdf. Zugegriffen: 16. Aug. 2014.

IFPI. (2014, April). Recording Industry in Numbers. The recorded music market in 2013. http://rin.ifpi.org/. Zugegriffen: 18. Aug. 2014.

Miclet, F. (o. J.). The European music sector. State of play, challenges and ways ahead. European music office. http://www.google.de/url?sa=t&rct=j&q=&esrc=s&frm = 1&source=web&cd = 2&ved = 0CDEQFjAB&url=http%3A%2F%2Fwww.europarl.europa.eu%2Fdocument%2 Factivities%2Fcont%2F201304 % 2F20130430ATT65473 % 2F20130430ATT65473EN.pptx& ei = 5Z_xU_SrM8m47Aam4IDoAQ&usg=AFQjCNFrJ7Kxa4zKTG8BuQtl-xr9nFgigg. Zugegriffen: 18. Aug. 2014.

moneycab. (2011, Mai 24). Online-Kunden sind die besseren Kunden. http://www.moneycab.com/ mcc/2011/05/24/studie-online-kunden-sind-die-besseren-kunden/. Zugegriffen: 16. Aug. 2014.

Peis, A. (2008, März 16). Trent Reznor: ‚In Rainbows' promotion was ‚insincere'. http://www. ateaseweb.com/2008/03/16/trent-reznor-in-rainbows-promotion-was-insincere/. Zugegriffen: 16. Aug. 2014.

PwC. (2013). Media Trend Outlook. http://www.pwc.de/de/technologie-medien-und-telekommunikation/assets/wp_musikstreaming_2013.pdf. Zugegriffen: 16. Aug. 2014.

Roland Berger. (2013, Okt.). Die Zukunft des Retail Bankings in Europa. http://www. rolandberger.de/media/pdf/Roland_Berger_Zukunft_Retail_Banking_Europa_20131011.pdf. Zugegriffen: 16. Aug. 2014.

Rowan, D. (2014, May). The wired 100, Daniel Ek. WIRED, UK Ausgabe.

Statista. (2014). Entwicklung der Gesamterträge im deutschen Retail Banking in den Jahren 2001 bis 2015 (in Milliarden Euro). http://de.statista.com/statistik/daten/studie/234403/umfrage/ertraege-im-deutschen-retail-banking/. Zugegriffen: 16. Aug. 2014.

Marketing-Organisationsideen für morgen entwickeln

Margret Dreyer und Birgit Spors

11.1 Herausforderungen für das Marketing

„Richtig aufgestellt sein" gehört zum üblichen Managementvokabular unserer Zeit. Erstaunlicherweise wird diese Formulierung eher selten bei Organisationsthemen benutzt, obwohl es gerade hierbei doch um die richtige Aufstellung geht – um die von einzelnen Teams bis hin zum gesamten Unternehmen. Warum ist das so? „Richtig aufgestellt sein" umfasst in der Managersprache eben viel mehr als die reine Aufbauorganisation, als Prozesse und Strukturen. Es bezieht sich auf die ganzheitliche Erfolgsfähigkeit des Unternehmens.

„Vom Kunden her denken" ist eine weitere Aussage, die in keiner Präsentation fehlen darf. Sie kommt auch als „Client Centricity" vor, gern ergänzt um die „Customer Experience über alle Touchpoints", nach der sich ein Unternehmen aufzustellen hat, wenn es am Markt überleben will. Überhaupt sind dabei aber „die Mitarbeiter mitzunehmen" und der Wandel insgesamt will natürlich „erfolgreich gemanagt" sein.

Auf den ersten Blick scheinen das vor allem Buzzwords zu sein. Auf den zweiten Blick stecken für das Marketing aber viele Wahrheiten und Herausforderungen dahinter. Herausforderungen, die mit der Marketingaufstellung von heute nicht zu meistern sind. Aus diesem Grund hat sich eine branchenübergreifende Arbeitsgruppe zusammengefunden und mögliche Antworten für die Marketingorganisation der Zukunft erarbeitet.

Das Thema „Marketingorganisation der Zukunft" berührt drei Kernfragen:

M. Dreyer (✉)
Dt. Postbank AG, Friedrich-Ebert-Allee 114–126, 53113 Bonn, Deutschland
E-Mail: margret.dreyer@postbank.de

B. Spors
ING-DiBa AG, Theodor-Heuss-Allee 2, 60486 Frankfurt am Main, Deutschland
E-Mail: b.spors@ing-diba.de

© Springer Fachmedien Wiesbaden 2015
M. Seidel, A. Liebetrau (Hrsg.), *Banking & Innovation 2015,* FOM-Edition,
DOI 10.1007/978-3-658-06746-5_11

1. Was ist heute und erst recht morgen eigentlich Marketing? Kann man das prinzipiell als Aufgabe einer Einheit ansehen oder ist die marktgerichtete Ausrichtung eines Unternehmens nicht zwangsläufig damit verbunden, dass Marketing überall sein muss?
2. Welche Bedeutung haben verfasste Organisationsstrukturen grundsätzlich noch? Sie bilden einen formalen Rahmen, der nach innen und außen Verantwortlichkeiten und Kernkompetenzen dokumentiert. Aber machen Projekte, übergreifende Teams, agile Arbeitsformen oder die enge Verzahnung mit Externen nicht immer mehr deutlich, dass Organigramme die tatsächliche Organisation des (Zusammen-)arbeitens auch nicht annähernd abbilden?
3. „Zukunft": Können wir auch nur annähernd abschätzen, wie sich der Megatrend Digitalisierung mittel- bis langfristig auf unsere Branche und damit auch auf das Marketing auswirken wird? Sicher sind die „Skills", die im digitalen Zeitalter überlebenswichtig sind, schon bekannt. Aber ist überall die Bereitschaft vorhanden, offen die strukturellen Schwächen zu diskutieren, die Marketingeinheiten bereits heute haben?

11.2 Verunsicherung über die künftige Aufstellung

Die beiden Autorinnen dieses Beitrags gehören zu einem Think Tank, den die Zukunftsforscher und Organisationsentwickler Dirk Bathen und Jörg Jelden mit sechs Unternehmenspartnern zu genau diesem Thema durchgeführt haben. 40 Einzelinterviews mit Unternehmensvorständen und Marketingverantwortlichen sowie 810 Online-Befragungen aus dem Marketingumfeld gaben dem Think Tank zudem differenzierte und quantitativ belastbare Einschätzungen aus der Praxis (vgl. Bathen und Jelden 2014, S. 6).

„Die Unklarheit über die zukünftige Ausrichtung der Marketingorganisation zeigt sich klar in den Umfrageergebnissen: Nur 23 % der Befragungsteilnehmer aus Unternehmen glauben, dass die Marketing-/Kommunikationsabteilung in ihrer jetzigen Form gut für die Zukunft aufgestellt sei. Insgesamt sehen 77 % der Befragten aus Unternehmen Handlungsbedarf: Dabei ist fast jeder Dritte (29 %) sogar der Meinung, dass sich die Abteilung grundlegend neu aufstellen müsse. [...] Zugleich sind 60 % der Befragten aus Unternehmen der Meinung, dass die Marketingabteilung zukünftig an Relevanz gewinnen wird." (Bathen und Jelden 2014, S. 9)

An diesem Umfrageergebnis ist neben den relativen Größen vor allem die Differenzierung nach Aufgaben, die als Organisation wahrgenommen werden müssen und Rolle im Sinne von Relevanz der Einheit bemerkenswert.

Die Unterscheidung von Rolle und Aufgabe hat den Think Tank daher auch bei der Entwicklung von Szenarien begleitet, mit denen Marketingverantwortliche unterstützt werden, das eigene Rollenverständnis und die entsprechenden Strukturen, Prozesse und Kompetenzen zu ordnen. Die Szenarien sind dabei zugespitzte und idealtypische Entwürfe, präsentiert als fiktive Erfahrungsberichte, die die Identifikation erleichtern.

Das Szenario „Koordinierung: Marketing ist überall und nirgends" ist für diesen Beitrag bewusst ausgewählt, da es die aufgeworfenen Kernfragen aufgreift.

Szenario „Koordinierung: Marketing ist überall und nirgends"

„Mein Name ist Jonas Spengler. Ich bin Marketing-Botschafter in der Designabteilung eines großen Textilunternehmens. Wenn ich das anderen Leuten erzähle, ist die erste Reaktion: ‚Arbeitest du jetzt im Marketing oder im Design?' Sowohl als auch, ist dann meine Antwort. Bei uns gibt es nämlich seit zwei Jahren keine eigenständige Marketingabteilung mehr. Frau Dr. Schneider, unser CEO, hat die Abteilung 2018 aufgelöst und in alle anderen Abteilungen entlang der Prozesskette integriert. Alles, was Marketing ist, wird auch von der Marketingorganisation koordiniert. Seitdem sind wir ein Netzwerk im Unternehmen. Das Ziel war es, die Marketingarbeit stärker in die Arbeit der einzelnen Abteilungen zu integrieren und dort die Marketingdenkweise zu stärken.

‚Marketing ist überall', sagte Frau Dr. Schneider damals in einer mitreißenden Rede, als sie das Diffusionsmodell offiziell vorstellte. Vielleicht fand ich die Rede auch nur so gut, weil ich selbst Marketer bin. Aber sie hatte Recht, es war nicht mehr zeitgemäß, Marketing als Abteilung zu organisieren. Nur durch diese Neuausrichtung konnten wir den Anspruch der Unternehmensführung aus Kundensicht wirklich gerecht werden. Heute hat ja fast jede Abteilung im Unternehmen in irgendeiner Weise Kontakt zum Kunden. Schauen Sie sich doch mal die ganzen Kontaktpunkte an. Auf viele davon hat das klassische Marketing doch überhaupt keinen Einfluss mehr. Was macht es da noch für einen Sinn, die Marketingaufgaben in einem isolierten Silo zu organisieren und darauf zu hoffen, dass die Schnittstellen zwischen den Zuständigkeiten und Verantwortungsbereichen sauber funktionierten? Schnittstellen funktionieren nie sauber. Da findet keine Überlappung statt, keiner trägt die Gesamtverantwortung. Alle denken und handeln nur in der Logik ihres jeweiligen Fachbereichs. Mit der Ausrichtung des Marketings entlang der Touchpoints sind wir viel näher am Kunden. Es ist nur logisch, dass das Marketing da sitzt, wo die Kunden mit dem Unternehmen in Berührung kommen. Unsere Kunden denken doch auch nicht in Zuständigkeiten. Denen ist es herzlich egal, wie wir aufgestellt sind, die wollen einfach nur Antworten und Lösungen – und gute Produkte. „Wenn wir Kundenorientierung Ernst [sic] nehmen und nicht nur als leere Floskel ansehen, müssen wir uns auch als Organisation ganzheitlicher aufstellen." Als Frau Dr. Schneider das sagte, holte sie unseren damaligen Marketingleiter Herrn Volkmer auf das Podium und ernannte ihn vor versammelter Belegschaft zum neuen Marketing-Koordinator.

Es wird berichtet, dass Herr Volkmer sich damals mit unserem Vertriebsleiter hinter den Kulissen ein kleines Gemetzel geliefert hat.‚ Wenn das Marketing überall ist, dann ist es auch irgendwie nirgends', soll der Vertriebsleiter damals zu Volkmer gesagt haben. Er hätte es sicher gerne gesehen, wenn der Fokus stärker in Richtung Sales-Marketing gegangen wäre. Aber wenn die Führungsetage Marketing zur Leitdisziplin erklärt, verspürt der Vertrieb eben einen Stich im Herzen. In der Theorie ist das Modell

des Marketingnetzwerks denkbar einfach. Wenn Sie sich unser Organigramm anschau-
en, finden Sie keine vertikale Linienstruktur mehr, sondern ein Netzwerkdiagramm. Es
gibt in jeder Abteilung mindestens einen Marketing-Botschafter. Deren Job ist es, in
ihrem jeweiligen Bereich die Kundeninteraktionen zu managen, also Kundenverhalten
analysieren und dann entsprechende Maßnahmen initiieren. Über uns Botschaftern gibt
es den zentralen Marketing-Koordinator, der mit einem kleinen Team direkt unter dem
Vorstand angesiedelt ist und die einzelnen Marketing-Botschafter im Unternehmen steu-
ert und zusammenbindet. Diese Stabstelle kümmert sich auch um das Strategische wie
Markenführung.

Wir Marketing-Botschafter nennen Herrn Volkmer gerne auch den ‚Dompteur‘, weil
er eine ganze Menge damit zu tun hat, die verschiedenen Botschafter aus den Abteilungen zusammenzuhalten und einen Gesamtüberblick zu behalten. Das ist oft gar nicht so
einfach, wenn die meisten Mitarbeiter über das Unternehmen verstreut sind. Am Anfang
hat es da ganz schön geruckelt. Bei uns gibt es wöchentliche Treffen zwischen allen,
die im Unternehmen verstreut Marketingaufgaben übernehmen, aber die wichtigen Ab-
stimmungen finden eigentlich jenseits dieser Meetings statt, auf dem kurzen Dienstweg
quasi. Einige arbeiten enger zusammen, andere nur sporadisch je nach Thema, aber es
ist wichtig, dass alle immer einen Überblick haben – und voneinander lernen. Gerade
überlegen wir, wie man untereinander eine Job-Rotation hinbekommt. Das wäre die
nächste Stufe eines ganzheitlichen Unternehmens- und auch Marketingverständnisses.

Gefühlt hat sich unser Abstimmungsaufwand verdoppelt. Wir haben extrem viel
Arbeit nach innen: Gremien- und Projektarbeit, Meetings, kontinuierliches Netzwerken. Alles nur, um den Menschen da draußen eine nahtlose Customer Experience zu
ermöglichen. Hinzu kommt die Netzwerkkomponente nach außen: Dialog in Konsu-
mentenforen, Social Media, mit Zulieferern, dem Handel, Logistikunternehmen. Die
Steuerung wird nun mal komplexer, wenn Kommunikation kleinteiliger wird. Aber
mein Eindruck ist trotzdem, dass dieser Abstimmungsaufwand in der alten Struktur
auch schon da war, nur versteckt. Jetzt tritt er offen zu Tage, weil er institutionalisiert
ist. Zugegeben, das nervt manchmal, aber wenigstens ist es produktiv.

Was uns bei der ganzen Arbeit enorm hilft, ist die Plattform, die wir für unsere Koordination nutzen. Zum Glück läuft das jetzt alles rund, das ist auch noch nicht lange so.
Die Synchronisierung der technischen Infrastruktur nach der ganzen Umstrukturierung
war die Hölle, ganz ehrlich. Jede Abteilung hat zunächst auf unterschiedlichen Anwendungen gearbeitet, die Zugriffsrechte waren beschränkt, die IT konnte oder wollte nicht
so wie es eigentlich am sinnvollsten gewesen wäre. Wie soll man sich da effizient aus-
tauschen? Wie soll man da vernünftiges CRM machen? Jetzt macht es jedenfalls Spaß,
wir haben ein transparentes System und sofort Zugriff auf alle relevanten Kundeninformationen, egal in welcher Abteilung die eingelaufen sind. Und wir haben Zugriff auf
alle laufenden Maßnahmen in jedem Fachbereich. Mit dieser Netzwerkorganisation ist
das Marketing zu einem Knotenpunkt zwischen Außen und Innen geworden. Das erfordert ein hohes Maß an Moderations- und Vernetzungskompetenz. Und klar ist auch,
dass jeder Marketer, der in einem speziellen Fachbereich arbeitet, die Sprache der ein-

zelnen Abteilung verstehen und sprechen muss. Wenn das nicht so ist, bekommt man keine Verständigung hin. Dann bleibt man ein Marketing-Fremdkörper in einer Nicht-Marketing-Abteilung. Da braucht man schon viel soziale Intelligenz und Empathie, um als „einer der ihren" akzeptiert zu werden.

Aber nicht nur das. Wenn Sie bei uns Marketing-Botschafter werden wollen, müssen sie nicht nur hervorragende Marketing-Kenntnisse mitbringen, sondern auch ein perfektes Verständnis und spezielles Wissen über den jeweiligen Fachbereich, in dem Sie eingesetzt werden. Die Anforderungen sind entsprechend hoch. Genau wie die Schwierigkeit, gute neue Leute zu finden. Ich zum Beispiel habe zwei Brillen auf: die Kundenbrille und die Produktentwicklungsbrille. Da helfen mir die vier Semester Bekleidungstechnik und mein Grundstudium in Modedesign.

Aber wie gesagt: fachliche Kompetenz ist nur das eine. Die Rolle des Marketing-Botschafters lebt von starken Persönlichkeiten. Schließlich hat man eine Doppelfunktion und muss auch Konflikte aushalten können. Wenn Sie da jemanden sitzen haben, der zurückhaltend und wenig durchsetzungsstark ist, dann kann es wirklich passieren, dass das Marketing verwässert und eigentlich gar nicht stattfindet. Die Botschafter brauchen Rückgrat und müssen auch Gegenwind aushalten. Wir haben es dabei nicht immer leicht. Wie sagte einer der damaligen Organisationsentwickler: „Nichts ist schwerer, als es den Menschen einfach zu machen." Natürlich läuft es bei uns nicht an jeder Ecke rund, aber das ist ganz normal. Diese schöne, heile Hochglanzwelt gibt es doch nirgendwo wirklich. Das fing schon damit an, dass wir Marketing-Botschafter anfangs zwischen den Stühlen saßen. Wenn mein Fachabteilungsleiter ein anderes Ziel verfolgte als mein Marketing-Koordinator – was glauben Sie in welche Loyalitätskonflikte mich das gebracht hat? Der eine ist mein disziplinarischer Vorgesetzter, der andere mein fachlicher. Das konnte doch nicht gut gehen. Und dann diese doppelte Reportinglinie. Das war ziemlich belastend. Herr Volkmer hat dann die Weisungslinie neu geregelt. Jetzt berichten wir nur noch an ihn, dafür hat der jeweilige Fachabteilungsleiter uns nicht mehr auf der Kostenstelle. Das heißt aber auch, dass wir noch mehr Präsenz in der Fachabteilung zeigen müssen, sonst nehmen die uns da nicht wirklich ernst.

Apropos Kosten. Das mit der Budgetverantwortung haben wir mittlerweile auch ganz gut hinbekommen. Direkt nach der Umstrukturierung war es noch so, dass jede Abteilung über ihr eigenes Budget frei verfügen konnte, danach hat Herr Volkmer die Budgets wieder zentralisiert und für Maßnahmen, die mehrere Abteilungen betreffen, ein Pitch-System eingeführt. In diesen Pitches geht es nicht darum, den Vorteil für die eigene Abteilung darzulegen, sondern den Mehrwert der Maßnahme gerade für die anderen Abteilungen zu präsentieren. Das ist ein ungemein hilfreicher Perspektivwechsel und mein Gefühl ist, dass das für mehr Austausch und Fairness gesorgt hat. Und wer anhand von konkreten Business Cases Erfolge nachweisen kann, hat eine größere Chance auf neues Budget.

Sie sehen, die große Hürde bei dem ganzen Vorgehen war eher strukturell. Inhaltlich waren sich alle im Kern schnell einig. Im Rückblick war es trotz allem ein ganz schön mutiger Schritt. Man verabschiedet sich ja nicht mal eben so von den Modellen, die bislang ganz erfolgreich waren. Die Zentralisierung und arbeitsteilige Organisation von Aufgaben bringt ja auch Vorteile und Synergieeffekte mit sich. Aber der Erfolg gibt uns Recht. Wir haben eine gute Wiederkaufsrate und einen enorm hohen Net Promoter Score. Unser Kundenservice rankt in jeder Untersuchung ganz weit oben. Aber der Weg dahin war hart, und es ist noch längst nicht alles perfekt.

Am meisten beeindruckt hat mich eigentlich, dass damals zwar die Marketingorganisation neu strukturiert wurde, dass sich aber eigentlich der Rest des Unternehmens viel mehr geändert hat. Wir haben insgesamt an Relevanz gewonnen, obwohl es keine große Abteilung mehr gibt. Und auch die große Sorge aller, dass etablierte Teams gestört werden und sich erst neu finden müssen, hat sich zum Glück nicht bewahrheitet. Klar gab es einige aus dem Marketing, die mit ihrer neuen Rolle nicht so ganz zurechtgekommen sind. Und na klar gibt es Personen in anderen Abteilungen, die die Marketing-Botschafter immer noch nicht ganz akzeptiert haben. Und genau das stört mich auch am meisten: dass eine kundenorientierte Denkweise auch nach zwei Jahren noch nicht bei jedem angekommen ist. Herr Volkmer meinte neulich, dass es wohl doch einer anderen Verbindlichkeit bedarf. Er sprach davon, dass die Marketingstrategie den gleichen Stellenwert haben muss wie die Rechtsprechung, „wie die zehn Gebote", sagte er. Soweit sind wir bei uns noch lange nicht. Leider. Oder zum Glück, denn sonst wäre mein Job ja überflüssig."
(Quelle: Bathen und Jelden 2014, S. 89 ff.)

11.3 Szenarien als interne Diskussionstreiber

Marketing neu denken und nicht mehr als zentrale Abteilung, sondern als dezentrales Netzwerk organisieren und damit das Marketing zur Leitdisziplin im Unternehmen zu machen. Das ist ein radikaler Gedanke, aber auch eine konsequente Übersetzung von Kundenorientierung in die Organisationsstruktur eines Unternehmens.

Das Diffusionsmodell des Szenarios „Koordinierung" erscheint in sich schlüssig und realisierbar, hängt aber in entscheidendem Maße von den Hauptakteuren ab. Doch nicht jedes Unternehmen hat eine Frau Dr. Schneider an der Spitze, die die notwendigen Weichen stellt und einen Marketingleiter, Herr Volkmer, der dieser Herkulesaufgabe auch gewachsen ist.

Das Szenario hängt damit entscheidend von Rahmenbedingungen ab, die es erst zu einer realistischen Option werden lassen. Andere Rahmenbedingungen ergeben daher auch andere Szenarien, die wir im Think Tank „Marketingorganisation der Zukunft" in drei weiteren Alternativen ausgearbeitet haben.

Die Szenarien „Wachablösung", „Nachweisbarkeit" und „Neustart" sind ebenso denkbare Stoßrichtungen und in Teilen noch radikaler. So geht zum Beispiel das Szenario „Neustart" über die Frage der zukünftigen Organisation des Marketings hinaus und beschreibt eine Neuorganisation des gesamten Unternehmens nach holokratischen Prinzipien.

Alle vier „Szenarien sind idealtypisch [. . .]. Alle sind herausfordernd und zeigen relevante Entwicklungsrichtungen auf. Das Ziel ist nicht, Wahrheiten zu präsentieren, sondern eine Diskussion in Gang zu setzen über Strukturen, Arbeitsweisen und Kompetenzen der Marketingorganisation von morgen." (Bathen und Jelden 2014, S. 71)

Literatur

Bathen D., & Jelden J. (2014). *Marketingorganisation der Zukunft*. Hamburg: Deutscher Marketing Verband.

Die hierarchiefreie Bank – Umsetzungsschritte und Erfahrungen

12

Alexander Gysinn und Timo Capriuoli

12.1 Die hierarchiefreie Bank

Zu Beginn des Jahres 2011 wurden die Hierarchien in der Volksbank Heilbronn abgeschafft. Jeder, der von der hierarchiefreien Bank in Heilbronn erfuhr, hatte sofort das Bild eines anarchischen, führungslosen Haufens im Kopf. Zumindest drängte sich diese Vermutung aufgrund der vielen verwunderten oder abfälligen Kommentare auf, die einem entgegenschlugen, wenn man von diesem Vorhaben berichtete. Von „Ich gebe euch ein halbes Jahr, dann seid ihr wieder auf dem Boden der Tatsachen" bis „Interessanter Gedanke! Wenn das bei euch funktionieren würde, wäre das schon toll. Ich werde das beobachten", war alles zu hören. Alle waren sich aber in einem einig: „Das, was ihr da macht, habe ich ja noch nie gehört und kann ich mir beim besten Willen nicht vorstellen." Bis heute ist uns, wohl auch deshalb, kein vergleichbares Vorhaben bekannt.

Die Kernthese die die Volksbank Heilbronn eG dazu bewegte, den Weg einer hierarchiefreien Bank zu wagen, lautete: „Wir schaffen es, dass unterschiedliche Menschen mit unterschiedlichen Aufgaben und unterschiedlichen Charakteren eigenverantwortlich zusammenarbeiten."

Nach circa eineinhalbjähriger Vorbereitungszeit im Rahmen der sogenannten „Zukunftswerkstatt 3G – Genossenschaft gemeinsam gestalten" wurden unter Beteiligung aller Mitarbeiterinnen und Mitarbeiter die Grundlagen für die hierarchiefreie Bank auf der Basis

A. Gysinn (✉) · T. Capriuoli
Volksbank Heilbronn eG, Allee 20, 74072 Heilbronn, Deutschland
E-Mail: alexander.gysinn@volksbank-heilbronn.de

T. Capriuoli
E-Mail: timo.capriuoli@volksbank-heilbronn.de

© Springer Fachmedien Wiesbaden 2015
M. Seidel, A. Liebetrau (Hrsg.), *Banking & Innovation 2015*, FOM-Edition,
DOI 10.1007/978-3-658-06746-5_12

von Vision, Mission, Leitbild und Strategie geschaffen. Die Kernthemen waren Struktur, Prozesse, Führung und Kommunikation.

12.2 Orientierung am Unternehmenszweck – Resultate im richtigen Sinn

Analog zu den Funktionen der verschiedenen Organe in einem menschlichen Körper wurden die Funktionen in der Bank mit ihren spezifischen Aufgaben zur Leistungserstellung definiert und beschrieben. Anders als bisher, wo die übliche Organisationsstruktur einer Bank als Grundlage diente, wurde begonnen, die jeweiligen Funktionen zu beschreiben mit dem Ziel, den Unternehmenszweck zu realisieren, nämlich die „Förderung der Wirtschaft unserer Mitglieder durch gemeinsamen Geschäftsbetrieb".

Die grundsätzliche Frage lautete: „Wozu braucht ein Kunde eigentlich eine Bank?", und was sind die Aufgaben und Funktionen, um die vom Kunden erwarteten Leistungen zu erbringen? Mittels dieser prozessualen Gesamtsicht fokussierte die Volksbank Heilbronn auf die Kernprozesse. Daraufhin wurden in Funktionsbeschreibungen die Zielsetzungen und Aufgaben der Funktionen und die jeweiligen wesentlichen Anforderungen erarbeitet. Der gemeinsame Auftrag oder die Aufgabenstellung bestand darin, den Bedarf des Kunden zu decken und somit Wertschöpfung für ihn zu schaffen.

Um dieses gemeinsame Ziel in einer hierarchiefreien Bank zu erreichen, waren ein gehöriges Maß an Eigenverantwortung, der Mut und die Bereitschaft, vorauszugehen und Menschen mitzunehmen, nötig.

12.3 (Eigen-)Verantwortung

Anhand der Analogien einer Fußballmannschaft und eines Symphonieorchesters schufen wir den Vergleich mit sich selbst steuernden Organisationen, in denen es immer einzelne Personen gibt, die Verantwortung übernehmen und denen andere bereitwillig folgen. Diejenigen, die hierzu bereit waren, riefen wir auf, aktiv Verantwortung zu übernehmen. Was aber bedeutet Verantwortung? Kommen auf diesem Weg wieder die Chefs ins Boot? Welche Pflichten hat ein Verantwortlicher und welche Rechte? Muss ein Verantwortlicher „den Kopf hinhalten", wenn es nicht so läuft, wie es laufen soll? Viele Kolleginnen und Kollegen warteten erst einmal ab, anderen war schnell klar, dass das nichts für sie ist.

Verantwortung bedeutet zunächst einmal, eine Antwort auf eine bestimmte Aufgabenstellung zu geben. Und dazu gehört zunächst Interesse für diese Aufgabe zu zeigen, sich mit den spezifischen Zielsetzungen auseinanderzusetzen und dann seine Fähigkeiten und Möglichkeiten zielgerichtet einzubringen, um das angestrebte Ziel zu erreichen. In der Regel geht das nur in Zusammenarbeit mit anderen.

Was aber, wenn Einzelne ihren Beitrag nicht leisten? Hier stießen die Mitarbeiter der Volksbank Heilbronn an die Grenzen der Eigenverantwortung. Denn es müssten auch unangenehme Themen angesprochen oder Maßnahmen eingeleitet und umgesetzt werden, die nicht leicht von der Hand gehen. Vielleicht wird dabei das gute Verhältnis zu den Kollegen beeinträchtigt. Was aber hat der einzelne davon?

Kurz gesagt: Verantwortung bringt offensichtlich nur Pflichten und keine Rechte.

Diejenigen jedoch, die diese Gelegenheit der Verantwortungsübernahme für sich als Möglichkeit erkannten, erfuhren zunächst keine Begrenzung darin, sich mit ihren Stärken und Ideen einzubringen. Ein bedeutender Grundsatz wurde hier zur Regel gemacht: Ich trage Verantwortung für das, was ich tue und was ich nicht tue und die sich daraus ergebenden Konsequenzen.

12.4 Hierarchiefreiheit versus Führungslosigkeit

Bemerkenswert ist die weitgehend synonyme Verwendung der beiden Begriffe Hierarchie und Führung. So nahmen viele an, ohne Hierarchien gäbe es keine Führung mehr. Dies ging so weit, dass Kollegen, die bisher als Führungskräfte tätig waren, sich fragten: „… und was mache **ich** jetzt?" Das Vorhandensein einer organisatorischen Definition wurde also gleichgesetzt mit der Tatsache, dass automatisch Führung stattfindet. Wir stellten uns also die Frage, was Führung bedeutet und welche Aufgaben „Führung" denn hat.

Die Genehmigung des Jahresurlaubs als wesentliche Aufgabe blieb übrig, denn das andere, so war man sich einig, könne das jeweilige Team auch selbstständig tun. Na wenn das alles wäre, dann seien Führungskräfte entbehrlich. Aber was ist es dann, was Führungskräfte erforderlich macht? Oder sind es vielleicht gar nicht die Führungskräfte, die notwendig sind, sondern vielmehr das, was man unter Führung versteht?

12.5 Führung

Unter dem Begriff Führung wird sehr vieles verstanden, und je mehr man fragt, desto mehr Definitionen erhält man. Die Volksbank Heilbronn hat sich beim Thema „Führung" an der Definition von Professor Fredmund Malik, dem Gründer und Leiter des Management Zentrums Sankt Gallen orientiert, der in seinem Buch „Führen – Leisten – Leben", das Thema Führung sehr praxisnah beschreibt. Denn Hierarchiefreiheit ist in diesem Sinne nicht gleichbedeutend mit Führungslosigkeit.

Führung, die Malik mit Management gleichsetzt, ist ein Beruf, also eine Profession, die auch erlernbar ist. Das heißt, dass nicht die Position in der Hierarchie darüber entscheidet, ob Führung stattfindet, sondern die Wirksamkeit der Handlungen, die durch handwerklich richtiges Vorgehen bewirkt werden. Diese beschreibt Malik (2001, S. 65 ff.) in den folgenden sechs Grundsätzen wirksamer Führung:

- Der erste Grundsatz, die *Resultateorientierung*, unterstützt die Aussage „Fleiß alleine nützt nichts". Es zählt, dass das, was man sich zum Ziel gesetzt hat, am Ende auch erreicht wurde. Dies wiederum liefert die Energie, um neue Resultate zu erreichen.
- Im zweiten Grundsatz geht es darum, einen *Beitrag zum Ganzen* zu leisten. Um als Führungskraft erfolgreich zu sein, ist es erforderlich, nicht seinen eigenen Bedürfnissen zuerst nachzugeben, sondern sein Können und seine Energie in den Dienst des gemeinsamen Ergebnisses zu stellen.
- Drittens wird die *Konzentration auf Weniges* aufgeführt, also auf einige wenige sorgfältig ausgewählte Themen und Aufgaben mit hoher Priorität.
- Im vierten Grundsatz geht es darum, seine *Stärken zu nutzen* und sich hierauf zu konzentrieren. Das einzige, was passiert, wenn wir mit viel Aufwand versuchen, unsere Schwächen zu beheben, ist, dass wir weniger schwach werden. Besser ist es jedoch, vorhandene Stärken zu nutzen und weiter auszubauen. Deshalb sollte dafür gesorgt werden, dass der richtige Mitarbeiter mit den richtigen Kompetenzen am richtigen Platz eingesetzt wird.
- Beim fünften Grundsatz, dem *Vertrauen*, geht es darum, sich Zeit für Gespräche zu nehmen, echtes Vertrauen entgegenzubringen andererseits aber auch unmissverständlich klar zu machen, dass Vertrauensmissbrauch nicht folgenlos bleiben wird, sondern Sanktionen nach sich zieht.
- Abschließend setzt der sechste Grundsatz, *positiv zu denken*, eine grundsätzlich optimistische Grundhaltung voraus. Die Annahme, dass das, was man sich vornimmt, grundsätzlich möglich ist.

Wesentlich ist, dass diese Grundsätze nicht im Sinne von entweder oder, sondern von sowohl als auch angewandt werden, um wirklich wirksames Management, also Führung sicherzustellen. Malik (2001, S. 171 ff.) nennt die folgenden Aufgaben wirksamer Führung:

- Ziele sind vorweggenommene Resultate. Die Aufgabe für Führung ist daher zunächst einmal, *für Ziele zu sorgen*. Wichtig ist, dass diese Ziele für jede Person zweifelsfrei, schriftlich und so konkret wie möglich definiert sind.
- Die *Organisation* definiert Leitlinien und Strukturen für die alltägliche Arbeit, innerhalb derer dann eigenverantwortlich gehandelt und entschieden werden kann.
- Auf Basis der möglichen Alternativen sind die für die Problemlösung geeigneten „richtigen" *Entscheidungen zu treffen*. Anschließend ist sicherzustellen, dass diese auch umgesetzt werden.
- Hierzu *kontrollieren* wir regelmäßig beispielsweise anhand von Kennzahlen, ob die angestrebten Resultate eintreten. Dies setzt voraus, dass klare Vereinbarungen bestehen, was, von wem, auf welche Art und Weise, bis wann erledigt wird.

- *Menschen zu entwickeln und zu fördern*, erfolgt etwa durch Beauftragung mit Aufgaben, die „eine Schuhnummer zu groß sind", um an der Aufgabe zu wachsen. Entscheidend ist hierbei, dass Entwicklung von Menschen nicht zwangsläufig durch das Erklimmen hierarchischer Stufen erfolgen muss. Die Bewältigung komplexerer Aufgaben oder das Erschließen neuer Themenfelder sind „Wachstumsfelder", die die Entwicklung von Menschen fördern und sie damit auch herausfordern.

12.6 Psychologie von Veränderung

Man könnte sagen, die Bank wurde bei laufendem Geschäftsbetrieb neu gebaut. Aufgrund der Veränderungen der Struktur, weg von der Hierarchie, konnten folgende Verhaltensweisen beobachtet werden:

- Am häufigsten wurde Passivität erlebt. Nach dem Motto „Wieder eine neue Sau, die durchs Dorf getrieben wird", „Auch das geht vorbei", nahmen einige Mitarbeiter den Beobachtungsstatus ein.
- Weiter wurde eine plötzliche *Orientierungslosigkeit* beobachtet, die eng mit der Passivität zusammenhing und sich darin äußerte, dass einzelne Mitarbeiter – und auch bisherige Führungskräfte – plötzlich nicht mehr wussten, was man denn heute von ihnen erwartet. Offensichtlich war seither die Aufgabenstellung „Führung" mehr aus dem hierarchischen Titel gespeist denn aus der auszuübenden Funktion, die unabhängig von Status und Dünkel mit Ziel und Aufgaben versehen ist.
- Andere hingegen witterten „Morgenluft". Sie sahen Chancen, bisher vielleicht verhinderte oder unerwünschte Einflüsse geltend zu machen und „sich ins Spiel zu bringen". Somit brachten sich Mitarbeiter in die Veränderungsprozesse ein, mit denen bisher keiner gerechnet hatte.
- *Widerstand* äußerte sich speziell dort, wo bisher schon vergleichbar gute Ergebnisse erwirkt worden waren. Da die angestrebten Ergebnisse jedoch wesentlich über dem bisher erreichten Ergebnis liegen sollten, ist die Wahrscheinlichkeit, mit genau derselben Vorgehensweise plötzlich deutlich mehr zu bewirken, eher gering.
- Für einzelne Kollegen, die nicht bereit waren, diese anstehenden Veränderungen mitzutragen, fiel dann die Entscheidung, sich *anderweitig zu orientieren* und das Haus zu verlassen.
- Durch die starken Veränderungen kamen einzelne Kolleginnen und Kollegen an die *Grenzen ihrer Leistungsfähigkeit*. Hierzu konnten in persönlichen Gesprächen weitgehend Lösungen gefunden werden.
- Die Frage nach der *beruflichen Perspektive* ist auf den ersten Blick in einem hierarchiefreien Unternehmen nicht einfach zu beantworten. Sowohl Führungs- als auch Spezialisierungslaufbahnen blieben wie zuvor. Die Vergütungslogik orientierte sich jedoch

konsequent an der Komplexität der Aufgabe und nicht automatisiert an hierarchischen Strukturen. Grundsätzlich sind daher alle Perspektiven offen.

- „Was machen Sie denn beruflich?" ist die Frage nach der *Identität*, die dem Anschein nach mit einer Visitenkarte eine aussagekräftige Antwort liefert. Sagt die Bezeichnung einer Person auf der Visitenkarte aber etwas über deren Wirksamkeit aus? Wer ist eigentlich derjenige, der über diese Frage zu befinden hat? Es liegt uns mehr daran, Bezeichnungen zu finden, die für den Kunden sprechend sind, als solche, die in der Branche gängig und hip sind.

Ein Kollege brachte die Haltung viele Mitarbeiter aufgrund vielfältiger Erfahrungen in Veränderungsprozessen mit folgendem Zitat auf den Punkt: „Jede noch so bescheidene aktuelle Situation ist mir lieber als die Veränderung!"

12.7   Erfolgskriterien/Fazit

Die „neue Bank" ist kein Selbstzweck, sondern soll einerseits Rahmenbedingungen schaffen, dem eigentlichen Zweck der Bank gerecht zu werden, andererseits soll sie messbare Resultate bringen.

- Ein wesentliches Erfolgskriterium ist die Tatsache, dass Menschen die gemeinsam arbeiten, eine gemeinsame Vorstellung davon brauchen, wie der angestrebte Idealzustand sein soll, und das Bewusstsein, dass etwas geändert werden muss, wenn man diesen erreichen will. Also ein „*gemeinsames Problem*". Durch die Strategie der Volksbank Heilbronn, die bereits seit 2006 in nahezu unveränderter Form Gültigkeit hat, war dies gegeben.
- Um Umwege in der *Kommunikation* zu vermeiden, ist es erforderlich, Dinge konkret anzusprechen. Dabei kann es persönlich werden, wenn manche Dinge nicht wie abgesprochen laufen. Die offene Äußerung von gegenseitigen Erwartungshaltungen gibt jedem die Chance, sich auf geeignete Weise einzubringen.
- Es bedarf einer großen Portion *Mut*, einen derartigen Umbruch zu initiieren, und es erfordert *Gelassenheit*, sich von den vielen Reaktionen anderer nicht vom Ziel abbringen zu lassen. Da sind diejenigen, die einen belächeln und das Vorhaben bereits zu Beginn zum Scheitern verurteilen. Andere fragten ungläubig: „Was habt ihr vor? Das kann doch nicht euer Ernst sein?" Gefolgt von mitleidsvollem Abwarten im Sinne von: „Na ja, dann macht mal. Ich werde das genau beobachten!"
- Die *Rückmeldung für gute Leistungen* ist im Change-Prozess ein wichtiger Kommunikationsbestandteil, denn Flurfunk entsteht immer dann, wenn zu wenig kommuniziert wird.
- Bei einigen organisatorischen Veränderungen, die durch Neudefinition von Abläufen eingeleitet wurden, hatte sich zunächst nichts im Verhalten der Beteiligten geändert.

Wenn aber vergleichbare Veränderungen durch einen zeitgleichen *Ortswechsel* unterstützt wurden, traten Veränderungen signifikant schneller und nachhaltiger ein. Die Tatsache, dass per Definition die alte Hierarchie außer Kraft gesetzt wurde, hatte also noch nicht automatisch die Reaktion ausgelöst, dass alles anders war.

- Nicht jeder Mitarbeiter ist bereit oder in der Lage, sich selbst zu organisieren. Die neue Freiheit, die durch den Aufruf zur Verantwortungsübernahme und zur Eigenverantwortung bei gleichzeitigem Wegfall der Hierarchien entstand, versetzt nicht jeden in die Lage, diese als Chance zu sehen. Vielfach führt diese teils zu einer gewissen Orientierungslosigkeit, die *Führung mehr denn je erforderlich* machte.

Nach unseren Erfahrungen mit diesen Themen sei allen potenziellen Nachahmern ans Herz gelegt: Machen Sie sich Folgendes bewusst, bevor Sie loslegen:

Es sind viel Mut, Anstrengung, eine hohe Frustrationstoleranz und Zeit erforderlich. Aber wir würden es wieder tun!

Literatur

Malik, F. (2001). *Führen Leisten Leben – Wirksames Management für eine neue Zeit*. München: Wilhelm Heyne Verlag.

Anforderungen für die Gestaltung einer erfolgreichen Vertriebsausrichtung

13

Horst Schreiber und Marcel Seidel

In Zeiten, in denen Banken vor allem negative Schlagzeilen machen und in denen Kunden massenweise ihre Geschäfte im und über das Internet tätigen, stellt sich die Frage, wie eine Regionalbank ihren Vertrieb ausrichten kann, um auch künftig erfolgreich zu sein. Dieser Frage wird im Folgenden systematisch anhand des Beispiels einer genossenschaftlichen Regionalbank und wichtigen Fragestellungen nachgegangen. Als Systematik eignet sich eine Orientierung an drei zentralen Erfolgsfaktoren der Unternehmensgestaltung: Strategie, Struktur, Kultur.

13.1 Strategie

Betrachtet man die Strategie einer Bank, ist es erfolgsentscheidend, welche Vision das Management für das Unternehmen hat. In einem Finanzverbund wie dem genossenschaftlichen Sektor sollte sich jedoch eine solche individuelle Ausrichtung grundsätzlich an der einheitlichen Strategie des Verbundes, wie sie beispielsweise basierend auf den Stärken der genossenschaftlichen Finanzgruppe und dem Alleinstellungsmerkmal der Mitgliedschaft festgelegt ist, orientieren.

H. Schreiber (✉)
Volksbank Trier, Herzogenbuscher, Straße 16–18, 54294 Trier, Deutschland
E-Mail: horst.schreiber@vr-web.de

M. Seidel
Rohrer Str. 153, 70771 Leinfelden-Echterdingen, Deutschland
E-Mail: marcel.seidel@fom.de/m.seidel@bankinginnovationgroup.de

© Springer Fachmedien Wiesbaden 2015
M. Seidel, A. Liebetrau (Hrsg.), *Banking & Innovation 2015,* FOM-Edition,
DOI 10.1007/978-3-658-06746-5_13

Dabei steht die Marke im Vordergrund. Untersuchungen zeigen, dass erheblicher finanzieller Aufwand betrieben wird, um die Marke „Volksbanken und Raiffeisenbanken" möglichst weit vorne in der Wahrnehmung der Verbraucher zu platzieren. Außerdem werden den genossenschaftlichen Banken von ihren Verbänden und vom genossenschaftlichen Finanzverbund hierfür umfangreiche Unterstützungsangebote zur Verfügung gestellt (aktuell zum Beispiel Beratungsqualität oder Web-Erfolg). Dass dies erfolgreich war, belegen rund 31 Mio. Kunden und gut 17 Mio. Mitglieder (vgl. Schreiber 2013).

Es zeigt sich aber auch, dass nicht zuletzt wegen des starken Wettbewerbs moderne und vor allem glaubwürdige Markenkernwerte der Gruppe stärker kommuniziert und gelebt werden müssen. Die kulturellen Werte müssen in alle Steuerungs- und Führungsthemen tief integriert werden. Das ist eine klassische Führungsaufgabe. Hier steht manche Bank noch relativ am Anfang, nichtsdestotrotz sollte dieser Weg begangen werden.

In Bezug auf die Strategie haben sich im genossenschaftlichen Sektor vier Cluster genossenschaftlicher Banktypen etabliert. Die Definition stammt vom Bundesverband der Volksbanken und Raiffeisenbanken (BVR) und gliedert sich in Stadt, Land, Marktbeherrschung durch einen Dritten bzw. durch die Volksbank selbst. In allen vier Gruppen finden sich erfolgreiche und weniger erfolgreiche Volks- und Raiffeisenbanken (vgl. Schreiber 2013). Natürlich macht eine Orientierung an „den Besten" Sinn. Dazu können beispielsweise Benchmarkingvergleiche, auch sektor- und branchenübergreifend, durchgeführt werden.

Wenn gruppenspezifische Merkmale berücksichtigt sind, sollten darüber hinaus die regionalen und wirtschaftlichen Besonderheiten des Marktgebiets in jedem Haus berücksichtigt werden. Dies richtig einzuschätzen, gelingt mit einer Situationsanalyse. Dabei werden einmal die eigenen Stärken und Schwächen mit denen der Wettbewerber verglichen. Außerdem ist es wichtig, regional- und kundenspezifische Merkmale zu erfassen und auszuwerten. Schließlich sollte beim strategischen Zielbild der Bank eine umfassende Betrachtung des Bankenumfelds durchgeführt werden. Hierzu stellen die Verbände entsprechendes Material zur Verfügung, je nach Ausgangssituation oder Fragestellung ist es manchmal auch sinnvoll mit externer Hilfe „über den Tellerrand" hinauszuschauen.

Letztendlich ist es Aufgabe des Managements der Bank, zentrale Entwicklungen zu erkennen und konkret auf das eigene Unternehmen bezogen, zu bewerten. Im Idealfall führt das zu einer fundierten Einschätzung von künftigen Chancen und Risiken. Stärken und Schwächen sowie Chancen und Risiken ergeben die SWOT-Analyse. Damit lassen sich die strategischen Handlungsfelder der nächsten Jahre ableiten (vgl. Seidel und Liebetrau 2013). Die Umsetzung erfolgt in Form einer Roadmap. Die Roadmap stellt den „roten Faden" der Umsetzung dar. Eine Roadmap ist aber auch so flexibel, dass sie etwaige neue Einflüsse adaptieren und integrieren kann.

Zusammenfassend betrachtet, ergeben sich aus strategischer Sicht somit folgende Fragen:

1. Ist die Marke im regionalen Markt ausreichend platziert?
2. Wo liegen die Stärken und Schwächen der Bank?

3. Welche Chancen und Risiken sind mittel- und langfristig am Markt erkennbar?
4. Welche Handlungsfelder machen die Bank mittel- und langfristig erfolgreich?
5. Ist der Weg eindeutig definiert und gleichzeitig so flexibel, dass neue Entwicklungen integriert werden können (Roadmap-Ansatz)?

13.2 Struktur

Die Erfahrung zeigt, dass genossenschaftliche Banken mit ihrem dezentralen, auf den Filialvertrieb ausgerichteten Geschäftsmodell in der Vergangenheit gut gefahren sind. In der heutigen Zeit zeigt sich jedoch auch, dass dieses Modell dringend einer Ergänzung bedarf. Man kann die Notwendigkeit das Internet in den Vertrieb zu integrieren, nicht außer acht lassen. Wer allerdings bei Internetanwendungen nur an Home- oder Onlinebanking von Zuhause aus denkt, liegt falsch. Es wird immer deutlicher, dass die Bedeutung der „Mobile Devices", also jener Geräte, die mobile Kommunikation ermöglichen (Smartphones und Tablets), in allen Kundengruppen, nicht nur bei der jüngeren Kundschaft rasant zunimmt und nicht mehr wegzudenken ist. Somit ist nicht mehr die Frage ob, sondern die Frage der richtigen Ausgestaltung erfolgsentscheidend (vgl. Seidel und Liebetrau 2013). Kernfragen sind:

1. Wie viel Filialvertrieb wird in welcher Form künftig benötigt?
2. Wie gelingt die Integration der verschiedenen Vertriebskanäle?
3. Wie gelingt es die Mitarbeiter entsprechend „mitzunehmen"?

An der Schnittstelle von Strategie und Struktur ist die Frage der Vertriebsausrichtung angesiedelt. Wichtig ist, Vertrieb als Kernaufgabe der Bank hervorzuheben und in einem eigenständigen Profit-Center „Vertriebsbank" zu bündeln. Eine Möglichkeit zur Strukturierung besteht darin, die Vertriebsbank nach strategischen Geschäftsfeldern zu ordnen. Die Klammer hierfür bildet das Verständnis von Vertrieb als „Vermittler von Finanzdienstleistungen" (vgl. Schreiber 2013). Idealerweise sind innerhalb der Geschäftsfelder die Prozesse so gestaltet, dass der Vertrieb von administrativen Aufgaben weitgehend entlastet ist.

Um eine möglichst einheitliche Organisation in den verschiedenen Vertriebsbereichen zu haben und um damit eine möglichst einheitliche Form der Nahtstellen zur Marktfolge zu haben, sollten die Prozesse einheitlich beschrieben werden. Dazu ist es sinnvoll den Gesamtprozess detailliert zu planen und in die bestehende Organisation zu integrieren. Die Leitfragen hierfür lauten:

1. Was soll/muss in der Bank im Vertrieb warum erreicht werden?
2. Wer ergreift zur Zielerreichung wann bei wem wie die Initiative?

Zur Feinjustierung der Vertriebsbank ergeben sich für einen optimierten Vertriebspro-zess, weitere (Kontroll-)Fragen, die gegebenenfalls strategischen und operativen Einfluss nehmen. Auf strategischer Ebene kann man beispielsweise fragen:

- Orientiert sich die Bank bei ihrem strategischen Wollen an ihrem (genossenschaftsspe-zifischen) Leitbild und an ihrem Unternehmenskonzept?
- Für welche besonderen Zielgruppen im Geschäftsgebiet fühlt sich die Bank besonders verpflichtet?
- Vermarktet das Institut seine Kernkompetenz und sein Alleinstellungsmerkmal „Mit-gliedschaft"?
- Wie hoch ist der Deckungsbeitrag pro Kunde in den strategischen Geschäftsfeldern im Durchschnitt und in der Spannbreite? Welche Deckungsbeiträge sollen mittelfristig erreicht werden?
- Hat die Bank für eine erfolgreiche Kunden- und Marktorientierung die organisatorischen und qualitativen Voraussetzungen?

Auf der operativen Ebene ergeben sich u. a. folgende Fragen:

- Welche Ergebnisse müssen im Kundengeschäft erreicht werden und in welchem Verhältnis stehen dabei Bilanzwirksames und Dienstleistungsgeschäft?
- Wie viele aktive Kundenansprachen werden in den einzelnen Beratungsstufen von den Beratern und Betreuern pro Tag erwartet?
- Wie werden diese Aktivitäten gesteuert, kontrolliert und mit welchen Systemen kommuniziert?

13.3 Kultur

Unter Kultur soll hier zum einen die nach außen wirkende Bankkultur verstanden wer-den. Der Begriff „Bankkultur" ist historisch belegt und in den Köpfen vieler Manager uneinheitlich verankert. Sicher ist: Jede der Banken versucht mit unterschiedlichen Vorge-hensweisen die Bedarfspotenziale der Kunden auszuschöpfen. Dabei sind Vertriebspläne mit konkret vereinbarten Arbeitszielen im Einsatz. Als Verkaufsstrategien werden noch Produkt- oder Signalansätze als Geschäftsvorbereitung gewählt. Gesetzliche Vorschriften und Prüfungshandlungen der internen und externen Revision, auch Prüfungen nach § 44 KWG dominieren das Denken in diesen Banken. Es wird nach dem „alten" Schema wei-tergearbeitet, weil es der Kunde dort „ja so will" und die Kunden dort eben „anders" sind. Eine konkrete Definition dieses Andersseins gibt es allerdings nicht (vgl. Schreiber 2013).

Moderne Bankkultur geht anders! In modernen Bankkulturen stehen Kunden eindeutig im Mittelpunkt. Kundenzufriedenheit, nicht Prozesse und Regularien, sind die Hand-lungsmaxime. Genossenschaftliche Banken haben außerdem eine besondere kulturelle

Verpflichtung. Genossenschaftliche Werte sind zu einem Alleinstellungsmerkmal und Wettbewerbsvorteil geworden. Dies wirkt aber nicht von allein, sondern muss aktiv unterstützt werden.

Hier zeigt sich die andere Ausprägung von Bankkultur, nämlich die Wirkung im Innern des Unternehmens. So muss beispielsweise, um beim Kunden als attraktiver Partner wahrgenommen zu werden, eine nachhaltige Verkaufskultur in der Bank installiert sein, die auf genossenschaftlichen Werten beruht. Diese darf allerdings nicht aufgesetzt und gekünstelt wirken. Wichtig ist daher eine flächendeckende Akzeptanz der genossenschaftlich geprägten Werte im Unternehmen. Das geschieht aber nicht von allein: Diese Akzeptanz muss von den Mitarbeitern mitunter hart erarbeitet werden.

Pragmatisch heißt das: Für die Schaffung hoher Akzeptanz ist es notwendig in einem ausgewogenen Verhältnis die klassischen Akzeptanzfaktoren

* Kennen (Information/Kommunikation),
* Können (Qualifikation),
* Wollen (Motivation) und
* Dürfen (Organisation)

zu berücksichtigen (vgl. Seidel 2013).

Von Vorteil (aber nicht entscheidend) ist, wenn der hierfür notwendige Veränderungsprozess nicht in erster Linie auf Basis von Kosteneinsparungs- und Rationalisierungspotenzialen erfolgt, sondern die Steigerung von Vertriebs- und Ertragskraft die Grundlage für mehr Leistungs- und Wettbewerbsstärke sind.

Der Stand kundenzentrierter Verkaufskultur ist unter anderem an der Höhe der Nettomarktzeit[1] zu erkennen. Hierfür ist neben der Veränderungsmethodik (Akzeptanz herstellen), das Augenmerk inhaltlich auf den Umbau von der Universalbank zum Finanzdienstleister als neues Geschäftsmodell zu richten. Berater müssen Ihre Gedankenwelt von „Wie mache ich Geschäfte?", zu „Wie bleibe ich im Geschäft?", als Wettbewerbsmodell sehen. Die Identität der Bank orientiert sich dann an der Beratungsqualität (vgl. Schreiber 2013).

Die Führungskultur übernimmt hierbei eine tragende Rolle. Wenn es gelingt, dass Führungskräfte zum Beispiel in ihrer Information/Kommunikation und ihrem Entscheidungsverhalten einheitlich agieren, gibt das den Mitarbeitern Halt und Orientierung. Basis einer gemeinsamen Führungskultur sind wiederum gemeinsame Werte und Einstellungen.

Aus kultureller Sicht ergeben sich folgende Fragestellungen:

1. Welche Bankkultur (nach innen und außen) hat die Bank?
2. Welchen Stellenwert haben genossenschaftliche Werte und wie werden sie gelebt?
3. Welche Bankkultur ist aus Kundensicht sinnvoll? Wie äußert sich dies?

---

[1] Unter Nettomarktzeit ist die tatsächliche Beratungs- und Verkaufszeit am Kunden zu verstehen. Sämtliche Vor- und nachgelagerten Arbeiten zählen nicht zu dieser Nettomarktzeit.

4. Welche Kultur wird im Unternehmen gelebt?
5. Welche Führungskultur hat die Bank und was muss gegebenenfalls verbessert werden?

13.4 Fazit

Eine erfolgreiche Zukunft für eine Regionalbank ist möglich. Verbände und Verbund-unternehmen stellen entsprechende Unterstützungsleistungen zur Verfügung. Erfolgsent-scheidend ist jedoch die Umsetzung der Bank vor Ort. Das Management muss ein klares Zukunftsbild haben und den Mitarbeitern und Kunden vermitteln können. Mitarbeiter wer-den nur dann mitziehen, wenn sie dieses Zukunftsbild als sinnvoll erachten und angemessen abgeholt werden. Letztlich geht es darum die Mitarbeiter auf Grundlage gemeinsamer Wer-te und Einstellungen in Wirkung zu bringen. Aufbau- und Ablaufstrukturen bilden hierfür den entsprechenden Rahmen. Eine Roadmap sorgt dafür, dass das Ziel nicht aus dem Auge verloren wird.

Für eine genossenschaftliche Regionalbank heißt es in diesem Sinne zusammenzuhalten. Denn wie schon Friedrich Wilhelm Raiffeisen sagte: Was der Einzelne nicht schafft, das schaffen viele. Der Finanzverbund unterstützt dies in vielfältiger Weise.

Die Schwierigkeit liegt in der zweigleisigen Betrachtung begründet. Beide Herausforde-rungen müssen mit Nachdruck vorangebracht werden. Durch gnadenlose Standardisierung nach innen und großer Individualität zum Kunden gelingt es auch künftig nachhaltig erfolgreich nach einer effizienten Kosten-/Ertragssicht zu steuern.

Literatur

Schreiber, H. (2013). Marketing Intern der VB Trier.
Seidel, M. (Oktober 2013). Mehr Wirkung, weniger Komplexität. *Bankmagazin,* 59–65.
Seidel, M., & Liebetrau, A. (2013). *Die Anwendung heuristischer Regeln.* FOM Arbeitspapier Nr. 39.

Teil III
Kultur

„MehrWert" durch ein nachhaltiges Geschäftsmodell: Was bedeutet das für die Kunden?

14

Franziska Nocke und Kerstin Bruns

14.1 Einleitung

Das Thema Nachhaltigkeit gewinnt zunehmend an Bedeutung. Gerade nach der Finanz-marktkrise hat sich – insbesondere in der Bankenwelt – gezeigt, dass nur eine angemessene Balance zwischen ökonomischer, ökologischer und sozial-ethischer Verantwortung der richtige Weg in eine erfolgreiche Zukunft sein kann.

Dieser Verantwortung kommt die Evangelische Bank eG (ehemals Evangelische Kre-ditgenossenschaft eG (EKK)), eine genossenschaftlich organisierte Kirchenbank, durch ihr nachhaltiges Geschäftsmodell nach, welches gleichzeitig einen deutlichen Mehrwert für die Kunden bietet. Dabei orientiert sich dieses Geschäftsmodell an christlichen Werten und ist auf langfristige Geschäftsbeziehungen ausgelegt.

14.2 Die EKK – eine ausgezeichnete Bank

Seit mehr als 40 Jahren nimmt die EKK mit Sitz in Kassel ihren Auftrag für Kirche, Diako-nie und freie Wohlfahrtspflege wahr. Sie ist für ihre institutionellen Kunden, vornehmlich Non-Profit-Organisationen, und für ihre privaten Kunden ein zuverlässiger und kompe-

F. Nocke (✉) · K. Bruns
Evangelische Bank eG,
Seidlerstraße 6, 34117 Kassel, Deutschland
E-Mail: franziska.nocke@eb.de

K. Bruns
E-Mail: kerstin.bruns@eb.de

© Springer Fachmedien Wiesbaden 2015
M. Seidel, A. Liebetrau (Hrsg.), *Banking & Innovation 2015,* FOM-Edition,
DOI 10.1007/978-3-658-06746-5_14

tenter Partner. Der Schwerpunkt ihrer Geschäftsfelder liegt in der Alten-, Behinderten- und Jugendhilfe, dem Krankenhaus- und Rehabilitationssektor sowie der Bildung.

Daneben kommt die EKK ihrem christlichen Anspruch und dem genossenschaftlichen Förderauftrag durch zahlreiche Spenden und Sponsoringmaßnahmen sowie die beiden Stiftungen der EKK, der EKK-Stiftung und der ACREDO Stiftung, nach.

In 2011 ist die EKK als erste Kirchen- und Genossenschaftsbank mit dem anspruchs- vollsten europäischen Nachhaltigkeitsstandard EMAS[plus] (EMAS = Eco-Management and Audit Scheme) ausgezeichnet worden.

14.3 Vom MehrWert-Projekt bis zur Zertifizierung

Bei dem Projekt „Nachhaltigkeitszertifizierung der EKK nach EMAS[plus]" handelt es sich um die konsequente Fortsetzung des in 2009 gestarteten EKK-MehrWert-Projektes.

Ziel des Projektes war die Schärfung des gemeinsamen Wertebildes der Anspruchs- gruppen der Bank, die Verankerung einer nachhaltigen Werteorientierung in der Unterneh- mensführung sowie die Sicherstellung des dauerhaften wirtschaftlichen Erfolgs der Bank. Ein wesentliches Ergebnis des Projektes war, dass wirtschaftlicher Erfolg nur durch ein Gleichgewicht von ökonomischen, ökologischen und sozial-ethischem Handeln entsteht.

Diese Kriterien dürfen nicht neben der Banksteuerung als Marketinginstrument ste- hen, sondern müssen miteinander verzahnt im Managementsystem der Bank integriert sein (Simon und Walter 2012).

Im Zuge der Nachhaltigkeitszertifizierung hat die EKK wesentliche MehrWert-Inhalte unter dem Blickwinkel der Anforderungen nach EMAS[plus] aufgegriffen, weiterentwickelt und optimiert (vgl. Abb. 14.1).

Die EKK hat sich ganz bewusst für die Zertifizierung nach EMAS[plus] entschieden, weil es sich hierbei um den anspruchsvollsten Nachhaltigkeitsstandard handelt. Dieser ist zum einen kompatibel mit der neuen internationalen ISO-Richtlinie 26000 zur gesellschaftli- chen Unternehmensverantwortung und enthält zum anderen als integrale Bestandteile die Zertifizierung nach der ISO 14001:2004 (Umweltmanagement), nach der ISO 9001:2008 (Qualitätsmanagement) sowie die Validierung nach EMAS.

Das Nachhaltigkeitsmanagement EMAS[plus] (EMAS = Eco-Management and Audit Scheme) ist ein integriertes, ganzheitliches Managementsystem, das die ökonomischen, ökologischen und sozial-ethischen Wirkungen eines Unternehmens systematisch optimiert.

14.4 Die drei Säulen der Nachhaltigkeit

Die nachhaltige Unternehmensphilosophie und das unternehmerische Handeln der EKK stützen sich auf die drei Säulen der Nachhaltigkeit. Die Einheit ökonomischer, ökologischer und sozial-ethischer Werte wird als untrennbar verbunden gesehen; deren Ausgewogenheit

Abb. 14.1 Elemente des
Nachhaltigkeitsmanagements
EMAS^{plus}. (Quelle:
EMAS^{plus}-Leitfaden 2014
„Ethisch Wirtschaften" der
EKK)

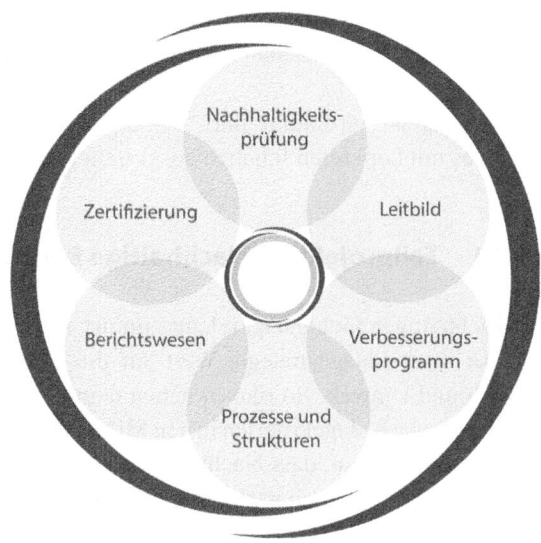

gilt als wesentliche Basis für die Zukunftsfähigkeit der Bank. Sowohl die strategische Ausrichtung als auch die Operationalisierung und konkrete Umsetzungsmaßnahmen werden
dabei auf der Grundlage dieser drei Säulen aufgestellt.

Die drei Nachhaltigkeitssäulen sind im Unternehmensleitbild der EKK verankert und
werden folgendermaßen definiert (vgl. Seidl und Walter 2012, S. 272):

- **MehrWert ökonomisch**: Die nachhaltige Sicherung und Förderung der wirtschaftlichen Grundlage unserer Kunden stehen für uns im Mittelpunkt. Durch effizientes und
  nachhaltiges Wirtschaften werden Erträge erzielt, die den Unternehmenserhalt und die
  Förderung von Kirche und Diakonie ermöglichen. Gleichzeitig unterstützen wir damit
  die wirtschaftliche Stabilität und eine faire Preisgestaltung.
- **MehrWert ökologisch**: Der Erhalt von Natur und Umwelt für nachfolgende Generationen ist uns wichtig. Bei unserem Produkt- und Serviceangebot achten wir auf den
  bewussten Umgang mit den Ressourcen unserer Schöpfung. Insgesamt hat ökologisches
  Handeln für uns eine hohe Priorität.
- **MehrWert sozial-ethisch**: Durch Partizipation unterstützen wir die Entwicklung einer
  zukunftsfähigen und lebenswerten Gesellschaft. Unsere Unternehmenskultur basiert auf
  christlichen Werten, die soziales Engagement für uns selbstverständlich machen.

14.5   Was bedeutet ökonomische Verantwortung aus Kundensicht?

Zur Beantwortung dieser Frage wird im Folgenden der ökonomische Mehrwert exemplarisch hervorgehoben. Ziele des EKK-Nachhaltigkeitsprogramms im Bereich der
Ökonomie sind u. a. der Ausbau innovativer, nachhaltiger Produkt- und Dienstlei-

stungsangebote sowie die Steigerung der Kundenzufriedenheit. Zudem arbeiten an jedem EKK-Standort in Deutschland zertifizierte Fachberater für Nachhaltiges Investment (kurz: „ecoanlageberater").

Nachfolgend wird aufgeführt, wie beispielhaft drei Teilprojekte des EKK-MehrWert-Projektes mit konkreten Inhalten ausgestaltet wurden:

14.5.1 Teilprojekt 1: „Nachhaltige Beratungsangebote"

Bei nachhaltigen Geldanlagen legen immer mehr Anleger neben einem langfristigen Ertrag bei ihrer Anlagestrategie Wert auf die Prinzipien eines christlichen Umgangs mit Mensch und Umwelt. So rücken neben dem ökonomischen Faktor auch ökologische und sozial-ethische Anlagekriterien in den Mittelpunkt einer Investitionsentscheidung. Aktuelle Studien zeigen sogar, dass Nachhaltigkeit keine Renditebremse ist.

Hier eine Auswahl an nachhaltigen Anlageformen der EKK:

- Öko-Aktienfonds
- KCD-Union Nachhaltig Fonds (KCD = Kirche, Caritas, Diakonie)
- Nachhaltigkeitsfonds
- EKK-Nachhaltigkeitsanleihen.

Auch nachhaltige Finanzierungsformen sind Bestandteil der Produktpalette der EKK. Dazu gehören beispielsweise:

- EKK-BildungsKredit
- EKK-ÖkoKredit (Energiesparkredite zur ökologischen, CO_2-mindernden Gebäudesanierung und zum Bau von Photovoltaik- und anderen Ökostromanlagen)

Darüber hinaus werden auch nachhaltige und ganzheitliche Beratungskonzepte angeboten, wie zum Beispiel der EKK-HealthCareCheck oder der EKK-MehrWert-Dialog.

Die Produktpalette der EKK wird kontinuierlich unter dem Blickwinkel der Nachhaltigkeit ausgebaut. Vor der Aufnahme neuer Produkte und Dienstleistungen in die Angebotspalette werden diese auf Nachhaltigkeitswirkungen hin geprüft.

Aufgrund des Selbstverständnisses der EKK verbleiben Kundeneinlagen und Kundenverbindlichkeiten vollständig im Finanzkreislauf von Kirche und Diakonie.

14.5.2 Teilprojekt 2: „ecoanlageberater"

Die EKK fördert die Weiterbildung zum „ecoanlageberater". In den letzten Jahren haben bereits zahlreiche Mitarbeitende eine Zertifizierung erlangt, die sie als Fachberater für Nachhaltiges Investment auszeichnet. Somit können sich die Kunden in jeder EKK-Filiale zu vielfältigen Möglichkeiten werteorientierter Anlage- und Finanzierungsformen beraten lassen.

14.5.3 Teilprojekt 3: „Nachhaltigkeitsfilter"

Die EKK hat einen Nachhaltigkeitsfilter sowohl für die Vermögensverwaltung ihrer institutionellen Kunden als auch für ihre Eigenanlagen entwickelt. Partner für das Nachhaltigkeitsresearch ist das Institut für Markt-Umwelt-Gesellschaft (imug) aus Hannover.

Mit dem EKK-Nachhaltigkeitsfilter werden Staatsanleihen, Banken und deren Anleihen sowie europäische Aktien nach Nachhaltigkeitskriterien in den Bereichen Umwelt, Soziales und Governance bewertet bzw. durch ethisch motivierte Ausschlusskriterien herausgefiltert.

Bei den Vermögensverwaltungen für institutionelle Anleger werden die Nachhaltigkeitskriterien zusammen mit dem Kunden individuell definiert und bei der Vermögensanlage berücksichtigt.

14.6 Zusammenfassung

Ein nachhaltiges Geschäftsmodell bietet einen deutlichen „MehrWert" für die Kunden. Es zeigt sich, dass zukünftig nur eine angemessene Balance zwischen ökonomischer, ökologischer und sozial-ethischer Verantwortung der richtige Weg für eine erfolgreiche Geschäftsbeziehung sein kann.

Am Beispiel der Evangelischen Kreditgenossenschaft eG (EKK), einer genossenschaftlich organisierten Kirchenbank, wird aufgezeigt, wie ein nachhaltiges Geschäftsmodell entwickelt und wie Nachhaltigkeit in der strategischen wie operativen Bankpraxis erfolgreich umgesetzt wird. Von diesem Geschäftsmodell profitiert nicht nur die Umwelt, sondern auch der Kunde über das nachhaltig ausgerichtete Produkt- und Dienstleistungsangebot.

Literatur

EMAS[plus]-Leitfaden. (2014). „Ethisch Wirtschaften" der EKK. kate Umwelt & Entwicklung und Evangelische Kreditgenossenschaft eG (Hrsg.). EMAS Plus-Leitfaden 2014. Kassel: Eigenverlag der Evangelischen Kreditgenossenschaft eG.

Nachhaltigkeitsbericht der EKK. (2011). Evangelische Kreditgenossenschaft eG (Hrsg.). Nachhaltigkeitsbericht der EKK 2011. Kassel: Eigenverlag der Evangelischen Kreditgenossenschaft eG.

Seidl, F., & Walter, B. (2012). Die Entwicklung eines Strategieprozesses im Rahmen einer nachhaltigen Unternehmenskultur am Beispiel der Evangelischen Kreditgenossenschaft. In A. Becker, W. Gruber, & D. Wohlert (Hrsg.), Handbuch MaRisk und Basel III: Neue Anforderungen an das Risikomanagements in der Bankpraxis. Frankfurt a. M.: Knapp.

Simon, H., & Walter, B. (Februar 2012). MaRisk: Integration einer nachhaltigen Unternehmensführung in den Strategieprozess. *BankPraktiker*.

Vom Umgang mit „gesunder Energie"

15

Alexander Burggraf und Ewald Seifried

15.1 Ausgangslage

„Burn-out" ist in aller Munde – Meldungen wie: „Die Anzahl der Arbeitsunfähigkeitstage aufgrund psychischer Erkrankungen ist so hoch wie nie", finden wir regelmäßig in den Medien.

Erschöpfungszustände bis hin zu Depression, Energieverluste durch anhaltenden Aktionismus und „kontinuierlichen Wechsel", Unzufriedenheit und innere Kündigungen in der Arbeitswelt und eine vermehrte Sinnsuche jenseits der Arbeit sind Kennzeichen moderner Industriegesellschaften. Gleichzeitig leben wir in einer Zeit, in der wir auf dem Boden der Industrialisierung soviel Gestaltungs- und Spielräume haben wie nie zuvor.

Trotzdem, oder gerade deshalb, wird „gepusht", agiert, konsumiert, die Möglichkeiten sind heutzutage vielfältig – vieles wird angewandt und ausprobiert: Ritalin zum „Hirn-Doping", Kokain zur „Leistungssteigerung", Alkohol zur Beruhigung und vieles mehr.

Die Gedanken und Überlegungen zu diesem Beitrag entstanden aus der Zusammenarbeit mit Dr. med. Carsten Till, M.Sc. Ärztlicher Direktor der AHG Klinik im Odenwald, Chefarzt Rehabilitationsklinik Hardberg, der seine umfangreichen Erkenntnisse und Erfahrungen aus Therapie, situativer Lösungsunterstützung sowie individuellem Coaching eingebracht hat. Ihm sei an dieser Stelle für die wertvollen Beiträge gedankt.

A. Burggraf (✉)
Hintermeilinger Straße 12, 65520 Waldbrunn, Deutschland
E-Mail: alexanderburggraf@web.de

E. Seifried
BIG – Banking Innovation Group GmbH, Alter Stadtweg 6,
78665 Frittlingen, Deutschland
E-Mail: e.seifried@bankinginnovationgroup.de

© Springer Fachmedien Wiesbaden 2015
M. Seidel, A. Liebetrau (Hrsg.), *Banking & Innovation 2015*, FOM-Edition,
DOI 10.1007/978-3-658-06746-5_15

Aus dieser Polarität zwischen vielfältigen Möglichkeiten und vermehrter Sinnsuche ergeben sich auf individueller Ebene beispielsweise folgende Fragen:

- Wieso sehen und nutzen Arbeitnehmer diese Frei- und Spielräume nicht?
- Wie könnten Arbeitnehmer eine gesunde, an Energiegewinn orientierte Selbstführung in ihr Leben integrieren?
- Wie nutzen Arbeitnehmer ihr kreatives Potenzial?
- Wie viel Arbeitsbelastung ist dem Arbeitnehmer zuzumuten?

Oder auf einer übergeordneten Ebene gefragt:

- Was hindert Unternehmen an einer gesunden Führung?
- Wie könnten wir als Vorgesetzte für mehr „Flow" bei der Arbeit sorgen?
- Wieso darf Arbeit keinen Spaß machen?
- Wieso nutzen Unternehmen nicht häufiger die Weisheit ihrer Mitarbeiter?
- Wie viel Arbeitslast und -belastung ist gesellschaftlich genug?

15.2   Herausforderungen

Zur Eingrenzung des Problems bietet sich der von dem Soziologen Aaron Antonovsky (1984) geprägte Begriff des „Kohärenzsinns" an.

Als Kohärenzsinn wird hier die Empfindungsfähigkeit eines Individuums für die stimmige Verbundenheit mit sich selbst bzw. dem sozialen Gefüge bezeichnet. Die mit dem Kohärenzsinn assoziierten Begriffe „Überschaubarkeit", „Handhabbarkeit" und „Sinn" gelten in diesem Zusammenhang als Schlüsselbegriffe und lassen sich mit folgenden Fragen ergründen:

- Ist unsere Arbeit noch „überschaubar"?
- Erleben wir unser Leben noch als „handhabbar", entweder durch uns selbst oder durch Freunde, Kollegen oder unterstützende Teams?
- Geben wir unserer Arbeit einen Sinn jenseits der Materialität, die bekanntermaßen ab einem bestimmten Wert nicht mehr mit Glück korreliert?

15.3   Lösungsansätze

In einer komplexen Welt mit vielen Überraschungen, Herausforderungen und Neuem empfehlen wir, sich mit dem Thema „Selbstwirksamkeit" auseinander zu setzen. Was ist darunter zu verstehen? Humorvoll formuliert: Dadurch, dass ich 24 h jeden Tag mit mir selbst zusammen bin, habe ich schon grundsätzlich eine hohe Wirksamkeit. Diese gilt es positiv zu nutzen.

Nutzungschancen bestehen unter anderem in der Akzeptanz nicht veränderbarer Konstellationen – dazu zählen beispielsweise auch die Mitmenschen, sogenannte „autonome Wesen", das heißt der Chef, der Ehepartner, die Kinder, die Teammitglieder und andere. Die Erfahrung zeigt, dass beim Versuch diese „autonomen Wesen" im eigenen Sinn zu formen, viel Energie verbraucht wird, mehr als es vermeintlich nützt.

Es ist sinnvoller, sich auf das Machbare zu besinnen – das Machbare durch sich selbst! Am verlässlichsten geht es mit Selbstmanagement und Selbstführung.

Zum Selbstmanagement gehört zum Beispiel der Versuch eine Übereinstimmung von „impliziten Motiven" (Bauchgefühl, eher emotional, teilweise unbewusst) mit „expliziten Zielen" (Kopf, Denken, bewusst, leichter kommunizierbar) zu erreichen. Gelingt die Übereinstimmung, führt dies in Verbindung mit einer machbaren Herausforderung in der Regel zu „Flow".

Selbstführung gelingt einem Individuum durch folgende Zutaten:

* den optimalen Einsatz seiner Ressourcen,
* den Einsatz dafür, dass Entscheidungen, Verhalten und Handlungen nach selbst gewählten Kriterien, Werten, Zielen und inneren Überzeugungen erfolgen,
* bewusste Kompromissbildung,
* machbare Herausforderungen,
* den Glauben an sich und die eigenen Fähigkeiten,
* Respekt den anderen gegenüber,
* Respekt dem Unvorhergesehenen und Unplanbaren gegenüber und
* die Einnahme der sog. „Metaebene" (Fähigkeit zur Distanzierung, auch und gerne mit Humor).

Selbstmanagement und Selbstführung allein verhelfen Führungskräften jedoch noch nicht dazu, langfristig für ihre körperliche und seelische Gesundheit zu sorgen. Es geht vielmehr darum, Prioritäten zu setzen und sich angemessen für sich und die eigenen Interessen einzusetzen, es geht darum Selbstfürsorge zu betreiben.

Die gängige Literatur schlägt vergleichbare Konzepte im Sinne eines „Lebens-Balance-Modells" vor. Danach ist ein Mensch zufrieden und langfristig belastbar, wenn folgende vier Bereiche „gut ausbalanciert" sind:

1. Arbeit und Leistung, zum Beispiel durch einen stimmigen Beruf mit Erfolg und auch finanzieller Absicherung oder Wohlstand
2. Beziehungen und Kontakte
3. Körper und Gesundheit
4. Beantwortung der Sinn- und Zukunftsfragen zum Beispiel bei Fragen nach der eigenen Perspektive, persönlichen Zielen und Werten, Selbstverwirklichung.

15.4 Betriebliches Gesundheitsmanagement (BGM) – Gesunde Energie in der Organisation erhalten und fördern

In den letzten Jahren hat sich in der Unternehmenspraxis eine Vielzahl an „Work-Life-Balance-Ansätzen" etabliert. Eine innovative Weiterentwicklung stellt der Ansatz der „Gesunden Energie" dar, auf den im Folgenden eingegangen wird.

Gesunde Energie, also langfristig leistungsfähige und -willige Mitarbeiter sind in der modernen Wissens- und Dienstleistungsökonomie entscheidende Ressourcen für die nachhaltige Sicherung des Unternehmenserfolgs. Gerade kleinere und mittlere Banken sehen sich den Herausforderungen gegenüber, dass die Anforderungen an die Mitarbeiter (Komplexität, Anforderungen an die Produktivität durch den steigenden Kostendruck) steigen. Gleichzeitig gestaltet sich die Verfügbarkeit der Ressourcen durch den demografischen Wandel, das weiterhin angekratzte Image der Bankbranche sowie den sich verändernden Arbeits- und Lebensläufen zusehends schwieriger.

Die Betrachtung des betrieblichen Gesundheitsmanagements umfasst grundsätzlich alle notwendigen Anstrengungen des Unternehmens, um Rahmenbedingungen her- und sicherzustellen, die die Gesundheit des Mitarbeiters bei der Arbeit erhalten und/oder positiv beeinflussen (vgl. Ducki 2000, S. 21). Als Gesundheit ist hierbei „. . . *a state of complete physical, mental and social well-being and not merely the absence of disease or infirmity*" (WHO 2006, S. 1) zu verstehen.

Damit wird klar, dass im betrieblichen Gesundheitsmanagement in Banken körperliche Beeinträchtigungen durch die Arbeit eine eher geringere Rolle spielen. Vielmehr erlangen die oben aufgeführten Themen „Selbstwirksamkeit" und „Selbstführung" oder auch „Sinn" und „(soziale) Akzeptanz" eine besondere Bedeutung. Eine reine Aneinanderreihung von Gesundheitsmaßnahmen für Mitarbeiter/innen kann dem kaum gerecht werden (vgl. Emmermacher 2008, S. 2).

Ein nachhaltig wirksames betriebliches Gesundheitsmanagement im Sinne der Aktivierung und Sicherung der Energien im Unternehmen stellt einerseits auf die Beeinflussung des Verhaltens des einzelnen Mitarbeiters ab; beispielsweise dazu, mehr Sport zu treiben. Andererseits wird auch und gerade die Verhältnisebene in den Fokus gerückt, also die Schaffung von „gesunden" Verhältnissen im Unternehmen (vgl. Singer und Neumann 2010, S. 55).

- Auf der **Verhaltensebene** wird die Gesundheitskompetenz der Mitarbeiter gestärkt, also die „Fähigkeit und Motivation zur Gesunderhaltung der eigenen Person" (Emmermacher 2008, S. 8). Damit verbleibt die Verantwortung für diesen Teilbereich bei dem einzelnen Individuum. Der Erwerb einer individuellen Kompetenz kann durch das Unternehmen nur unterstützt, ermöglicht und erleichtert werden, Verantwortung für den Erfolg kann es letztendlich nicht übernehmen. Dieser Bereich wird durch die meisten Konzepte intensiv abgedeckt.
- Auf die **Verhältnisebene** hat das Unternehmen dagegen direkten Einfluss. Einerseits geht es hierbei um den klassischen Arbeitsschutz, der sich insbesondere auf kör-

perliche Belastungen und Gefahren bezieht. Andererseits geht es um Strukturen des Unternehmens, die durch Anforderung, Beurteilung, Feedback, Belohnung und Bestrafung sowie Sinnstiftung das Wohlbefinden des Mitarbeiters beeinflussen (Huber 2010, S. 69). Hier liegt die eigentliche Verantwortung des Unternehmens und der eigentlich entscheidende Bereich der Erhaltung der Gesundheit sowie zur Steigerung der positiven Energie im Unternehmen. Sind hier entsprechende Verhältnisse hergestellt, ist die Gesundheitskompetenz des Einzelnen nicht gefordert, um negative Wirkungen auszugleichen.

15.5   Folgen für die Umsetzung eines betrieblichen Gesundheitsmanagements

Sollen beide Ebenen sinnvoll erfasst werden, muss das BGM in einer Verbindung aus Organisationsentwicklung (Verhältnisebene) und Personalentwicklung (Verhaltensebene) umgesetzt werden.

Dies stellt besondere Anforderungen an die Projektstruktur. Wenn sich die Veränderung nicht nur auf den einzelnen Mitarbeiter erstreckt, sondern gegebenenfalls umfassende Veränderung von Führung, Kommunikation und Kultur im Unternehmen zur Folge hat, muss die Verantwortung für die Gesamtmaßnahmen im Top-Management angesiedelt werden (vgl. Singer und Neumann 2010, S. 56). Dies gilt umso mehr, als es gegebenenfalls auch darum geht, strukturelle Veränderungen zu promoten, unterstützen, nachzuhalten, vorzuleben und „auszuhalten".

Unabhängig davon muss sich die Unternehmensführung bewusst sein, dass daraus zusätzliche Aufgaben für das Management, eventuelle Notwendigkeiten für eigene Verhaltensänderungen und gegebenenfalls auch Konflikte im Unternehmen entstehen können.

Im Unternehmen muss die Verantwortung für die Organisationsentwicklung definiert werden. Diese Stelle trägt dann – beauftragt von und unter Einbindung des Top-Managements – auch die Verantwortung für die gesundheitsbeachtende Gestaltung der Organisation (Verhältnisebene). Die konkrete Ausgestaltung der Maßnahmen zur Verhaltensprävention können darauf aufbauend durch die bekannten Strukturen wie Gesundheitszirkel etc. außerhalb der Top-Managementebene abgebildet werden. Die Gesamtprojektsteuerung umfasst aber dann beide Ebenen.

15.6   Voraussetzungen für mehr gesunde Energie

Führungskultur In Zeiten zunehmender Regulation, kontinuierlicher Beschleunigung und chronischer Überforderung durch „allzeit bereit", Informationsüberfrachtung und immer schwerer werdender Konzentration auf das Wesentliche, suchen Entscheider oft

das Heil in Zahlen, Daten und Fakten. Betriebswirtschaftliches Denken, Risiko- und Er-
tragskennzahlen dominieren. Fehler und Schuldige werden gesucht, Zielabweichungen
„reportet", Problemsituationen analysiert, Maßnahmenpläne erarbeitet, mit Hoch-DRUCK
wird die Belastung zur Überlastung, besonders der Leistungsträger.

Beziehungen wachsen, durch ihre Verbesserung können alle Beteiligten gewinnen.
Dabei wächst die gesunde Energie mit. Allerdings ist zu beachten, dass ein solcherma-
ßen verbesserungsorientiertes Arbeiten die Wirkungssystematik von Führung verändert.
Dies gelingt nur unter aktiver Einbindung des Top-Managements und aller Führungs- und
Stabsfunktionen.

Fehlerkultur Pinguine sind kluge Tiere. Bei der Jagd springt zuerst ein Pinguin in das kalte
Wasser, während seine Artgenossen auf der Eisscholle geduldig warten, ob kein Feind im
Wasser ist. Sobald klar ist, dass die Situation sicher ist, folgen alle anderen Tiere. So
wird die Gemeinschaft geschützt und sich gegenseitig geholfen. Unternehmen können von
Pinguinen lernen. Wie? Das lässt sich anhand von zwei typischen Fehlerquellen zeigen:

• Mit zunehmendem Druck im Tagesgeschäft steigen Fehlerquoten.
• In sich schnell wandelnden Zeiten werden viele Projekte gleichzeitig angegangen.

Aus Fehlern im Tagesgeschäft und aus erfolglosen Projekten wird meist wenig gelernt. Aus
Angst vor Nachteilen verheimlichen Fehlerverursacher oft die Ursachen. Die gleichen Fehler wiederholen sich im Tagesgeschäft und bei künftigen oder parallel laufenden Projekten
immer wieder. Fatale Folge ist die Verhinderung der lernenden Organisation.

Unternehmen wie Google wollen diese Fehlerdynamik durchbrechen und haben vor
einigen Jahren einen ungewöhnlichen Preis, den sogenannten Pinguin Award, ausgelobt.
Jeder Mitarbeiter kann ein Projekt vorstellen, welches so richtig gescheitert ist. Anstelle
Kritik und Spott wird aus Fehlern gelernt und der Mut zur offenen Kommunikation von
Fehlern prämiert.

Mutige Führungskräfte, die voran gehen, mit Offenheit und Transparenz eine positive
Fehlerkultur schaffen sind ein weiterer Baustein für mehr gesunde Energie. Eine angstfreie
Umgebung entsteht, in der nicht nur nach Erfolgsfaktoren gesucht wird und erfolgreiche
Menschen eine Bühne bekommen, sondern ganz bewusst Fehler offen kommuniziert und
zum Lernen genutzt werden.

Veränderungskultur Gute Ideen und Innovationen fallen nicht vom Himmel. Dennoch wird
von Mitarbeitern genau dies erwartet. Während in den vergangenen Jahren Effektivität und
Effizienz gefordert wurden, sind es nun immer mehr ansteckende Kreativität, stimulierende
Inspiration und frische Impulse.

Dies überfordert manchen guten Manager und löst unnötigen Stress aus. Burn-out und
Work-Life-Balance sind Alltagsvokabeln geworden.

Wird Kreativität und Innovation nicht als etwas Aufgesetztes und Zusätzliches verstanden, sondern werden intern entsprechende Strukturen aufgebaut, kostet Innovation nicht

Energie, sondern hilft, neue gesunde Energie zu schaffen. Dazu gehört beispielsweise die Möglichkeit, sich abteilungs- und unternehmensübergreifend auszutauschen, Kunden und Partner bei der Ideenentwickelung einzubinden und genügend Freiräume im Büroalltag und in der Kommunikation mit Kunden für Querdenken und Tüfteln zu schaffen.

15.7 Fazit

Durch Entwicklung der Unternehmenskultur, vom Top-Management vorgelebt, über die Ebenen durch das Unternehmen diffundierend, entstehen auf der Verhältnisebene die Grundlagen, die den Nährboden für die Wirkung auf der Verhaltensebene bereiten. Fehlerkultur und Veränderungskultur etablieren Rahmenbedingungen in denen Selbstmanagement und Selbstführung wirksam wird und Lebens-Balance-Modelle gelingen. Die Grundlage für prosperierende Unternehmens- und Personenentwicklung lässt sich so auf dem Nährboden gesunder Energie erfolgreich legen.

Literatur

Antonovsky, A. (1984). A call for a new question – salutogenesis – and a proposed answer – the sense of coherence. *Journal of Preventive Psychiatry, 2,* 1–13.

Ducki, A. (2000). *Diagnose gesundheitsförderlicher Arbeit: Eine Gesamtstrategie zur betrieblichen Gesundheitsanalyse.* Zürich: vdf Hochschulverlag AG.

Emmermacher, A. (2008). *Gesundheitsmanagement und Weiterbildung: Eine praxisorientierte Methodik zur Steuerung, Qualitätssicherung und Nutzenbestimmung.* Wiesbaden: Gabler.

Huber, S. (2010). Betriebliches Gesundheitsmanagement und Personalmanagement. In A. S. Esslinger, M. Emmert & O. Schöffski (Hrsg.), *Betriebliches Gesundheitsmanagement – Mit gesunden Mitarbeitern zum unternehmerischen Erfolg.* Wiesbaden: Gabler.

Singer, S., & Neumann, A. (2010). Beweggründe für ein Betriebliches Gesundheitsmanagement und seine Integration. In A. S. Esslinger, M. Emmert & O. Schöffski (Hrsg.), *Betriebliches Gesundheitsmanagement – Mit gesunden Mitarbeitern zum unternehmerischen Erfolg.* Wiesbaden: Gabler.

WHO. (2006, Oktober). Constitution of the WHO, Fassung. http://www.who.int/governance/eb/who_constitution_en.pdf. Zugegriffen: 15. Mai 2014.

Warum wir uns beim Entscheiden so schwer tun – oder weshalb Truthähne glückliche Tiere sind

André Del Piero

16.1 Einleitung

Der Mensch ist davon überzeugt, ein rationales Wesen zu sein. Die Theorie des Homo oeconomicus oder auch des Econ bildet bis heute einen zentralen Baustein traditioneller wirtschaftswissenschaftlicher Anwendungen. Der Mensch entscheidet rational, er wägt ab und wählt die Option mit den geringsten Opportunitätskosten, oder anders ausgedrückt, mit dem attraktivsten Preis. Hat eine Option keinen Erwartungswert, ist sie wertlos und wird nicht ausgewählt.

Haben Sie sich nicht auch schon einmal gefragt, weshalb Sie die eine oder andere Entscheidung getroffen haben? Ich jedenfalls stolpere manchmal über meine eigene Reflexion und merke, dass ich es retrospektiv anders gemacht hätte. Ich bilde mir ein, ein rationales Wesen zu sein, das häufig mit Erwartungswerten arbeitet. Schon hier schleicht sich aber ein Fehler ein, denn wenn ich die Wahrscheinlichkeit eines unsicheren Ereignisses abschätzen könnte, wäre es de facto keine Wahrscheinlichkeit mehr. Es wäre ein mehr oder weniger sicheres Ereignis, denn ich vermag es ja einzuschätzen. Da dies aber nicht sein kann, ist es schwer bis unmöglich, unsichere Ereignisse in der realen Welt vorherzusagen. Selbstverständlich gibt es mathematisch exakte Wahrscheinlichkeitsberechnungen. Beispielsweise ist die Möglichkeit, dass ich im Schweizer Zahlenlotto gewinne, 8.145.060 zu 1. Dieses Ergebnis repräsentiert das einzig mögliche Resultat von 6 aus 45 ($N = 45$).

Wenn wir aber darüber nachdenken, welches die häufigere Todesursache aus den nachfolgend genannten dreien ist, wird es schon schwieriger: Die Wahrscheinlichkeit, an einem Haibiss, einem Blitzschlag oder einer herabfallenden Kokosnuss zu sterben. Was denken Sie? Intuitiv würden Sie sicher sagen, dass der Haibiss die höchste Wahrscheinlichkeit

A. D. Piero (✉)
Gerstenweg 11, 3400 Burgdorf, Schweiz
E-Mail: delpi67@gmail.com

© Springer Fachmedien Wiesbaden 2015
M. Seidel, A. Liebetrau (Hrsg.), *Banking & Innovation 2015*, FOM-Edition,
DOI 10.1007/978-3-658-06746-5_16

hat. Da Sie aber wissen, dass es im vorliegenden Artikel um unsere Einschätzung von Wahrscheinlichkeiten und Urteilsfindungen geht, denken Sie vielleicht, dass dies womöglich nicht sein kann. Vielleicht landen Sie dann beim richtigen Ergebnis, dem Tod durch herabfallende Kokosnüsse. Ich habe mit meiner Dreierauswahl aber noch etwas viel Spannenderes erreicht. Ich habe Sie in einen Frame gedrängt, aus dem Sie nur schwer ausbrechen können. Denn es fällt bedeutend leichter, über meine drei Vorschläge nachzudenken, als eine andere, gänzlich neue Option in Betracht zu ziehen, die ich nicht vorgegeben habe. Warum ist dies aber so?

Wir handeln in den wenigsten Fällen rational. Unser Gehirn wird von zwei Maschinen gesteuert: System 1 und System 2, die nahezu ständig im Konflikt miteinander stehen. Während System 1 für die schnellen Denkprozesse, die Assoziationen und Reflexe zuständig ist, leitet uns System 2 mit Rationalität und überlegtem Handeln. In alltäglichen Situationen unterliegen wir dadurch zahlreichen Trugschlüssen, da ein überaus großer Teil unserer Aktivitäten von System 1 gesteuert wird. Der Grund hierfür ist eigentlich einfach. Das erste System ist energiesparend, während beim zweiten eben viel Energie verbraucht wird. Dies führt zu teils erstaunlichem Entscheidungsverhalten. So unterliegen viele Wall-Street-Banker der klassischen „Loss Aversion", einem wuchtigen kognitiven Fehler, auf den wir später zu sprechen kommen und viel mit System 1 Denken zu tun hat.

In vielen Dingen verhalten wir alle uns wie Truthähne: An 99 von 100 Tagen ist die Welt nämlich absolut in Ordnung. Wir müssen uns wenig anstrengen, bekommen jeden Tag zu essen, haben keinen Stress, und wir haben Zeit, darüber nachzudenken, was wir morgen tun wollen. An Tag 100 ist dann plötzlich alles anders. Das ist der Tag, an dem der Truthahn zur Schlachtbank geführt wird!

16.2 Kognitive Fehler

In der Epistemologie, also der Lehre, wie Wissen entsteht, versuchen wir zu ergründen, was eigentlich Wissen darstellt und wie es konserviert wird. Charles Darwin hat beispielsweise sämtliche seiner Entdeckungen innerhalb einer halben Stunde zu Buche gebracht, weil er der Meinung war, dass sich neues Wissen nach einer gewissen Zeit verzerrt und verflüchtigt. So glaubte er sicherzustellen, die Dinge möglichst objektiv niederzubringen. Nach dem heutigen Stand der Forschung nehmen jedoch Individuen dieselben Situationen unterschiedlich wahr. Denken Sie beispielsweise an die Schilderung eines Autounfalls. Befragt man zehn Zeugen zum gleichen Unfall, erhält man mehr oder weniger zehn verschiedene Versionen des Hergangs. Dies hängt damit zusammen, dass wir Unfallhergänge mit unserem System 1 zu beschreiben versuchen, das schnell und assoziativ ist. Gehen wir davon aus, dass die Zeugen alle unterschiedliche Lebenserfahrungen gemacht haben (selbst bei Zwillingen ist das der Fall), und diese bei der Beurteilung der Situation hinzuziehen, ist es nicht verwunderlich, dass wir verschiedene Versionen von ein und derselben Situation erhalten. Bezeichnend ist hierbei, dass die Individuen felsenfest davon überzeugt sind, dass ihre Version die alleinig richtige sei und sie nur schwer davon abzubringen sind.

Der klassische kognitive Fehler ist der Rückschaufehler. Wir versuchen, eingetretene Ereignisse mit Argumenten zu erklären, damit diese in unser Weltbild passen. Stellen Sie sich vor, Sie müssten für den CEO einer Unternehmung einen Financial Forecast über die Geschäftsentwicklung der nächsten fünf Jahre erstellen. Es liegt in der Natur der Sache, dass der Forecast mit Ungenauigkeiten rechnet und zu einem wahrscheinlichen Ergebnis kommen wird. Tritt dann dieses Ergebnis nicht ein – was viel wahrscheinlicher ist, als dass es eintritt – versuchen wir zu erklären, warum dies so sein könnte. Dabei setzen wir unsere Argumente so ein, ähnlich wie Lego-Bausteine, dass das falsche Ergebnis erklärt werden kann. Dies scheint uns dann auch sehr schlüssig und logisch zu sein.

Vielfach wenden wir allerdings falsche Argumente an, die eigentlich gar nichts mit dem ursprünglichen Ereignis zu tun hatten. Wir gehen also in der Zeit zurück und erklären unser falsches Ergebnis mit Vergangenem. Beim nächsten Forecast dann wenden wir die so gewonnen Erkenntnisse an, was wir tendenziell mit einer vermehrten Risikoscheu tun. Das führt generell zu vorsichtigeren Vorhersagen. Dies belohnt aber denjenigen, der mehr Risiken eingeht, denn niemand rechnet mit dem Eintreten eines unwahrscheinlichen Ereignisses, das schlussendlich besser belohnt wird. Dieser Gewinn hat allerdings nichts mit besonderen Fertigkeiten oder Können zu tun. Es ist reines Glück. Weder Gespür noch Weitblick haben uns dorthin gebracht, sondern lediglich das übermäßige Eingehen von hohen Risiken und Ignorieren von Argumenten.

Als weiteren Kardinalfehler möchte ich den der Verfügbarkeit von Informationen erwähnen. Nehmen wir beispielsweise zwei Flugzeugabstürze mit genau der gleichen Anzahl von Todesopfern, der erste Absturz vor zehn Jahren, der zweite vor zwei Tagen. Intuitiv wird der kürzlich stattgefundene viel stärker gewichtet als der ältere, obwohl das Ergebnis exakt gleich ist. Der Grund hierfür ist, dass wir eine Neigung haben, Informationen nach deren Verfügbarkeit zu gewichten. Die Wahrscheinlichkeit für den Eintritt eines Ereignisses wird umso höher eingeschätzt, je leichter Beispiele für dieses Ereignis in Erinnerung zu rufen sind. Ob unsere Erinnerungen richtig oder falsch sind, hinterfragen wir jedoch selten. In der Politik beispielsweise spielen Verfügbarkeitsheuristiken eine große Rolle. Einige Probleme finden nämlich in der Öffentlichkeit mehr Aufmerksamkeit als andere. Aber weshalb ist dies so? Da Medien sich in der Regel um aktuelle Ereignisse stärker kümmern als um latente Probleme, ist die Berichterstattung bei Ersteren präsenter und häufiger. Das bedeutet wiederum, dass unser Gedächtnis diese Informationen viel leichter abrufen kann, was deren Gewichtung erhöht. Gerade in autoritären Regimen wird dieses Phänomen genutzt, um den Menschen ein kanalisiertes Weltbild zu vermitteln, das die aktuelle Situation nicht genügend reflektiert.

Tab. 16.1 Erwartungswert Experiment 1

Option Nr.	Sicherer Gewinn (G)	Probability (P)	Optionswert (O)	Erwartungswert G + (P * O)
1	10,-	1,0	5,-	10 + (1,0 * 5) = **15**
2	10,-	0,5	10,-	10 + (0,5 * 10) = **15**

Tab. 16.2 Erwartungswert Experiment 2

Option Nr.	Sicherer Gewinn (G)	Probability (P)	Optionswert (O)	Erwartungswert G + (P * O)
1	20,-	− 1,0	5,-	20 + (− 1,0 * 5) = **15**
2	20,-	− 0,5	10,-	20 + (−0,5 * 10) = **15**

16.3 Loss Aversion

Daniel Kahneman, einer der führenden Verhaltensforscher und Begründer der „Prospect Theory", führte das nachstehend bekannt gewordene Experiment durch (Kahneman und Tversky 1984): Probanden werden US$ 10 gegeben, die sie behalten dürfen. Dann erhalten sie zwei Optionen: Option 1 sicherte zusätzlich US$ 5, während Option 2 mit einem Münzwurf (Kopf oder Zahl) einen 50 %-igen Gewinn von US$ 10 garantierte. Die meisten Probanden wählten Option 1.

Dann führte er das Experiment weiter, indem er denselben Probanden US$ 20 schenkte. Wiederum hatten die Probanden zwei Optionen. Bei Option 1 mussten sie US$ 5 zurückgeben, während bei Option 2 wieder eine Münze geworfen wurde. Bei Kopf mussten die Probanden US$ 10 zurückgeben, während sie bei Zahl die US$ 20 behalten durften. Die meisten Probanden wählten Option 2, da sie den Verlust von US$ 5 fürchteten (Option 1).

Der Erwartungswert beider Optionen im zweiten Experiment ist allerdings derselbe wie im ersten Experiment (vgl. Tab. 16.1).

Auch im ersten Experiment ist der Erwartungswert exakt 15 (vgl. Tab. 16.2).

Beide Experimente zeigen eines deutlich: Wenn es schnell gehen muss, sind wir schlecht in der Lage, Risiken einzuschätzen. Kahneman hielt diese epochale Erkenntnis folgendermaßen fest:

- „When we think we are winning, we don't take risks."
- „When we are faced with a loss we are willing to take more risks."

Diese „Loss Aversion" betrifft nicht nur Normalbürger. In seinen Untersuchungen konnte Kahneman feststellen, dass Finanzprofis an der Wall Street erstaunlicherweise diesen Fehler Tag für Tag begehen.

Abb. 16.1 Der
Dispositionseffekt

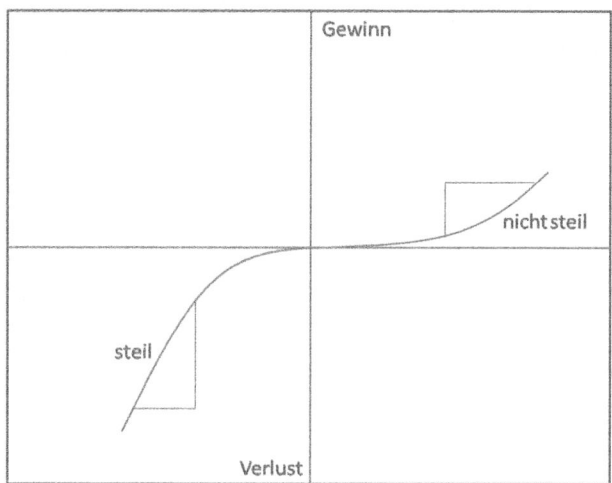

Das auch unter dem Begriff „Dispositonseffekt" bekannte Phänomen ist weit verbreitet. Wir streichen lieber einen sicheren kleinen Gewinn ein, als dass wir einen noch kleineren Verlust realisieren. Eine verlustbringende Aktie behalten wir in der Regel viel zu lange im Depot. Weitere Profite in unserem Portfolio nehmen wir zudem aufgrund von abnehmenden Sensitivitäten längst nicht mehr in demselben Maße wahr. Abbildung 16.1 illustriert den Dispositionseffekt.

Es ist deutlich zu sehen, dass die Verlustkurve viel steiler verläuft als die Gewinnkurve, was nichts anderes bedeutet, als dass uns Verluste mehr schmerzen, als uns Gewinne Spaß machen. Den ersten Gewinn von fünf Euro nimmt der Aktionär noch sehr deutlich wahr, einen weiteren in gleicher Höhe bemerkt er kaum noch. Das führt tendenziell zu einem risikoscheuen Verhalten. Ein Großteil der Menschheit scheint davon betroffen zu sein.

16.4   Lessons Learned

Im Gegensatz zu Truthähnen sind wir besser in der Lage, Wissen zu generieren, zu filtrieren und zu konservieren. Wir sollten demnach nicht so naiv agieren und den Tag 100 verkennen, sprich das Negativereignis vernachlässigen. Dadurch, dass wir uns mit dem Entscheiden recht schwer tun und es uns zudem nicht leicht fällt zuzugeben, dass wir etwas nicht können, begehen wir denselben Fehler immer und immer wieder. Ich bilde mir ein, gut zu verstehen, was uns zu unseren Entscheidungen treibt und weshalb wir so entscheiden, wie wir es tun. Oft ertappe ich mich jedoch dabei, dass ich genau dieselben Fehler begehe mit denen ich mich seit Jahren befasse und über welche ich schreibe.

Mein Fazit fällt deshalb ernüchternd aus: Die Verhinderung von Denk- und Entscheidungsfehlern im Moment ist nahezu unmöglich. Erst in der Reflexion gelingt es uns die

Dinge ins richtige Licht zu rücken. Das Spannende am Thema ist jedoch, dass durch ständiges Lernen Verbesserungen eintreten können, die eine Reduzierung der Fehlerquote ermöglichen. Hierzu müssen kritische Auseinandersetzungen mit sich und der Umwelt erfolgen. Diese Lernkultur im Unternehmen zu installieren, gestaltet sich oft schwierig. Die Gründe hierfür sind vielfältig. Oft realisieren die Protagonisten nicht, dass der Bias sie beherrscht. Diese Strukturen aufzubrechen, und dem Organismus Unternehmen aufzuzeigen wie anders entschieden werden kann, ist Teil eines Change-Management-Prozesses der die Menschen, die Prozesse und die Unternehmenskultur gleichermaßen beeinflusst.

Literatur

Kahneman, D., & Tversky, A. (1984). Choices, values, and frames. *American Psychologist, 39*(4), 341–350.

Kundenzufriedenheit als Erfolgsmotor im Retail Banking

Das Potenzial von „Fans" für den Unternehmenserfolg nutzen. Praxisbeispiel von Online-Kundenbewertungen bei einer Bank

Maria-Helena Hansen und Markus Malz

17.1 Kundenwert – der Schlüssel zum Erfolg

Ein entscheidender Faktor für langfristigen Unternehmenserfolg und profitables Wachstum ist die wechselseitige Beziehung zum Kunden und dessen individueller Wert für ein Unternehmen. Mit der Weiterentwicklung des Internets haben vor allem die qualitativen Parameter des Kundenwerts an Bedeutung gewonnen. Daraus haben sich Kundenempfehlungen und -feedbacks bei Online-Retailern im Konsumgüterbereich und Dienstleistungsbereich mittlerweile als Standardmodul etabliert. In der Bankenbranche werden derartige Instrumente noch wenig eingesetzt. Die Wüstenrot Bank AG Pfandbriefbank (WBP) hat im Sommer 2013 mit der Implementierung eines Kundenempfehlungs-Moduls, basierend auf der bewährten Fünf-Sterne-Logik, zu Produktfeldern begonnen.

17.1.1 Kann Kundenzufriedenheit das Ziel sein?

Wir alle wünschen uns, dass unsere Kunden mit unseren Produkten und Services zufrieden sind. Aber reicht das aus? „Zufrieden sein" mit einem Produkt bedeutet, dass dieses den Erwartungen eines Kunden entspricht bzw. dass seine Erwartungen nach einem Kauf und der ersten Inanspruchnahme nicht enttäuscht werden (Belz und Bieger 2004 S. 119). Ist

M.-H. Hansen (✉)
Wüstenrot Bausparkasse AG, Wüstenrotstraße 1, 71638 Ludwigsburg, Deutschland
E-Mail: maria-helena.hansen@wuestenrot.de

M. Malz
Wüstenrot Bank AG, Wüstenrotstraße 1, 71638 Ludwigsburg, Deutschland
E-Mail: markus.malz@wuestenrot.de

© Springer Fachmedien Wiesbaden 2015
M. Seidel, A. Liebetrau (Hrsg.), *Banking & Innovation 2015*, FOM-Edition,
DOI 10.1007/978-3-658-06746-5_17

das genug, um den Kunden zu einem erneuten Kauf bzw. Abschluss zu bewegen? Damals, als Petticoat und Rock ‚n' Roll im Trend lagen, die Nachfrage boomte und der Begriff „Wettbewerb" eher dem Sport zugeschrieben wurde, mag dies ausgereicht haben. In Zeiten von Preissensitivität, austauschbaren Produkten und Dienstleistungen sowie hoher Transparenz und Vergleichbarkeit durch das World Wide Web ist selbst ein zufriedener Kunde „offen für Angebote von Wettbewerbern" (Kühlmann et al. 2003, S. 319). Somit besteht die Gefahr, dass der Kunde trotz seiner Zufriedenheit mit dem Produkt und den Leistungen den Anbieter wechselt bei dem er bisher kaufte oder mit dem er Geschäfte machte. Sämtliche Bemühungen und Kosten zur Gewinnung des Kunden und Generierung der Kundenzufriedenheit hätten somit nur auf einen einzigen Vertragsabschluss hingewirkt – alle anderen Potenziale des Kunden blieben dann ungenutzt. Das können wir uns heute, wo Verdrängungswettbewerb, Sättigung der Märkte, niedriges Zinsniveau und Kostenbewusstsein unseren Unternehmensalltag prägen, nicht mehr leisten. Aus diesem Grund sollte die Zufriedenheit des Kunden nur ein Zwischenschritt hin zu seiner Verbundenheit „seinem" Anbieter gegenüber sein. Ziel muss es sein, aus Kunden „Fans" zu machen. Die Potenziale eines „Fans" für ein Unternehmen sind vielfältig: geringere Preiselastizität, größere Ausschöpfung von Cross- und Up-Selling-Potenzialen, Kostensenkungen z. B. durch den Rückgang von Storni und Kündigungen sowie die Verbesserung des Images und der Neukundenquote durch Weiterempfehlungen des Kunden (Vgl. Kotler und Bliemel 2006, S. 83; Kühlmann et al. 2003, S. 321; Trumpfheller 2005, S. 10). Vor allem im World Wide Web und insbesondere im Social Web sind „Fans" und Promotoren, also „Empfehlungsgeber", für Firmen unverzichtbar geworden. Aber kann es das Ziel sein, jeden Kunden zu binden?

17.1.2   Was ist ein Kunde wert?

Trotz aller genannten und weiteren Vorteile ist es für einen Betrieb nicht zielführend, eine undifferenzierte Kundenbindungsstrategie zu betreiben. Der Grund hierfür liegt zum einen in den beschränkten Kapazitäten des Unternehmens, zum andern in der Kundenstruktur selbst. Nicht jeder Kunde zieht den gleichen Nutzen aus Produkten und Leistungen und nicht jeder Kunde bringt den gleichen Nutzen. Zur Erzielung einer Win-win-Situation für Kunden und Firma, in welcher eine individuelle und bedarfsgerechte Kundenbetreuung bei gleichzeitig maximierter Ertragssituation des Unternehmens unter Berücksichtigung einer optimierten Ausgestaltung der 4Ps erfolgt, ist daher eine genaue Kenntnis über die einzelne Kundenbeziehung und deren Eigenheiten von entscheidender Bedeutung (Esch et al. 2011, S. 414 ff.). Ein wichtiger Faktor hierbei ist der „Kundenwert". Dieser drückt aus, welchen Wert der Kunde für einen Anbieter von Waren oder Dienstleistungen in der Vergangenheit, Gegenwart und Zukunft hat. Oft wird der Kundenwert rein monetär bzw. quantitativ angesetzt. Dies ist jedoch zu kurz gegriffen. Beim Kundenwert ist es wichtig, auch den immateriellen Wert des Kunden, also die qualitativen Parameter, für ein Unternehmen zu ermitteln. Hierbei unterscheidet man zwischen dem informatorischen, dem kommunikativ-akquisitorischen, dem kooperativen und dem Customer-Value-Potenzial-

Wert eines Kunden (Winkelmann 2013, S. 341; Esch et al. 2011, S. 416). Bei der Betrachtung des Kundenwertes sind es vor allem die qualitativen Parameter, welche den Kunden in den Mittelpunkt stellen.

Aber wie lässt sich nun der Kundenwert ermitteln?

17.2 Kundenbewertungsverfahren – die Methode für den Erfolg

Es existieren mehrere Verfahren zur Berechnung eines Kundenwertes. Zu diesen zählen unter anderem die Kundendeckungsbeitragsrechnung (KDBR), die ABC-Analyse, der Customer-Lifetime-Value-Ansatz (CLV) sowie Scoring-Modelle, auf Basis derer Kundenportfolioanalysen erstellt werden können (Esch et al. 2011, S. 417 ff.). Jedes dieser genannten Verfahren hat seine Vorteile, aber auch seine Schwächen.

Der Vorteil der ABC-Analyse ist, dass man sehr einfach Kunden in Gruppen einteilen und danach Marketingstrategien erarbeiten kann. Nachteilig ist jedoch, dass diese Methode lediglich auf einem Kriterium, nämlich dem Umsatz des einzelnen Kunden basiert. Dadurch ist die tatsächliche Aussagekraft eher gering. Hinzu kommt, dass hier nur Vergangenheitswerte betrachtet werden.

Die KDBR geht hier schon weiter. Durch die Aufrechnung der dem Kunden zuzuordnenden Kosten und Erträge erhält man einen relativ exakten monetären Wert der Kundenbeziehung. Da es jedoch schwierig ist, alle Kosten verursachergerecht zuzuordnen, ist dies auch gleichzeitig der Nachteil dieser Methode (Rudolf-Sipötz 2001, S. 34). Weitere Nachteile dieser Methode sind die Vernachlässigung qualitativer Parameter sowie die rein auf die Vergangenheit ausgerichtete Betrachtung der Kosten und Erträge. Der CLV hingegen bezieht in die Kalkulation des Kundenwertes auch dessen zukünftige Potenziale mit ein. Des Weiteren besteht im Rahmen des CLV die Möglichkeit der Implementierung immaterieller Potenziale des Kunden. Daraus ergibt sich ein neuer Blickwinkel auf ihn im Vergleich zu den vorangegangenen Kundenbewertungsverfahren. Der Charme von Scoring-Modellen liegt darin, dass auch qualitative Parameter in die Betrachtung einfließen können. Zudem kann eine individuelle Festlegung der Kriterien und deren Gewichtung erfolgen. Jedoch können Subjektivität und Willkür bei der Festlegung zu Fehleinschätzungen führen (Esch et al. 2011, S. 421). Auch spielt in dieser Methode die zukünftige Kundenbeziehung nur eine untergeordnete Rolle.

Das ausschlaggebende Kriterium für die Auswahl eines dieser Verfahren ist die Datenquantität und -qualität. Nur wenn ausreichende und valide Informationen über Kunden und deren Kaufverhalten zur Verfügung stehen, können daraus verwertbare Rückschlüsse gezogen werden.

Mit der Entwicklung des Internets hin zum Web 2.0 ist der monetäre Wert des Kunden in den Hintergrund gerückt. Die qualitativen Parameter, vor allem der informative und kommunikativ-akquisitorische Wert, also der Weiterempfehlungs-Wert des Kunden, haben dafür immens an Bedeutung gewonnen. So tun täglich Kunden im Internet ihre Meinung zu Produkten und Services – gefragt und ungefragt – kund. Oftmals geschieht dies ohne die Kenntnis des betroffenen Anbieters. Hierbei könnten sich auch Negativbotschaften verbreiten, ohne dass eine Firma klarstellend eingreifen kann. Um dem entgegenzuwirken und den maximalen Nutzen aus den Informationen zu ziehen, ist es wichtig, proaktiv auf Kunden zuzugehen und diesen eine Plattform zur Verfügung zu stellen, auf welcher sie ihre Anmerkungen, Beschwerden und Wünsche platzieren können. Im Zusammenhang damit hat sich eine neue Unternehmenskennzahl herausgebildet: der Net Promoter Score® (NPS). Dieser Wert beschreibt den Netto-Wert von Promotoren und Kritikern eines Unternehmens in Prozent (Reichheld und Seidensticker 2006, S. 19).

17.3 Wie nutzt die Wüstenrot Bank das Thema Kundenzufriedenheit in ihrem Retail Banking?

Die Wüstenrot Bank AG Pfandbriefbank startete im Sommer 2013 die Implementierung eines Kundenbewertungssystems. Gegenstand der Kundenbewertung sind derzeit primär die Retail-Banking-Produkte Girokonto und Tagesgeld sowie die Abfrage der Weiterempfehlungsbereitschaft mittels NPS. Dessen Funktionsweise wird unter Verwendung des nachstehenden Bewertungsmanagement-Kreislaufs dargestellt.

17.3.1 Phase 1: Start Feedback-Prozess

Alle Neu- und Bestandskunden, die über die Website http://www.wuestenrotdirect.de ein Girokonto oder Tagesgeld abgeschlossen haben – und mit denen eine Geschäftsbeziehung zustande kam – werden innerhalb von sechs bis acht Wochen nach Abschluss per E-Mail eingeladen, das Produkt zu bewerten. Gegenstand der Bewertung sind aufgrund des Ansprachezeitraums somit der Online-Beantragungsprozess und die ersten Erfahrungen mit dem jeweiligen Konto.

17.3.2 Phase 2: Feedback-Collection

Der Kunde hat nun die Möglichkeit, auf der Bewertungsseite eines Dienstleisters – eKomi – die konkrete Bewertung vorzunehmen. Verwendung findet hierbei die aus diversen Online-Shops und -Auktionshäusern bekannte Fünf-Sterne-Logik. Diese grafische Bewertung wird durch eine persönliche Bewertung bzw. Kommentierung in einem Freitextfeld ergänzt. Hier hat der Kunde die Möglichkeit, seine individuellen Erfahrungen und Eindrücke zu Prozess und Produkt mitzuteilen. Auch mögliche Optimierungen/Verbesserungsvorschläge sollen und werden hier geäußert. Im nächsten Schritt wird die Weiterempfehlungsbereitschaft mittels Net Promoter Score (NPS) abgefragt.

17.3.3 Phase 3: Feedback-Management

Nach Absenden der Bewertung erhält der Dienstleister der WBP die Daten zur Prüfung. Dort werden die Angaben gemäß interner Bewertungskriterien durch ein Fachpersonalteam geprüft. Hier werden alle Inhalte gefiltert, die beispielsweise Schimpfwörter enthalten. Sollten mehrere Bewertungen von der gleichen IP-Adresse kommen, werden diese Inhalte ebenfalls als Spam erkannt. Bei der Überprüfung werden somit auch beleidigende oder rechtswidrige Kommentare sowie private Daten (wie Namen, Kontonummern) entfernt. Durch diesen Prozess wird die Qualität der Inhalte sichergestellt und die Reputation der Wüstenrot Bank geschützt. Eine Einflussnahme auf zum Beispiel negative Bewertungen ist nicht möglich. In diesem Prozessschritt besteht jedoch die Möglichkeit seitens der WBP, Kundenservice-Probleme herauszufiltern und proaktiv zur Behebung der Missstände auf den Kunden zuzugehen. Selbstverständlich erfolgt die Bearbeitung über den Dienstleister unter Berücksichtigung der Datenschutzrichtlinien.

17.3.4 Phase 4: Feedback-Marketing

Die von eKomi geprüften – positiven wie negativen – Bewertungen werden nun auf Webseiten der WBP und auf der offiziellen Bewertungszertifikat-Seite von eKomi veröffentlicht (http://www.ekomi.de/bewertungen-ww-agcom.html). Die Wüstenrot Bank platziert das entsprechende Bewertungssiegel (Gold, Silber oder Bronze) inkl. der Gesamtbewertung (Anzahl Sterne) und den jeweils letzten abgegebenen Kommentar prominent auf der Startseite ihrer Webpräsenz sowie auf produkt- und vertriebsrelevanten Produktseiten und Landingpages. Zusätzlich haben Besucher die Möglichkeit, dort alle Bewertungen inkl. der zusätzlichen Kommentare anzuschauen.

17.3.5 Phase 5: Feedback-Reporting

Über ein web-basiertes Analysetool kann die WBP jederzeit die Bewertungen einsehen, filtern, selektieren und relevante KPIs abrufen, etwa die Anzahl versandter E-Mail-Einladungen zu durchgeführten Bewertungen, den Zugriff auf die einzelnen Kommentare, den Abruf des aktuellen NPS.

17.3.6 Phase 6: Social Recommendation

Die – hoffentlich positive – Gesamtbewertung wird in diversen Onlinekanälen marketingtechnisch ausgespielt, d. h. Einbindung in das Suchmaschinen-Marketing (AdWords bzw. Google Seller Rating) sowie auf den entsprechenden Produktseiten im Internet.

Positive Effekte auf das Thema SEO (Search Engine Optimization) durch „User Generated Content" und die damit verbundene Verbesserung des Suchmaschinen-Rankings sollen hier nicht unerwähnt bleiben. Durch die ständig neuen Inhalte erhöhen sich der Keyword Reach und der organische Suchtraffic. Aber auch im klassischen Direktmarketing (zum Beispiel Mailing) kann das Bewertungssiegel eingesetzt werden.

17.3.7 Darauf aufbauende Phasen

Der dargestellte Bewertungskreislauf und insbesondere die Integration des NPS bieten weitere Vertriebs- und Vermarktungsmöglichkeiten. Die Promotoren (NPS-Skala neun und zehn) sind als „Empfehler" identifiziert und können nun direkt zum „Kunden-werben-Kunden"-Programm übergeleitet werden. Auch dieser Empfehlungsprozess kann online und ohne Medienbruch erfolgen. Bei den neu gewonnenen Direktkunden startet erneut der oben dargestellte Bewertungsprozess.

Weiterhin finden die über die Bewertung gewonnenen Daten bei folgenden Themenbereichen Anwendung:

- Produkte & Prozesse – Vorschläge und Wünsche können sofort herausgefiltert werden und in interne Produkt- und Prozessoptimierungen einfließen. Gerade die Erlebnisse und Erfahrungen der Kunden beim Abschluss bzw. mit unserem Produkt helfen der WBP bei der Optimierung und Vereinfachung ihrer Online-Abschluss-Prozesse.
- Beschwerdemanagement – negative Kommentare bieten Chancen zur Verbesserung und zur direkten Kommunikation mit den Kunden („Frühwarnindikator").
- Marketing – Kommentare von Kunden können einfache Marketingzitate darstellen.

17.4 Ist der Erfolgsmotor angelaufen?

Der große Vorteil der Google Seller Ratings ist, dass der User über gut bewertete Anbieter sofort auf der Ergebnisseite seiner Suche informiert wird, wodurch er durchdachtere Browsing- und Kaufentscheidungen treffen kann. Dadurch können mehr und besser qualifizierte Interessenten erreicht und die Klick- und Konversionsraten erhöht werden (Abb. 17.1).

Abb. 17.1 Google Seller Rating von wuestenrotdirect.de

Wüstenrot Kreditkarte - Keine Gebühren, kostenloses Bargeld
www.**wuestenrot**direct.de/**Kreditkarte** ▾
Bewertung für wuestenrotdirect.de: 4,5 ★★★★☆
Sicher und bequem online einkaufen
608 Personen folgen Wüstenrot auf Google+
Top Depot direct - Top Tagesgeld - Top Giro - Kreditkarten

Die ersten Ergebnisse seit Einführung des Bewertungssystems sind vielversprechend. Bis Anfang April 2014 haben bereits über 500 Kunden die Produkte bewertet und der WBP eine Gesamtbewertung über beide Produkte von 4,2 von 5 möglichen Sternen beschert (acht von zehn Bewertungen sind positiv). Die Siegellogik bzw. -unterteilung in Gold, Silber und Bronze ist auch intern ein Anreiz zur ständigen Verbesserung der Produkte und Prozesse geworden. Auch wenn die Wüstenrot Bank über das oben dargestellte Bewertungssystem bisher nur eine begrenzte Kundengruppe ansprechen konnte, zeigt der aktuelle NPS von 42, dass hier der richtige Weg eingeschlagen wurde. Zum Vergleich: Nach einer Studie von Bain & Company liegt der durchschnittliche NPS in der Bankbranche im Jahr 2012 bei − 13 (Bain & Company 2012).

Der Kundenbewertungsservice wird bei der Wüstenrot Bank sukzessive weiter ausgebaut – kurz- bis mittelfristig sollen weitere Produkte oder auch Services bewertet werden. Um noch stärker in den Dialog mit den Kunden zu treten, bietet sich künftig ggf. auch eine individuelle Kommentarfunktion zur jeweiligen Kundenbewertung an.

17.5   Fazit

Die Recherche im Internet vor Buchung eines Urlaubs oder vor dem Kauf eines Artikels ist mittlerweile zum Standard geworden – und das nicht nur bei Digital Natives. Bewertungsportale bzw. Bewertungen spielen eine immer größere Rolle. Studien bestätigen den enormen Einfluss auf die Kaufentscheidung des Interessenten. Es besteht eine direkte und messbare Korrelation zwischen der Bewertung durch Kunden und dem Absatz eines Produkts. Von diesem Trend können auch Banken und Finanzdienstleister profitieren. Denn nur zufriedene Kunden können „Fans" und somit Botschafter des Unternehmens werden. Ist die Kundenzufriedenheit gegeben, dann ist ein höherer Kundenwert die logische Folge. Gerade im aktuell hart umkämpften Retail Banking und mit Blick auf die andauernde Niedrigzinsphase können „Fans" somit einen entscheidenden Erfolgsfaktor für profitables Wachstum darstellen.

Literatur

Bain & Company. (2012). Bain-Studie zum Retail-Banking: Private Bankkunden sind unzufrieden wie nie zuvor. http://www.bain.de/press/press-archive/bain-studie-zum-retail-banking.aspx. Zugegriffen: 21. Mai 2014.

Belz, C., & Bieger, T. (2004). *Customer Value – Kundenvorteile schaffen Unternehmensvorteile.* Frankfurt a. M.: Moderne Industrie.

Esch, F.-R., Hermann, A., & Sattler, H. (2011). *Marketing – Eine managementorientierte Einführung.* München: Verlag Franz Vahlen.

Kotler, P., & Bliemel, F. (2006). *Marketing-Management, Analysen, Planung und Verwirklichung.* München: Pearson Studium.

Kühlmann, K., Wolf, H.-P., Wallenstein, C., & Swoboda, U. (2003). *Marketing und Vertrieb.* Karlsruhe: Verlag Versicherungswirtschaft.

Reichheld, F., & Seidensticker, F.-J. (2006). *Die ultimative Frage. Mit dem Net Promoter Score zu loyalen Kunden und profitablem Wachstum.* München: Carl Hanser Verlag GmbH & Co. KG.

Rudolf-Sipötz, E. (2001). *Kundenwert: Konzeption – Determinanten – Management.* St. Gallen: Thexis.

Trumpfheller, J. (2005). *Kundenbindung in der Versicherungswirtschaft.* Karlsruhe: Verlag Versicherungswirtschaft.

Winkelmann, P. (2013). *Vertriebskonzeption und Vertriebssteuerung: Die Instrumente des integrierten Kundenmanagements.* München: Verlag Franz Vahlen.

Triathlon statt Weiterbildung? Wie sich sportliche Betätigung positiv auf den Berufsalltag auswirken kann

Norbert Huber

Manchen von uns mag der Arbeitsalltag wie Hochleistungssport vorkommen. Dass dies oftmals der Fall ist, haben sportpsychologische Studien bewiesen. In beiden Bereichen kann man Fähigkeiten entwickeln und ausbauen, indem man klare und realistische Ziele verfolgt und mit Rückschlägen richtig umzugehen lernt. Und so können aus beiden Bereichen für den jeweils anderen positive und leistungsfördernde Aspekte gewonnen werden.

Für einige in unserer beruflichen Leistungsgesellschaft mag sich das abstrus anhören. Obwohl Begriffe wie „Work Life Balance" und „Familie und Beruf in Einklang bringen" voll im Trend liegen, erkennt man beim genaueren Hinsehen oftmals nur Lippenbekenntnisse. Da arbeiten Berater in Großbanken, in denen Mitarbeiterführung durch tägliche Kontrolle von Vertriebszahlen definiert wird – aus Angst bis spät in den Abend. In der Bankenbranche wird zwar genau darauf geachtet, dass die Bezahlung maximal dem Tarifvertrag entsprechend ist, bei der täglichen Arbeitszeit wird aber weniger Wert darauf gelegt.

Gerade dieses Handeln hinkt aus meiner Sicht. Denn so stellt sich mir die Frage, ob Leistungsträger für die Zeit bezahlt werden, welche sie in Unternehmen verbringen, oder für ihr Wissen, ihre Innovationskraft, ihr Verhandlungsgeschick etc.? Sicherlich ist es nicht so, dass die Vorstände unserer großen Wirtschaftskonzerne eine 40 h-Woche kennen, doch würden sie mit ihren jährlichen Millionengehältern für ihre Arbeitszeit bezahlt werden, wären die Tage wohl zu kurz. Warum setzen wir das also bei unseren Mitarbeitern voraus?

Einem früheren Kollegen aus der Duathlon-Nationalmannschaft wurde bei einem Einstellungsgespräch die Frage gestellt: „Haben Sie dann überhaupt Zeit für uns?", nachdem er

N. Huber (✉)
Hermann-Köhl-Straße 1, 90768 Fürth, Deutschland
E-Mail: huber.norbert@vr-web.de

© Springer Fachmedien Wiesbaden 2015   129
M. Seidel, A. Liebetrau (Hrsg.), *Banking & Innovation 2015,* FOM-Edition,
DOI 10.1007/978-3-658-06746-5_18

seine Leidenschaft für Ausdauersport erwähnte, anstatt dass die Personalverantwortlichen die positiven Aspekte erkannt hätten.

Regelmäßiges Sporttreiben wirkt sich in vielerlei Hinsicht positiv auf den Berufsalltag aus. Ein wenig Ausgleichssport hat noch niemandem geschadet. Wer abends eine Runde Joggen oder Radfahren geht, ist nicht nur in der Natur an der frischen Luft, sondern kann in der Regel gut abschalten und so den Kopf frei bekommen, von dem was ihn den ganzen Tag im Job beschäftigt oder sogar belastet. Wohl jeder weiß, dass der körperlich Fitte im Beruf mehr leisten kann und belastbarer ist. Studien gehen sogar noch weiter. Wissenschaftler der Otto-Friedrich-Universität in Bamberg haben untersucht, ob Leistungssportler, in diesem Fall Triathleten, bessere Führungspersönlichkeiten seien. Herausgefunden wurde, dass sich Leistungssportler und Führungskräfte vergleichbarer Handlungsstrategien bedienen müssen. Während der Triathlet alle drei Disziplinen (Schwimmen, Radfahren, Laufen) und ihren Wechsel beherrschen muss, muss auch die Führungskraft ein Multitalent zwischen verschiedenen Tätigkeiten und Aufgabengebieten sein. Persönlichkeitsmerkmale wie Ausdauer, Flexibilität, Willensstärke und mentale Stärke schaden dabei weder im Sport noch im Berufsalltag (vgl. Uni Bamberg 2011).

Ich möchte aber nicht nur unsere Führungskräfte und deren Erwartungshaltungen an Mitarbeiter bzw. deren Führungsverhalten kritisieren. Umgekehrt beobachte ich auch einen oftmals sehr fraglichen Sinneswandel bei den Mitarbeitern. Für mich ist es noch nachvollziehbar, wenn bei einem langfristig erkrankten Mitarbeiter die persönlichen Ziele des betreffenden Jahres nach unten korrigiert werden. Wenn diese Erwartungshaltung vonseiten des Mitarbeiters jedoch schon nach ein oder zwei Wochen besteht, frage ich mich nach seiner Motivation. Vollkommen abstrus erscheint es mir, wenn ein Betriebsrat eine Korrektur der Ziele für Mitarbeiter fordert, welche die Vertretung von Langzeiterkrankten übernehmen. Vielmehr würde man meinen, dass dieser mit den auf den erkrankten Berater zugeschlüsselten Kunden zusätzliches Potenzial im Vertrieb haben sollte, um seine bestehenden Ziele zu erreichen. Das Argument für die Reduzierung der Ziele ist hier, dass der vertretende Mitarbeiter auch die administrativen Tätigkeiten des erkrankten Mitarbeiters mit zu tragen hätte, und damit entsprechend weniger Zeit für den Vertrieb.

Im Gegensatz dazu überzeugte ich 2004 meine damaligen Vorgesetzten von meiner Idee, zusätzlich acht Wochen unbezahlten Urlaub für den Leistungssport zu bekommen, mit dem Argument, dass ich meine Vertriebsziele trotz der langen Abwesenheit voll erreichen würde – was mir dann auch gelang.

Nachfolgend möchte ich den Beweis antreten, dass Sport, und in meinem persönlichen Falle sogar Leistungssport, der beruflichen Entwicklung keinesfalls im Wege steht, sondern ganz im Gegenteil, sich die Erfahrungen aus dem Sport sogar positiv auf den Berufsalltag auswirken können. Obwohl ich als Kind und Jugendlicher sehr wenig Sport getrieben hatte, absolvierte ich 1992 mit 20 Jahren mehr oder weniger aus „Jux und Tollerei" zusammen mit Freunden aus meiner damaligen Clique einen Jedermanntriathlon. Ich war Brustschwimmer, fuhr mit einem geliehenen Trekkingrad und kam körperlich vollkommen „zerstört" als einer der letzten Teilnehmer ins Ziel. Doch schien ich an diesem Tag „Blut geleckt" zu haben. Die Platzierungen waren mir zunächst vollkommen egal – dabei sein war alles.

Vielleicht war das ein Vorteil gegenüber manchen übermotivierten jungen Nachwuchsathleten, welche ich im Laufe der Jahre kennengelernt habe und die dann, nachdem die großen Ziele nicht schnell erreicht wurden, dem Sport auch wieder den Rücken gekehrt haben.

Diese Erlebnisse lassen sich auf das Berufsleben 1:1 übertragen. Wer zu schnell zu viel erreichen möchte, anstatt sich realistische Ziele zu setzen, läuft Gefahr Enttäuschungen zu erleben und schnell das Interesse und die Motivation zu verlieren.

Bei mir ging es im Sport so über drei Jahre, bevor es im Herbst und Winter 1994/1995 für mich zwei Schlüsselerlebnisse gab. Zum einen hatte ich bei einem beruflichen Seminar ein Schwimmbad im Hotel. Hier packte mich die Motivation endlich das Kraulen zu erlernen – eine Bahn, zwei Bahnen, drei Bahnen ... Zum anderen gründete sich in diesem Winter die Triathlonsparte meines Heimatvereins, der ich als Gründungsmitglied beitrat. Von den „alten Hasen" aus der schon lange existierenden Laufsparte hörte ich dann zum ersten Mal wie Training wirklich funktioniert. Bis dahin hatte ich immer versucht meine „Hausrunde" im maximalen Tempo zu absolvieren. Die älteren Vereinsmitglieder waren leidenschaftliche Marathon- und Ultra-Läufer (Läufe über der Marathondistanz). Von ihnen lernte ich das Ausdauertraining, das zum größten prozentualen Anteil aus langen, eher langsamen Anteilen besteht.

Auch aus diesen Erlebnissen lässt sich einiges ins Berufsleben übertragen. Die dienstälteren Mitarbeiter sollten es nicht wie so oft als Belastung ansehen, ihr Wissen an Auszubildende, neue oder junge Mitarbeiter weiterzugeben. Und umgekehrt ist das, was man im Berufsleben erlernt meist nicht so spannend wie eine Anekdote eines 100-km-Läufers, aber ein wenig mehr Interesse von den Nachwuchskräften für das was einem vielleicht die kommenden vierzig Berufsjahre begleiten wird, wäre oft angebracht.

Wahrscheinlich geht jeder Ausdauersportler irgendwann durch eine Suchtphase, aus der auch viele nie mehr herauskommen. Das Gefühl, dass ein Tag ohne Training zu einem massiven Leistungseinbruch führen könnte, begleitete mich viele Jahre. Jeder Workaholic der glaubt, ohne ihn würde die Firma zusammenbrechen, wird dieses Gefühl gut nachvollziehen können. Im Berufsleben war ich zu dieser Zeit Filialleiter einer Genossenschaftsbank. Diese Verantwortung hatte ich mit 21 Jahren, also 1993, übernommen.

Sportlich ging es für mich ab 1995 mit großen Schritten voran. Im Jahr 1995 lief ich im Mai meinen ersten Marathon in München in 3:19 h und bereits im Herbst in Frankfurt knackte ich erstmals die Drei-Stunden-Marke. Auch im Triathlon zeichneten sich meine Stärken auf dem Rad und beim Laufen ab. Für das Jahr 1996 war der große Plan bereits geschmiedet. Beim Klassiker in Roth bei Nürnberg wollte ich mir die Krone aufsetzen – der Ironman – 3,8 km Schwimmen, 180 km Radfahren und zum Abschluss einen Marathon laufen. Auf der Laufstrecke lernte ich damals was Leiden bedeutet. Nach 10 h und 14 min erreichte ich das Ziel. Ich konnte damals noch nicht wissen, dass das, was sich wie ein Ritterschlag für mich anfühlte, in meinem weiteren Leben noch 22 weitere Male folgen sollte. Das nächste große Ziel war für 1998 geplant. Ich wollte nach Hawaii – dorthin wo jeder Triathlet einmal im Leben gestartet sein muss.

Mein Trainingsaufwand war inzwischen auf 15 bis 20 h pro Woche angewachsen. Mit meinem Beruf konnte ich das nach wie vor sehr gut unter einen Hut bringen. Vonseiten meiner damaligen Bankvorstände erfuhr ich auch viel Verständnis für meine Leidenschaft. Vielleicht auch deswegen, weil die Tochter eines der damaligen Vorstände selbst Langstreckentriathletin war. Alles klappte wie geplant. Mit 9:08 h beim Ironman in Roth war ich nicht nur über eine Stunde schneller als zwei Jahre zuvor, sondern belegte unter den rund 2500 Startern bereits den 39. Platz. Damit erreichte ich den begehrten Qualifikationsplatz für die Weltmeisterschaft auf Hawaii, wo ich dann im Oktober mit einer Zeit von 9:56 h den 136. Platz unter den weltweit 1.600 besten Triathleten erreichte. Läuferisch folgten dann in den Jahren 1999 und 2000 jeweils beim Hamburg-Marathon die Höhepunkte. In beiden Jahren konnte ich die 42,195 km in 2:35 h laufen und war damit unter den knapp 20.000 Teilnehmern bereits unter den ersten 100. Meine Entwicklung ging beruflich wie sportlich voran. In der Bank wechselte ich von der Geschäftsstellenleitung in die Betreuung der vermögenden Privatkunden. Sportlich erreichte ich im Jahr 2001 zum ersten Mal beim Powerman-Duathlon (eine Kombination aus Laufen und Radfahren) im Weltcup-Finale im schweizerischen Zofingen über zehn Kilometer Laufen, 150 km Radfahren und dreißig Kilometer Laufen eine Top-Ten-Platzierung und wurde damit in den Langstrecken-Kader der Duathlon-Nationalmannschaft berufen. 2002 und 2004 absolvierte ich dann die Duathlon-Weltmeisterschaften und 2004 die Triathlon-Weltmeisterschaften jeweils über die Langdistanz im Nationaltrikot – ich durfte mein Land vertreten. Die Ergebnisse bei diesen drei Rennen waren aber nicht der Rede wert.

Neben der Entwicklung in der Bank bildete ich mich neben dem Sport auch bankspezifisch laufend weiter. 2003 schloss ich die Frankfurt Business School mit dem Dipl. Bankbetriebswirt (BA) ab und erreichte damit die Eignung nach § 33 Abs. 2 KWG. Wie es sportlich weitergehen sollte, hatte ich auch schon im Kopf. Wie eingangs schon erwähnt, konnte ich meine Bankvorstände davon überzeugen 2004 und 2005 jeweils acht Wochen unbezahlten Urlaub zusätzlich zum gesetzlichen Urlaub zu bekommen. Ich wollte austesten, was mein Körper zu leisten im Stande sein könnte, wenn die Belastungsschwerpunkte im Training ähnlich denen von Profis gestaltet werden könnten. 2004 sollte dann auch das stärkste Jahr in meiner sportlichen Laufbahn werden. Beim Ironman-Triathlon auf Lanzarote holte ich mir als Zweiter meiner Altersklasse (30–35 Jahre) die Qualifikation für Hawaii. Beim Triathlon in Roth erreichte ich mit 8:39:55 h meine Bestzeit und „finishte" auf einem sensationellen 10. Platz unter 2.500 Startern. Beim Powerman-Duathlon-Weltcup-Finale in Zofingen wurde ich als Fünfter bester Deutscher und aufgrund dessen zum Duathleten des Jahres in Deutschland gewählt. Und das Highlight des Jahres war der dritte Start beim Ironman auf Hawaii, bei dem ich als Amateur inmitten des Profifeldes auf dem 51. Platz das Ziel erreichte.

In 2005 wurde ich immer noch in der gleichen Bank Bereichsleiter für das Vertriebsmanagement. Sportlich schien ich meinen Zenit erreicht zu haben. Mit dem Aufwand den ich betrieb, waren die Leistungen nicht noch weiter zu steigern. Ich hielt meinen Leistungslevel bis 2009 auf annähernd diesem Niveau. Diese Zeit beinhaltete noch etliche Highlights. 2005 konnte ich bei der Bodensee TriChallenge – einer kleineren Triathlon Veranstaltung über die Langstrecke – meinen ersten internationalen Sieg erreichen. Weitere Siege folgten bei ähnlichen Veranstaltungen in Wien (2008) (Abb. 18.1) und Moritzburg (2009 und 2010). 2005 und 2009 erhielt ich eine Einladung des Veranstalters des Strongman-Triathlon auf

Abb. 18.1 Norbert Huber
beim Vienna City Triathlon
2008

Miyakojima/Japan. Hier durfte ich zweimal die wohl verrücktesten Tage in meiner sportlichen Laufbahn erleben. Als einer der geladenen Athleten kam ich mir die jeweils zehn
Tage vor wie ein Popstar. Das Ergebnis war ein achter Platz 2005 und sechster Platz 2009
unter jeweils 1600 Startern. Im Laufe des Jahres 2009 reifte der Gedanke das leistungsori-
entierte Betreiben des Sports nach 15 Jahren mit der 20. Triathlon-Langdistanz im Oktober
2009 in Barcelona zu beenden. Dass sich an meinem Leben grundlegend etwas ändern
würde, zeichnete sich zusätzlich dadurch ab, dass ich im April 2010 nach 21 Jahren in
der gleichen Genossenschaftsbank zu meinem heutigen Arbeitgeber wechselte. Bei der VR
Bank Nürnberg bin ich als Bereichsleiter für das Vertriebsmanagement verantwortlich für
das Marketing, Electronic Banking, Beschwerdemanagement, den Onlinevertrieb und die
Telefonfiliale. Ich leite viele Projekte rund um den Vertrieb, koordiniere das Geschäft mit
den Verbundunternehmen auf der Privatkundenseite und verstehe mich als „Bindeglied" im
klassischen Vertriebsmanagement zwischen der Privat- und Firmenkundenbank.

Ein ganz besonderes Erlebnis sollte aber noch folgen. Im Juni 2012 startete ich in einem Viererteam beim „Race across America". Dabei handelt es sich um ein Radrennen von Oceanside an der Westküste der USA nach Anapolis an der Ostküste – 4800 km mit 30.000 Höhenmeter über die Rocky Mountains und die Apalachen, nonstop ohne Pause. In einem Viererteam ist jeweils ein Radfahrer auf der Strecke. Obwohl ich im Sport schon viel erlebt hatte, erreichte und überschritt ich beim Durchqueren der Mojave Wüste bei 50 Grad meine körperlichen Grenzen. Unser Team belegte in sechs Tagen fünf Stunden und 45 min den sechsten Platz. Doch das, was ich in dieser Woche in den USA zusätzlich an Erfahrung mitnehmen durfte, ist mit Geld nicht zu erkaufen und ist wieder passgenau auf den beruflichen Alltag zu übertragen. Die sportliche Leistung der Radfahrer kann in diesem Rennen noch so gut sein. Ohne die aufopferungsvolle Arbeit der Crew, welche verantwortlich für Navigation, Fahren der Begleitfahrzeuge, Verpflegung, Physiotherapie etc. war, hätten die Radfahrer nie eine Chance gehabt, das Ziel zu erreichen. Nach diesen knapp 6,5 Tagen und Nächten, in denen kaum jemand mehr als ein paar Stunden Schlaf bekommen hatte, war die Crew körperlich genauso am Ende wie die Vier, welche die Strecke auf dem Rad absolviert hatten. Das war eine wahre Teamleistung und diese Erfahrung war für mich als Triathleten, der seinen Sport meist als Einzelsportler betrieben hatte, eine neue Erfahrung. Auch im beruflichen Alltag sollten die Menschen „an der (Vertriebs-)Front" niemals vergessen, dass ihre Arbeit ohne der Vertriebsunterstützung und den Marktfolgeabteilungen auf keinen Fall den gleichen Erfolg haben könnte.

Ich bin sehr dankbar für diese Zeit. Neben den vielen Ländern, die ich bereisen durfte, lernte ich viele nette Menschen und viel Gastfreundschaft überall auf der Welt kennen, und so manche Freundschaft ist geblieben. Ich betrachte es als Privileg, dass ich all dies neben meiner stetigen beruflichen Entwicklung erleben durfte. Natürlich waren hierfür auch ein klein wenig Disziplin und gutes Zeitmanagement erforderlich. Wohl wissend, dass leistungsorientierter Ausdauersport in dieser Form nicht die Norm darstellt, bin ich mir sicher, dass mir dieses „Konsequent auf Ziele hinarbeiten" auch in meinem beruflichen Leben Geduld und konsequentes Handeln eingebracht hat und mich so hat weiterkommen lassen. Heute gebe ich meine Erfahrung und Erlebnisse gerne in Vorträgen oder als Coach weiter. In einem Marathonprojekt 2013 konnte ich fünf Läufer und Läuferinnen (Neulinge und Erfahrene) auf der Marathonstrecke über vier Monate coachen, und alle absolvierten einen hervorragenden Wettkampf. Ich selbst betreibe (leider) nur noch so viel Sport wie jeder Hobbysportler. Doch fit bleiben möchte ich auf alle Fälle. Und dieser Vorsatz sollte eigentlich nicht nur für mich gelten.

Literatur

Uni Bamberg. (2011). Extremsport stärkt Führungseigenschaften. Pressemitteilung vom 20.01.2011. http://www.uni-bamberg.de/kommunikation/news/artikel/bachelor-arbeit-triathlon/. Zugegriffen: 7. Aug. 2014.

Elizaveta Kozlova

19.1 End User Developed Applications – Definition und Begriffsabgrenzung

End User Developed Applications (EUDA) sind Anwendungen, die im Rahmen der individuellen Datenverarbeitung entstehen. In der deutschsprachigen Literatur spricht man deswegen in diesem Zusammenhang von IDV-Anwendungen. Die Idee dabei ist, aufgabenspezifische Anwendungen teilweise oder vollständig eigenständig zu entwickeln, zu betreiben und zu warten. IDV-Anwendungen zeichnen sich dadurch aus, dass die Benutzer „selbständig Lösungen für einen Teil ihrer eigenen Aufgaben erstellen, Problemstellungen mit Hilfe end-benutzerorientierter Werkzeuge (Abfragesprachen, Tabellenkalkulationsprogramme, Textverarbeitungsprogramme etc.) und Methoden lösen." (BSI 2014). Dabei ist anzumerken, dass diese Art der Anwendungsentwicklung in der Regel nur bei wenig komplexen Anwendungen Einsatz findet (Schwarzer und Krcmar 2010, S. 129). Wie in Abb. 19.1 dargestellt, werden bei EUDA drei Rollen (Analyse, Programmierung, Anwendung) in einer Person, nämlich dem Nutzer bzw. dem Anwender, wahrgenommen (Kozlova 2012, S. 56). Aufgrund der Komplexität und Ausführlichkeit der Vorgehensmodelle der professionellen System- und Softwareentwicklung dauert die Entwicklung für die dynamische Unternehmenswelt oft einfach zu lange. Die Vereinbarung aller drei Rollen in einer Person verringert den Aufwand.

Neben dem Zeitfaktor gibt es einen weiteren Vorteil, der mit den EUDA in Verbindung gebracht wird: diese Art der Anwendungen stellt oft eine kostengünstigere Alternative zu professionellen Lösungen dar. Besonders in Zeiten wirtschaftlicher Krisen wird oft an

E. Kozlova (✉)
best-practice innovations GmbH, Norbertstraße 32, 50670 Köln, Deutschland
E-Mail: elizaveta.kozlova@b-pi.com

© Springer Fachmedien Wiesbaden 2015
M. Seidel, A. Liebetrau (Hrsg.), *Banking & Innovation 2015,* FOM-Edition,
DOI 10.1007/978-3-658-06746-5_19

Abb. 19.1 Rollenverteilung bei der Softwareentwicklung. (Quelle: In Anlehnung an Schwarzer und Krcmar 2010, S. 226)

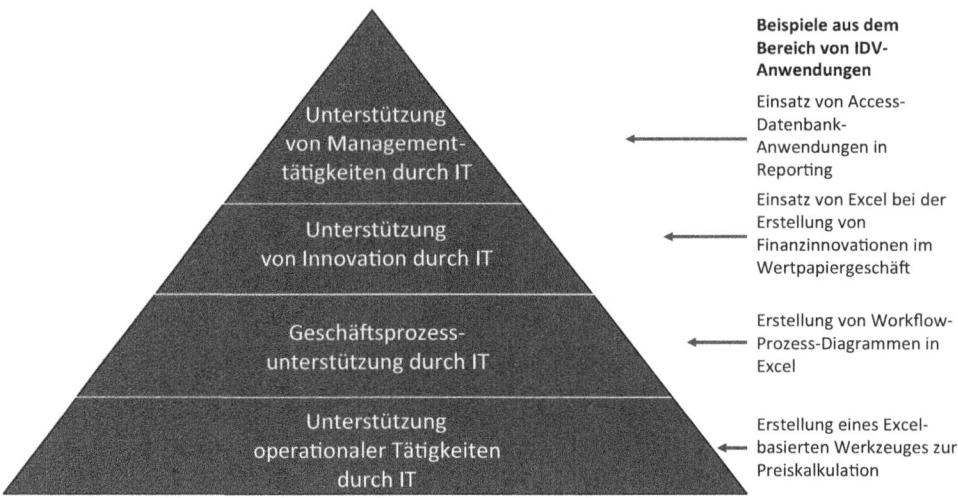

Abb. 19.2 IDV-Anwendungen in Kreditinstituten. (Quelle: In Anlehnung an Marchand et al. 2001, S. 51; Laudon et al. 2010, S. 947)

IT-Ausgaben gespart. IT-Budgets der Fachabteilungen werden in diesen Zeiten gekürzt. Obwohl das Ansehen der IT-Leistungen in den Firmen kontinuierlich steigt und die Abteilungen in dieser Hinsicht weniger unter Kostendruck stehen, bleibt ein Spardruck in den meisten Kreditinstituten hinsichtlich der IT-Ausgaben bestehen (Kozlova 2012, S. 58).

EUDA sind heutzutage sowohl im Bereich der operativen Systeme als auch der Führungssysteme und Querschnittssysteme in Kreditinstituten zu finden. Einige Beispiele für IDV-Anwendungen zeigt Abb. 19.2.

19.2   Operationelle Risiken im EUDA-Bereich

Auch wenn die Vorteile von IDV-Anwendungen für Kreditinstitute offensichtlich sind, ist es wichtig zu berücksichtigen, dass der Einsatz von EUDAs einen nicht zu unterschätzenden Risikofaktor darstellt. Die EUDA-Risiken sind den so genannten operationellen Risiken zuzuordnen. Das zweite Basler Konsultationspapier vom Januar 2001 (Basler Ausschuss für Bankenaufsicht 2001) behandelt operationelle Risiken als eine eigenständige Risikokategorie und definiert sie als „the risk of direct or indirect loss resulting from inadequate or failed internal processes, people and systems or from external events". Das Konsultationspapier schreibt vor, dass operationelle Risiken mit einer angemessenen Summe an Eigenkapital zu unterlegen sind und dass bestimmte qualitative Anforderungen an das Management erfüllt werden müssen.

Menschen und Technologien stellen zwei wesentliche Ursachenkategorien für operationelle Risiken dar. Im EUDA-Kontext sind die beiden Kategorien kritisch zu betrachten. Ein menschliches Versagen kann in nahezu jedem Tätigkeitsfeld auftreten. Im Fall von IDV-Anwendungen wird das Risiko des menschlichen Versagens durch zwei Umstände verschärft: eingeschränkte Qualifikation der Mitarbeiter in den Fachabteilungen im Hinblick auf Kenntnisse der Systementwicklung sowie Komplexität der Aufgabenstellung.

Aus EUDA resultierende operationelle Risiken sind den Verhaltensrisiken auf der einen und den internen Technologierisiken auf der anderen Seite zuzuordnen. Das Risiko eines Irrtums bzw. einer Fahrlässigkeit ist bei EUDA tendenziell höher als im Fall einer professionellen Softwareentwicklung. Die Gründe dafür liegen zum einen in der Konzentration aller Rollen bei einer Person und zum anderen in der Tatsache, dass EUDA-Entwickler in den meisten Fällen keine IT-Fachleute sind. Verhaltensrisiken begünstigen die Entstehung von anderen Risiken, zum Beispiel rechtliche und regulatorische Risiken sowie Reputationsrisiken (Simon 2002; Kozlova 2012, S. 121 f.).

Zum Regelprozess der Software-Entwicklung gehören die Phasen: Analyse, Konzeption, Design, Realisierung, Einführung und Betrieb. Bei der Entwicklung von IDV-Anwendungen wird dieser Regelprozess jedoch nur in den seltensten Fällen durchlaufen. Ebenfalls fehlt es an einer adäquaten Dokumentation der in Eigeninitiative entwickelten EUDA. Dadurch, dass Belange der Softwaresicherheit wie beispielsweise kontrollierter Zugriff und Datensicherungs- und Versionierungsverfahren vernachlässigt werden, wird dieses Risiko verstärkt.

Die Gefahr der Fehlerhaftigkeit wird weiterhin verstärkt, wenn ein Endanwender eine EUDA neben seinen alltäglichen Fachaufgaben entwickeln muss. Bei einem solchen Vorgehen können hohe Belastungen im Tagesgeschäft dazu führen, dass die für die Entwicklung einer EUDA notwendige Sorgfalt nicht eingehalten werden kann. Weiteres Risikopotenzial für eine erhöhte Fehlerhaftigkeit von IDV-Anwendungen liegt in einem hohen Anspruch an den Entwurf der Anwendungslogik und die DV-technische Realisierung begründet. Fehlen dem entsprechenden Endanwender diese Kenntnisse und Fähigkeiten, so ist eine fehlerhafte EUDA wahrscheinlich. Durch nicht fehlerfreie Verarbeitungsergebnisse von EUDA kann es beispielsweise zu Fehlentscheidungen in verschiedenen Unternehmensbereichen kommen, u. a. in den Bereichen Controlling, Berichtswesen sowie Unternehmensplanung. Vor allem im Controlling werden aus den EUDA-basierenden Auswertungen direkte Handlungsempfehlungen für das Management abgeleitet. Kommt es jedoch zu Fehlern in den Verarbeitungsergebnissen, können daraus, in einem negativen Fall, die falschen Handlungsentscheidungen abgeleitet werden.

Aus der Nichtbeachtung der Kernprozesse der Software-Entwicklung ergeben sich jedoch noch weitere Risikopotenziale. Die angesprochene Nichtbeachtung der Kernprozesse der Software-Entwicklung sowie die bereits erwähnte Tatsache, dass Endanwender EUDA neben den Belastungen des Tagesgeschäfts entwickeln, haben zur Folge, dass die Entwicklung und der Betrieb einer IDV-Anwendung in der Regel nicht dokumentiert werden. Dies hat wiederum negative Auswirkungen auf die Nachvollziehbarkeit, Wartbarkeit und Wiederherstellbarkeit von EUDA. Bei der Entwicklung von EUDA kommt in der Regel über Jahre erworbenes fachliches und technisches Wissen zum Einsatz.

Eigenverantwortlichkeit und Nutzungsfreiheit bei der Entwicklung von EUDA sowie unzureichende Kenntnisse bezüglich des Methodeneinsatzes und der Vorgehensweise bei der Anwendungsentwicklung beinhalten ebenfalls das Risiko einer unwirtschaftlichen Anwendungsentwicklung. So kann mitunter ein im Vergleich zum Ergebnis unangemessener Entwicklungsaufwand betrieben werden, indem die Endanwender bei der Entwicklung von EUDA dazu verleitet werden, mit einem Entwicklungssystem und seinen Funktionen zu spielen, anstatt konkrete Funktionalitäten zu implementieren und sich nur auf die geforderten Funktionalitäten zu beschränken.

19.3   Aufsichtsrechtliche Bestimmungen zu EUDA

EUDA stellen eine wichtige Quelle für operationelle Risiken dar. Um aufsichtsrechtlichen Anforderungen (unter anderem den Anforderungen von Basel II) gerecht zu werden, müssen sich die Banken verstärkt mit der EUDA-Problematik befassen. Eine besondere Herausforderung besteht dabei darin, dass die meisten regulatorischen und gesetzlichen Bestimmungen sich nur indirekt und oft marginal mit den Anforderungen an den EUDA-Einsatz beschäftigen. Es liegt also in der Verantwortung der jeweiligen Bank, diese Anforderungen auszuarbeiten und das notwendige Compliance-Niveau herzustellen. Diese Aufgabe setzt ein umfangreiches Verständnis des Themas EUDA voraus. Die existierenden regulatorischen und gesetzlichen Bestimmungen müssen sorgfältig gesichtet und interpretiert werden.

Eine der wenigen Institutionen, die sich mit der EUDA-Problematik explizit auseinander setzt, ist das Bundesamt für Sicherheit in der Informationstechnik (BSI). Zum Thema „Software-Entwicklung durch Endbenutzer" ist auf der BSI-Webseite Folgendes zu lesen: „Viele der bei Büroarbeitsplätzen eingesetzten Standardprogramme ermöglichen es den Benutzern, selbst Programme zu entwickeln, z. B. um sich Routinetätigkeiten zu erleichtern. Ein typisches Beispiel dazu ist die Makroprogrammierung unter Microsoft Word oder Access. Die Kreativität und Einsatzbereitschaft, die Mitarbeiter hierbei an den Tag legen, ist grundsätzlich zu begrüßen, allerdings sollte trotzdem in jeder Institution überlegt werden, wie mit der Makro- bzw. Software-Entwicklung durch Endbenutzer umgegangen werden soll." (BSI 2014). Das BSI empfiehlt, dass man beim Einsatz von EUDA darauf achten solle, dass IDV-Anwendungen mit dem organisatorischen Umfeld einer Organisation harmonieren und dass die Effektivität und Wirtschaftlichkeit des Programmeinsatzes gewährleistet ist (BSI 2014). Außerdem wird darauf hingewiesen, dass „der Einsatz von eigenentwickelten PC-Programmen im Rahmen der individuellen Datenverarbeitung von der Einhaltung der bestehenden Vorschriften zum Datenschutz und zur Datensicherheit und dem nachfolgend beschriebenen Verfahrensablauf abhängig gemacht werden [muss], damit den gesetzlichen Bestimmungen und den Interessen der Institution Rechnung getragen wird" (BSI 2014).

Für den EUDA-Einsatz im Unternehmen sind außerdem grundsätzlich alle anderen IT-relevanten gesetzlichen und regulatorischen Bestimmungen zu analysieren und zu beachten. Von besonderer Bedeutung sind dabei Basel II, Mindestanforderungen an das Risikomanagement (MaRisk), Gesetz zur Kontrolle und Transparenz im Unternehmensbereich (KonTraG), Gesetz über das Kreditwesen (KWG), Sarbanes-Oxley Act (SOX) und 8. EU-Richtlinie. Sie werden im Folgenden kurz vorgestellt.

Die Vereinbarung für Internationale Konvergenz der Kapitalmessung und Eigenkapitalanforderung (Basel II) ist hauptsächlich deswegen von Bedeutung, weil es sich dabei um das wichtigste Regelwerk im Zusammenhang mit operationellen Risiken handelt. Operationelle Risiken sind mit einer angemessenen Summe an Eigenkapital zu unterlegen. Im Zusammenhang mit dem EUDA-Einsatz besteht die Herausforderung vor allem in der Identifikation und der Bewertung der mit den EUDA verbundenen Risiken. Nur so kann sichergestellt werden, dass die Eigenkapital-Unterlegung korrekt erfolgt.

Die „Mindestanforderungen an das Risikomanagement" (MaRisk) wurden erstmals 2005 durch die BaFin veröffentlicht. Die MaRisk unterstützen die Umsetzung von Basel II und stellen die Grundlage für eine integrierte Geschäfts- und Risikosteuerung dar. Sie sind ebenfalls im Zusammenhang mit der Identifikation und der Steuerung von EUDA-Risiken zu beachten. Die BaFin schreibt vor, dass die programmtechnischen Vorgaben unter der Beteiligung der fachlich und technisch zuständigen Mitarbeiter zu erfolgen haben: „Die Entwicklung und Änderung programmtechnischer Vorgaben (zum Beispiel Parameteranpassungen) sind unter Beteiligung der fachlich und technisch zuständigen Mitarbeiter durchzuführen. Die programmtechnische Freigabe hat grundsätzlich unabhängig vom Anwender zu erfolgen" (BaFin 2009). Außerdem sind MaRisk im Zusammenhang mit der Einrichtung eines internen Kontrollsystems zu beachten. Hier wird gefordert, dass IT-Systeme und IT-Prozesse die Integrität, Verfügbarkeit, Authentizität und Vertraulichkeit der Daten sicherzustellen haben. Weiterhin werden Prozesse zur Berechtigungsvergabe (Rollenkonzept) gefordert.

Um den aufsichtsrechtlichen Bestimmungen zu genügen, müssen Banken IT-Sicherheit gemäß dem IT-Grundschutzkatalog gewährleisten. Konkrete Schritte und Vorgehensweisen zur Umsetzung der Anforderungen werden in den MaRisk in diesem Zusammenhang genannt. Auch die Anforderungen an ein Notfallkonzept sind unmittelbar IT-relevant. Weitere, eher indirekte Implikationen enthalten beispielsweise Anforderungen an die Dokumentation von Geschäften.

Auch wenn die MaRisk die Bedeutung von operationellen Risiken mehrmals unterstreichen, werden Eigenschaften operationeller Risiken nicht ausreichend behandelt. Es fehlt also auch hier an Konkretisierung. Der Fokus des Regelwerks liegt zu sehr auf einem reaktiven Management. Primär soll auch hier aus eingetretenen Schadensfällen gelernt werden, und entsprechende Risikosteuerungsmaßnahmen sollen eingeleitet werden (Kozlova 2012, S. 128).

Weitere Gesetze und Regelwerke, die im Zusammenhang mit dem EUDA-Einsatz von Bedeutung sind, sind das Gesetz zur Kontrolle und Transparenz im Unternehmensbereich (KonTraG), das Gesetz über das Kreditwesen (KWG), der Sarbanes-Oxley Act (SOX) und die 8. EU-Richtlinien. Wie auch in den zuvor vorgestellten Regularien, sind die Anforderungen in diesen Gesetzen, in der Regel nur implizit aufgeführt. Eine Herausforderung besteht also darin, die impliziten Anforderungen der Regelwerke zu erkennen und eine Strategie für das proaktive Management und ein angemessenes internes Kontrollsystem auszuarbeiten.

19.4 Ausblick

IDV-Anwendungen haben in ihrer komplexen Umgebung ein breites Spektrum von abhängigen Akteuren. Wie auch im Fall der professionellen Anwendungssysteme sind diese Abhängigkeiten zu analysieren und eventuell Steuerungsmechanismen zu eruieren. Dabei geht es darum, sowohl Chancen als auch Risiken in den Blick zu nehmen.

Banken sind also nicht nur aus eigenem Interesse gezwungen, sich mit IDV-Risiken zu beschäftigen; aufsichtsrechtliche Bestimmungen verpflichten sie dazu. Damit liegen zwei wichtige Gründe vor, sich mit der IDV-Problematik speziell im Bankensektor zu beschäftigen: die besondere Rolle der IT in Kreditinstituten sowie das Vorhandensein von regulatorischen Anforderungen von außen.

Literatur

BaFin. (2009). Rundschreiben 15/2009(BA) vom 2009-08-14 – Mindestanforderungen an das Risikomanagement. Bundesanstalt für Finanzdienstleistungsaufsicht. http://www.bundesbank.de/download/bankenaufsicht/pdf/marisk/090814_rs.pdf. Zugegriffen: 7. Nov. 2010.

Basler Ausschuss für Bankenaufsicht. (2001). Konsultationspapier. Überblick über die neue Basler Eigenkapitalvereinbarung. Januar 2001. Übersetzung der Deutschen Bank. https://www.bundesbank.de/Redaktion/DE/Downloads/Presse/Pressenotizen/2001/2001_01_16_ueberblick_basler_eigenkapitalvereinbarung.pdf?__blob=publicationFile. Zugegriffen: 12. April 2014.

BSI. (2014). PC-Anwendungsentwicklung durch den Endbenutzer. Bundesamt für Sicherheit in der Informationstechnik. https://www.bsi.bund.de/SharedDocs/Downloads/DE/BSI/Grundschutz/ Hilfsmittel/Extern/28_pc_pdf.pdf?__blob=publicationFile. Zugegriffen: 3. Mai 2014.

Kozlova, E. (2012). *Governance der individuellen Datenverarbeitung – Wertorientierte und risiko-bewusste Steuerung der IDV-Anwendungen in Kreditinstituten*. Wiesbaden: Springer Vieweg.

Laudon, K. C., Laudon, J. P., & Schoder, D. (2010). *Wirtschaftsinformatik. Eine Einführung*. München: Pearson.

Marchand, D. A., Kettinger, W. J., & Rollins, J. D. (2001). *Information orientation: The link to business performance*. Oxford: Oxford University Press.

Schwarzer, B., & Krcmar, H. (2010). *Wirtschaftsinformatik: Grundlagen betrieblicher Informations-systeme*. Stuttgart: Schäffer-Poeschel.

Simon, W. (2002). Systematische Identifikation, Erfassung und Bewertung operationeller Risiken. In R. Eller, W. Gruber, & M. Reif (Hrsg.), *Handbuch Operationelle Risiken* (S. 125–152). Stuttgart: Schäffer-Poeschel.

Neurowissenschaftlich orientierte Innovation und Motivation im Organisationskontext

20

Praxisansätze zur Schaffung einer an den Neurowissenschaften orientierten Innovations- und Veränderungsumgebung

Melanie Lais und Elke Präg

20.1 Einführung

Neue Herausforderungen in der Wirtschaft machen die fortwährende Anpassung von Arbeitsabläufen notwendig, um zum einen die Effizienz des Unternehmens und zum anderen die Kundenzufriedenheit zu gewährleisten. Basis für den Erfolg von Innovationen auf subjektiver Ebene ist die Bereitschaft zur Veränderung, welche unter anderem in der Persönlichkeit und in den Verhaltensmotiven der Menschen begründet liegt. Das Erleben und Verhalten in Organisationen wird weitestgehend über organisations- bzw. wirtschaftspsychologische Modelle und Erklärungsansätze begründet. Ergänzend zu diesen Ansätzen macht es Sinn einen Schritt weiter zu denken und verstärkt auf die Verhaltensmotivation des einzelnen Menschen einzugehen: Ein Blick auf die Ergebnisse der Gehirnforschung erlaubt es uns, grundlegende Prozesse aus einem anderen Blickwinkel zu betrachten und darauf aufbauend neue Methoden zu entwickeln.

In Bezug auf die Umsetzung von Innovation unterscheiden wir zwei Gruppen von Menschen:

1. *active spirits*, welche Veränderungen sofort und sehr motiviert annehmen und umsetzen, und
2. *calm spirits*, welche ihre Routinen schätzen und Veränderungen eher zurückhaltend gegenüberstehen.

M. Lais (✉)
Wiesbaden, Deutschland
E-Mail: melanie.lais@web.de

E. Präg
WisA – Angewandte Neurowissenschaften, Kolberger Straße 7,
71229 Leonberg, Deutschland

© Springer Fachmedien Wiesbaden 2015
M. Seidel, A. Liebetrau (Hrsg.), *Banking & Innovation 2015,* FOM-Edition,
DOI 10.1007/978-3-658-06746-5_20

20.2   Definition, Bedeutung und Voraussetzungen von Innovation

Ein populäres Schlagwort bzw. Konstrukt eroberte in den letzten Jahren die Organisations-
praxis: Von „Innovation" ist die Rede. Schaut man auf die Wortherkunft (lat. „*innovatio*")
und dessen Bedeutung in verschiedenen Kontexten wie Soziologie, Bildung und Wirtschaft,
so lässt sich eine grundlegende Kernbedeutung ersehen: Innovation steht für Erneuerung
und Veränderung, insbesondere herbeigeführt durch neue Ideen, Prozesse und Techniken
(Duden online 2014).

Die erfolgreiche Umsetzung von Innovationen, welche das Leben für Kunden einfacher
machen und den Mitarbeitern ein effizienteres Arbeiten ermöglichen sollen, ist das Rückgrat moderner Unternehmen. Sie zielen damit im weiteren Sinne auf eine Optimierung
sowohl des Arbeitsumfeldes als auch der Kundenzufriedenheit ab. Eine einzelne Innovation wird von Organisationen demnach zunehmend als Kern von Veränderung gesehen. In
der Wirtschaft geht es dabei vor allem um die Einführung neuer Lösungen, Konzepte oder
Produkte, welche oft im Rahmen groß angelegter Projekte erfolgt.

Jedoch nicht immer verläuft dieser Prozess reibungslos und nicht immer wird eine Innovation erfolgreich implementiert. Wer im Arbeitsleben schon einmal eine grundlegende
Veränderung herbeiführen wollte, kann sicherlich nachvollziehen, dass diese an der einen
oder anderen Stelle auf Widerstand stößt – ob der Widerstand klein, groß, laut oder leise
ist, es gibt einige Formen davon. Doch was ist dann nicht richtig gelaufen? Schließlich
sprechen wir aus dem Blick des Innovationsbegleiters oder -urhebers (zum Beispiel eines Projektleiters) von einer Innovation, die gegebenfalls eine bahnbrechende Veränderung
nach sich zieht. Was, wenn viele sachlich richtige Entscheidungen, Projekte und Konzepte
an der Psychologie und/oder Physiologie scheitern?

Die Psychologie, insbesondere die Organisationspsychologie ist die Lehre vom „Erleben
und Verhalten des Menschen in Organisationen" (Rosenstiel 2007, S. 5). Dieses Erleben und
Verhalten ist von den persönlichen Faktoren des einzelnen Menschen und dessen Umfeld
abhängig. In Bezug auf Innovation in Organisationen bedeutet dies, dass bestimmte Persönlichkeitszüge, wie zum Beispiel Offenheit für neue Erfahrungen, hohe Selbstsicherheit
und Selbstwirksamkeit, hohe Persistenz und Ambitioniertheit oder geringe Konventionali-
tät (Patterson 2002) aber auch Faktoren wie Motivation, Kreativität, die Grundhaltung und
Neugier in den Prozess der Veränderung mit einfließen. Frey et al. (2006, S. 7) erwähnen
im Kontext der „mentalen Grundhaltung" u. a. den Aspekt der veränderbaren und nicht
veränderbaren Welten. Innovation kann demnach zunächst in veränderbaren Welten realisiert werden, „wo Menschen Gestaltungs- und Handlungsspielräume haben und Defizite
und Fehler in Verbesserungsvorschläge übertragen" (Frey et al. 2006, S. 10).

Als Beispiel für innovationsgeladenes Verhalten lässt sich *Voice* anführen, eine Verhal-
tensweise im Sinne von *extra-role-behavior* (Van Dyne und LePine 1998), ein Einsatz
über das erwartete Arbeitsmaß hinaus, „in deren Rahmen Mitarbeiter aktiv gegenüber Vorgesetzten Bedenken, Ideen, Vorschläge, Problemlösungen o. ä. äußern, diese konstruktiv
deutlich machen, um einer potenziellen Verbesserung Rechnung zu tragen, die sowohl
eigenen Zwecken dient, als auch zur Team-, Abteilungs- oder Organisationsentwicklung

beitragen kann" (Lais 2013, S. 80). Damit jedoch Verhaltensweisen Einzelner wirksam werden, muss darauf geachtet werden, dass die Arbeitsumgebung innovationsförderlich ist, d. h. Vorschläge und Neuerungen müssen erwünscht sein und dürfen nicht sanktioniert werden. Hierbei spielt das Verhalten der Führungskraft eine entscheidende Rolle. So konnte nachgewiesen werden, dass bestimmte, als negativ eingestufte Führungsverhaltensweisen (insbesondere die Dunkle Triade der Persönlichkeit, vgl. Schwarzinger 2009) zu negativen Reaktionen auf Mitarbeiterseite führen (Lais 2013).

Doch was unterscheidet Personen, zum Beispiel Mitarbeiter, die sich innovativ verhalten von solchen die es nicht tun? Werfen wir nun einen Blick auf die Physiologie des Menschen und betrachten die individuelle Innovationsfähigkeit aus Sicht der Neurowissenschaften.

20.3 Grundlagen aus der Gehirnforschung: Basis für Innovation und Veränderungsmanagement

20.3.1 Arbeitsorganisation des Gehirns

Eine enorme Vielzahl und Vielfalt an Informationen wird beständig durch unsere Sinnesorgane aus der Umwelt aufgenommen und an das Gehirn weitergeleitet. Für eine effektive Verarbeitung dieser Signale haben sich im Verlauf des Lebens und bedingt durch die individuellen Erfahrungen spezifische Arbeitseinheiten oder „Netzwerke", aus Nervenzellen (Neuronen) und deren Verbindungsstellen (Synapsen) ausgebildet. Diese Netzwerke sind stark miteinander verknüpft, was eine parallele Verarbeitung der unterschiedlichsten Informationen ermöglicht.

Die Signale aus der Umwelt werden auf zwei unterschiedliche Arten verarbeitet, davon abhängig ob sie neu oder bereits bekannt sind. Neue, erstmalig auftretende Informationen werden in ihre Einzelinformationen aufgespalten und jeder Teilaspekt in separaten, spezialisierten Netzwerken verarbeitet. So wird ein Bild, welches wir zum ersten Mal betrachten, in unserem Gehirn nicht als Ganzes verarbeitet, sondern in Linien und Kanten, Farben, räumliche Anordnung etc. aufgespalten. Damit ähnelt der funktionelle Aufbau des Gehirns einer Organisation, in welcher viele Abteilungen unterschiedliche Aufgaben bearbeiten, um ein gemeinsames Ziel zu erreichen. Im Beispiel eines Bildes ist das Erkennen der Muster das Ziel. Sehen wir gleich nach dem ersten Bild ein ähnliches, welches sich ausschließlich in den Farben unterscheidet, können nun bei der Signalverarbeitung dieselben Netzwerke wiederverwendet werden wie zuvor; nur die Anteile der unterschiedlichen Farben werden entsprechend „ausgetauscht".

Hier zeigt sich bereits der grundlegende Charakter des Gehirns: die Ausrichtung auf eine möglichst hohe Effizienz. Es ist daher auch nicht verwunderlich, dass in der Folge ein ähnliches Bild schneller erkannt werden kann, als ein völlig andersartiges Bild, welches wir noch nie zuvor gesehen haben.

Die Effizienz des Gehirns ist damit aber noch nicht ausgereizt. Die Verbindungen in unserem Gehirn können derart optimiert werden, dass sich ein fester Zusammenhang zwischen dem Signal und der Reaktion ausbildet: Es entstehen Assoziationen, zum Beispiel Signal-Handlungs-Assoziationen. Während dieses Prozesses wird ein „Weg" durch die Netzwerke etabliert, wobei nicht benötigte Teile von Netzwerken oder sogar gesamte Netzwerke von der Verarbeitung ausgeschlossen werden können (Praeg et al. 2006). Ganz ähnlich wie eine Autobahn zwei Städte miteinander auf dem kürzesten und damit effizientesten Weg verbindet, werden in unserem Gehirn Verbindungen optimiert, um bekannte Informationen ohne Umwege in die erlernte, zugehörige Reaktion zu überführen. So entstehen sehr spezialisierte Einheiten, die mit hoher Geschwindigkeit und großer Genauigkeit, aber mit minimalem Energieverbrauch, bekannte Assoziationen verarbeiten können. Derartige „Routinen" können überaus verlässlich und ohne großen Kontrollaufwand ausgeführt werden (Automatismen), während zur Verarbeitung neuer Signale alle notwendigen Ressourcen erneut zur Verfügung stehen.

Der Nachteil, der sich durch diese Art der Effizienz ergibt, ist die Tatsache, dass bei einseitiger Nutzung ausschließlich der Routine-Netzwerke, die übrigen, ungenutzten Teile über die Jahre hinweg ihre Verbindungen „herunterfahren". Denn unter Berücksichtigung des Energieaufwandes ist es physiologisch nicht sinnvoll, ungenutzte Ressourcen aufrechtzuerhalten. Entsprechend fällt ein größerer Energie- und auch Arbeitsaufwand an, wenn derartige Netzwerke reaktiviert werden sollen, was zwar mit einer Anstrengung verbunden, doch physiologisch in den meisten Fällen ohne weiteres möglich ist (Voelcker-Rehage 2008). An dieser Stelle kann auch mit dem Vorurteil aufgeräumt werden, dass ältere Mitarbeiter weniger leistungsfähig seien. Es ist lediglich die längere Verweildauer in der Organisation (und damit das oftmals dauerhaft gleichförmige Arbeitsumfeld), welches gegebenenfalls zu einer sehr einseitigen „Optimierung" von Netzwerken im Gehirn führen kann.

20.3.2 Motivation: Die Verbindung von Erfahrung, Erwartung und Umwelt

Assoziationen bestehen im Alltag nun nicht nur aus einfachen Signal-Reaktions-Zuordnungen, sondern es werden zum Teil sehr große Datenmengen miteinander verknüpft. Motivation (der „innere Antrieb") entsteht aus einer solchen komplexen Kombination zwischen bisherigen Erfahrungen, Umweltreizen und neuen Handlungen und Reaktionen.

Wenn man einer Aufgabe das allererste Mal gegenübersteht, gibt es zu dieser noch keine Assoziationen und entsprechend auch weder eine Motivation zur Ausführung der Aufgabe noch eine Ablehnung gegen die Durchführung: Man ist völlig neutral eingestellt. Kann man nach einer gewissen Zeit die Aufgabe abschließen, entsteht jedoch eine gewisse Erwartungshaltung, wie die Umwelt auf diesen Erfolg reagieren sollte. Wenn man selbst mit dem Ergebnis zufrieden ist, würde man wohl eine positive Rückmeldung zum Beispiel durch den Vorgesetzten erwarten. Nimmt dieser entsprechend den Erfolg wahr und erkennt ihn an, entstehen positive Gefühle. Diese Rückmeldung lässt nun die Assoziation „Aufgabe – Erwartungshaltung – Umweltreaktion – positive Emotionen" entstehen und genau so, als Ganzes, wird sie im Gedächtnis abgespeichert. Durch das nun mit der Aufgabe verknüpfte positive Gefühl steigt entsprechend die Motivation, diese Art von Aufgabe auch in Zukunft wieder durchzuführen.

Ganz anders jedoch, wenn keinerlei oder sogar negative Rückmeldungen aus der Umwelt zurückkommen. Sie widersprechen der Erwartungshaltung nach einer positiven Antwort und stellen daher eine Inkongruenz dar. Das Gehirn reagiert jedoch stärker auf Inkongruenzen als auf Kongruenzen („reward prediction error") (Daw und Shohamy 2008), wodurch die Assoziation „Aufgabe – Erwartungshaltung – negative Umweltreaktion – negative Gefühle" verstärkt im Gedächtnis gespeichert wird und entsprechend die Motivation an der Durchführung der Aufgabe sinkt. Allerdings nicht nur für diese eine spezielle Aufgabe, sondern auch für alle vergleichbar gestalteten Aufgaben, denn ähnliche Aufgaben werden in ähnlichen Netzwerken verarbeitet. Kommt es nun zu einer erneuten Anforderung dieser negativ assoziierten Aufgabe, wird bereits vor dem Beginn ein deutlicher Widerwille spürbar, der sich in Reaktionen wie Aufschieben und Vermeidung ausdrückt (Praeg 2014).

20.4 Transfer in die Organisationspraxis

Entsprechend dem Prinzip der Assoziationen fällt das Lernen neuer Informationen oder die Umsetzung von Innovationen also relativ leicht, wenn an bereits bestehende Netzwerke (bekanntes Wissen) angeknüpft werden kann. In diesem Fall können aktive Verbindungen genutzt und nur wenige Teile eines Netzwerkes müssen verändert bzw. ergänzt werden. Dadurch sind kleine, schrittweise Veränderungen auch von *calm spirits* sehr leicht und schnell umzusetzen.

Man erkennt hier auch, dass bei *calm spirits* im Zuge von Veränderungen eine reale, physisch messbare größere Anstrengung des Gehirns notwendig wird, als dies bei *active spirits* der Fall ist. Bei ihnen müssen Netzwerke reaktiviert werden, die teilweise über Jahre vernachlässigt wurden. Dies führt dazu, dass sehr viel schneller ein Erschöpfungszustand eintritt, als dies bei den gewohnten Routineaufgaben der Fall ist. Aussprüche wie: *„Das haben wir schon immer so gemacht"* oder *„Warum sollen wir es jetzt auf einmal anders tun?"* können so im Sinne einer Vermeidung der kognitiven Anstrengung interpretiert werden.

Der Wille zur Veränderung wird zusätzlich durch die individuelle Motivation beeinflusst. Während positive Erfahrungen und ehrliche, konstruktiv-kritische Rückmeldungen aus der Umwelt Veränderungen unterstützen, sodass sich neue, positive Assoziationen ausbilden können, wirken schlechte Erfahrungen oder auch negative Erwartungshaltungen, welche durch die Umwelt suggeriert werden (Stereotyp: „Alter") derart, dass schon vor Beginn der Umsetzung die Innovation abgelehnt wird.

Innovations-aversive Menschen befinden sich entsprechend oft in Umgebungen, die als statisch, oder im Sinne von Frey et al. (2006) als „nicht veränderbare Welten" erfahren werden. Sie haben hemmende, pessimistische Sichtweisen abgespeichert oder arbeiten immer nach dem gleichen Prinzip, ohne ihre Arbeitsweisen zu hinterfragen. Hier gilt es, die Assoziationen aufzubrechen und auch *calm spirits* in veränderbare Welten zu überführen.

Bei diesem Prozess ist vor allem die Führungskraft gefragt, die sich auf die individuellen Persönlichkeitszüge und die Arbeitsweise der Mitarbeiter einstellen muss. Sie sollte sich als ständiger Begleiter verstehen, der sich in Geduld übt, Visionen vorgibt, eine Art Entdeckerfreude entfacht und dauerhaft aufrechterhält, Transparenz eröffnet und Mitarbeiter daran teilhaben lässt, den gemeinsamen Weg zu gestalten. Dabei ist die Führungskraft zwar authentisch, fordernd, vereinbart verbindliche Etappenziele und hält an Prinzipien und Werten fest, aber sie sollte auch einfühlsam im Sinne von Fairness, Motivation und Wertschätzung agieren. Rückmeldungen sollten sich daher vor allem auf die Verstärkung gewünschter Verhaltensweisen beziehen und positive, lobende, aber auch konstruktiv-kritische Elemente enthalten. Ein praktikabler Leitspruch für Führungskräfte kann in diesem Zusammenhang die von Frey (2013, S. 18) formulierte Devise: „Tough on the issue, soft on the person" sein.

Das wirtschaftliche Umfeld stellt heute also völlig neue Anforderungen an Führungskräfte. Reichte früher ein fundiertes Fachwissen, so zählen nun vor allem auch soziale und emotionale Kompetenzen – die Führungskraft muss zunehmend als Coach agieren und Geschwindigkeiten, sowie Phasen von Veränderungen (Kubler-Ross 1969) anerkennen und individuell berücksichtigen, um Innovationen erfolgreich umsetzen zu können.

Literatur

Daw, N. D., & Shohamy, D. (2008). The cognitive neuroscience of motivation and learning. *Social Cognition, 26*(5), 593–620.

Duden online. (2014). Innovation. http://www.duden.de/rechtschreibung/Innovation. Zugegriffen: 05. Mai. 2014.

Frey, D., Traut-Mattausch, E., Greitemeyer, T., & Streicher, B. (2006). Psychologie der Innovationen in Organisationen. Position, Roman Herzog Institut; Nr. 1. http://www.romanherzoginstitut. de/uploads/tx_mspublication/Frey__TrautMattausch__Greitemeyer__Streicher-_Psychologie_ der_Innovationen_in_Organisationen_RHI_Position_Nr._1.pdf. Zugegriffen: 30. März 2014.

Frey, D. (2013). Innovationen – von der Idee zur erfolgreichen Umsetzung. http://www.psy. lmu.de/soz/studium/downloads_folien/sose08/mu/04-frey.pdf. Zugegriffen: 30. Juni 2013.

Kubler-Ross, E. (1969). *On death and dying.* New York: Simon and Schuster.

Lais, M. (2013). *Silence is silver, voice is golden? Der Einfluss von Führung auf Mitarbeiterverhalten unter Berücksichtigung psychologischer Verträge.* Hamburg: Verlag Dr. Kovač.

Patterson, F. (2002). Great minds don't think alike? Person-level predictors of innovations at work. In C. L. Cooper & I. T. Robertson (Eds.), *International review of industrial and organizational psychology* (S. 115–144). Chichester: Wiley.

Praeg, E., Esslen, M., Lutz, K., & Jäncke, L. (2006). Neuronal modifications during visuomotor association learning assessed by electric brain tomography. *Brain Topography, 19*(1–2), 61–75.

Praeg, E. (2014). Morgen, morgen, nur nicht heute… Wenn Aufschieben zum Fluch wird. http://wissen-schaft-alter.de/publikationen/news-blog/aufschiebe-verhalten/. Zugegriffen: 24. Mai 2014.

Rosenstiel, von L. (2007). *Grundlagen der Organisationspsychologie* (6. Aufl.). Stuttgart: Schäffer-Poeschel.

Schwarzinger, D. (2009). Die Dunkle Triade der Persönlichkeit im eignungsdiagnostischen Kontext - Eine empirische Untersuchung des Zusammenhangs von Integrität, Narzissmus, Machiavellismus und Psychopathie. Universität Hohenheim: unveröffentlichte Diplomarbeit.

Van Dyne, L., & LePine, J. A. (1998). Helping and voice extra-role behaviors: Evidence of construct and predictive validity. *Academy of Management Journal, 41*(1), 108–119.

Voelcker-Rehage, C. (2008). Motor-skill learning in older adults – a review of studies on age-related differences. *European Review of Aging and Physical Activity, 5,* 5–16.

Customer Brain Management – Wie Neurofinance eine nachhaltige Kundenbeziehung im Retail Banking fördert

21

Elisabeth Prähauser

21.1 Neurofinance – Was steckt dahinter?

Wenn Naturwissenschaft auf Geisteswissenschaft trifft und die Wirtschaftswissenschaft das Trio komplettiert, dann ist ein Ergebnis das noch junge Forschungsfeld Neurofinance. Hier fließen demnach gleich mehrere Forschungsströmungen zusammen und bilden ein Konglomerat rund um das menschliche Gehirn.

Aber womit beschäftigt sich diese Forschungsrichtung nun im Detail? Stark vereinfacht ausgedrückt, ist die zentrale Fragestellung im Kontext von Neurofinance folgende: Was geht dem Menschen durch den Kopf, wenn er sich mit Geldfragen beschäftigt?

Ein konkretes Beispiel: Die 20-jährige Kunststudentin Carmen freut sich bereits auf ihren New-York-Urlaub in drei Monaten. Nun steht sie vor der Entscheidung, 1000 € bei ihrer Hausbank sofort zum aktuellen Wechselkurs in US-Dollar wechseln zu lassen oder noch abzuwarten, wobei sich der Wechselkurs verbessern, aber auch zu ihren Ungunsten entwickeln könnte. Wie wird sich Carmen entscheiden?

Hier kann Neurofinance Licht ins Dunkel bringen. Die wissenschaftliche Disziplin rückt das menschliche Gehirn – bzw. jene Teile davon, die bei Finanzentscheidungen besonders aktiv beansprucht werden – ins Zentrum des Forschungsinteresses. Lange Zeit galt die Meinung als vorherrschend, dass Finanzentscheidungen ausschließlich aus rationalen Gesichtspunkten getroffen werden. In diesem Kontext spielt das Menschenbild des Homo oeconomicus (Suchanek et al. 2014) eine tragende Rolle, welches davon ausgeht, dass menschliche Individuen nach rationalen Gesichtspunkten entscheiden und auf Gewinnmaximierung fokussiert sind. Es zeigt demnach einen ausschließlich wirtschaftlich denkenden

E. Prähauser (✉)
Salzburger Sparkasse Bank AG, Alter Markt 3, 5020 Salzburg, Österreich
E-Mail: elisabeth.praehauser@salzburg.sparkasse.at

© Springer Fachmedien Wiesbaden 2015
M. Seidel, A. Liebetrau (Hrsg.), *Banking & Innovation 2015*, FOM-Edition,
DOI 10.1007/978-3-658-06746-5_21

Menschen. Im Kontext der Entscheidungstheorie ist der Homo oeconomicus in seinem Idealtyp ein Entscheidungsträger, der – nach dem Rationalprinzip – zu uneingeschränkt rationalem Verhalten in der Lage ist. Hierzu zählen einerseits die konsequente Verfolgung eigener, ausschließlich finanzieller Ziele und andererseits die unmittelbare und fehlerfreie Informationsverarbeitung.

Doch gerade die Verhaltenspsychologie zeigt seit den 80er Jahren des vergangenen Jahrhunderts, dass bei Entscheidungen des Geldlebens nicht nur Ratio, sondern gerade Emotio eine ganz zentrale Rolle einnimmt. Dies zeigt auch die Praxis, da in einer langfristig erfolgreichen Kundenbeziehung Emotionen – „good vibrations" – eine wichtige Rolle zukommt. In diesem Kontext ist das „Know-your-Customer-Prinzip" nicht nur ein juristisch bedeutendes Prinzip, sondern auch im Hinblick auf die Nachhaltigkeit einer Kunden-Bank-Beziehung essenziell. Nur wer seinen Kunden sehr gut kennt, kann ihn entsprechend seinen Bedürfnissen beraten, auf einer für ihn wichtigen emotionalen Ebene abholen und langfristig zufriedenstellen. Dazu gehört auch, zu wissen, wie Menschen Entscheidungen treffen. Die Beschäftigung mit Neurofinance leistet hierzu einen wertvollen Beitrag, indem sie unter anderem folgende Fragen stellt:

• Wie verarbeiten Kunden welche Informationen im Hinblick auf deren Finanzentscheidungen?
• Welchen Einfluss hat das Risikoverhalten bzw. die persönliche Risikowahrnehmung des Kunden auf dessen Finanzentscheidung?

Vor allem im angloamerikanischen Raum sind sich viele Finanzdienstleister dieser Vorteile bereits bewusst. Im deutschsprachigen Raum fehlt aber in der Praxis häufig noch die Institutionalisierung dieses Themas. Vieles wird unbewusst bereits richtig gemacht. Für einen nachhaltigen Erfolg ist jedoch eine Bewusstseinsbildung hinsichtlich der Relevanz von Neurofinance unabdingbar.

„Was zählt, sind die Menschen", titeln beispielsweise die Erste Bank Österreich sowie die Österreichischen Sparkassen oder „Wenn's ums Geld geht – Sparkasse", die deutschen Kollegen. Dies zeigt in aller Deutlichkeit: Der Kunde muss stets im Vordergrund stehen, mit all seinen Gedanken, Fragen und Bedürfnissen rund ums Geldleben. Und Geld ist – auch wenn es auf den ersten Blick nur eingeschränkt zu korrelieren vermag – stets verbunden mit Emotionen.

21.2   Geld und eine Fülle an Gefühlen

Freude, Enthusiasmus, Erleichterung, aber auch Schmerz, Gier und Neid stehen nur exemplarisch für eine ganze Bandbreite an Gefühlsregungen, die vor, während und nach dem Kauf von Finanzlösungen vom Kunden empfunden werden können. Schmerz verspüren Kunden häufig im Zusammenhang mit der sogenannten Kaufreue, einer Ausprägung der kognitiven Dissonanz. Dieses Bedauern des eben getätigten Geschäftes hat viele Ursachen.

In erster Linie kommt das Phänomen dann zum Tragen, wenn sich der Kunde nicht ausreichend beraten oder übervorteilt fühlt. Die getroffene Entscheidung wird in einem ruhigen Moment noch einmal im Detail bedacht – sind bereits während des Beratungsprozesses erste Zweifel beim Kunden aufgekommen, auf die der Verkäufer nicht ausreichend einging, dann verstärken sich diese Zweifel in der Regel nach dem Kauf. Die Folgen sind unzufriedene Kunden und steigende Storni. Die Lösung klingt relativ simpel: Intensive Beratung und Erhebung der Kundenbedürfnisse und -vorstellungen, Eingehen auf alle Fragen des Kunden und Betreuung auch nach dem Vertragsabschluss. In der Praxis ist dies aber durchaus eine Herausforderung, zumal jeder Kunde individuell denkt und handelt. Dies wird auch deutlich, wenn wir im Folgenden die Aspekte „Gier" sowie „Risikowahrnehmung" genauer beleuchten.

„Lieber den Spatz in der Hand als die Taube auf dem Dach", so lautet ein bekanntes Sprichwort. Beim Phänomen „Gier" reicht dieser Spatz nicht aus – die Taube muss es sein. Gerade Gier kann bei Menschen zu völlig irrationalen – ganz und gar unlogischen – Entscheidungen führen, wie dies nicht erst im Kontext des Platzens der US-Immobilienblase zu beobachten war. Bereits im 17. Jahrhundert führte die „Tulpenzwiebelkrise" zum Bersten einer Spekulationsblase in Holland. Von Petersdorff (2008) zeigt, wie es dazu kommen konnte. In den 30er Jahren des 17. Jahrhunderts stand Holland einer inflationären Geldpolitik gegenüber. Die Geldmenge wuchs. Jene, die es sich leisten konnten, legten prachtvolle Gärten an und signalisierten damit ihre gesellschaftliche Position. Hinzu kam, dass Tulpen nur wenigen Weltenbummlern bekannt waren. Die biologische Eigenschaft der Tulpe machte sie außerdem relativ selten. So entspringen einer Mutterzwiebel nur zwei bis drei Jungzwiebeln pro Jahr. Und wie so oft – wenn die Nachfrage das Angebot übersteigt – stieg auch der Preis rapide an. Besondere Farbvarianten wurden für umgerechnet mehrere Tausend Euro gehandelt. Die Preise kletterten ins beinahe Unermessliche, bis zu dem Tag, an dem sich bei einer Auktion kein Bieter für die feilgebotenen Zwiebeln meldete. Das sprach sich rasch herum. Gerade in dieser Zeit war Mund-Propaganda *das* Kommunikationsmittel. Das Vertrauen in die Tulpenzwiebel als Geldanlage brach von einem Tag zum anderen komplett ein. Niemand wollte mehr kaufen, sondern alle nur noch verkaufen. Ein Börsencrash der etwas anderen Art war die Folge.

Die Finanzentscheidung war damals getrieben durch Emotionen. Gier und die Hoffnung auf das schnelle Geld standen im Vordergrund. Die Logik wurde ausgeblendet. Doch wie entsteht Gier und handelt es sich dabei um ein Phänomen, welches nur Dagobert Duck und die Superreichen dieser Welt betrifft? Nein – Gier kommt unabhängig vom geldwerten Reichtum in allen Gesellschaftsschichten vor, häufig in Form von Statussymbolen wie beispielsweise dem Auto vor der eigenen Garage, das auch mit der Absicht gekauft wurde, größer und teurer zu sein als jenes des Nachbarn. Gier und Neid liegen hier eng beisammen. Finanzentscheidungen werden in diesem Zusammenhang nicht rational getroffen, sondern vielmehr auf einer emotionalen Ebene.

Dass aber gleichzeitig viele Menschen den Spatz in der Hand bevorzugen, untermauert auch die Empirie mit dem sogenannten „Hyperbolic time discounting". Studien zeigen, dass Probanden eine geringere, aber dafür unmittelbar erfolgende Belohnung vorziehen und zugunsten dieser auf eine größere, aber zeitlich später eintretende Belohnung verzichten. Bei jenen Testpersonen, die sich für die spätere Belohnung entschieden, war das limbische System – jener Teil des Gehirns, der unter anderem für die Verarbeitung von Emotionen zuständig ist – signifikant weniger aktiv als bei den „Quick-Winners". Dies deutet darauf hin, dass es sich bei der Entscheidung für den Belohnungsaufschub um eine rationale Entscheidung handelt. Festzuhalten ist jedoch in diesem Kontext, dass die Entscheidung für die rasche bzw. die zeitlich verzögerte Belohnung auch davon abhängt, wie weit Letztere in der Zukunft liegt (Elger und Schwarz 2009, S. 124 f.).

21.3   Neurofinance trifft Marketing

Von Interesse ist Neurofinance auch für die Marketingwelt – man spricht in diesem Zusammenhang von Neuromarketing. Ein zentrales Forschungsergebnis ist bislang unter anderem, dass gerade in emotions- und gedächtnisbezogenen Hirnprozessen Gesichtern eine signifikant größere Bedeutung zukommt, als sogenannten Wort-Bild-Marken (Elger und Schwarz 2009, S. 178 f.). Für das Marketing hinsichtlich Finanzlösungen scheint es somit zielführender, mit (prominenten) Gesichtern zu werben, als mit einem Schriftzug. Dennoch ist es keineswegs so, dass Testimonials hier die Wirkung einer eierlegenden Wollmilchsau erzeugen. Für Carmen und ihren New-York-Urlaub bzw. für ihre Entscheidung „Geld jetzt wechseln oder später" wird es nur wenig ausmachen, ob ihre Hausbank mit einem Testimonial wirbt oder mit einem Schriftzug. Wohlgemerkt für diese konkrete Finanzentscheidung. Blickt man hingegen in Richtung Vertrauen und Reputation, was als verschränktes Konstrukt zu sehen ist, sieht die Sache durchaus anders aus. Dennoch: Das Gesicht muss zur Marke bzw. zur Finanzlösung passen, kann also nicht willkürlich gewählt werden. Gerade im Zusammenhang mit Finanzlösungen ist die Ausstrahlung von Kompetenz und Vertrauen unerlässlich.

21.4   Der Einfluss der Risikowahrnehmung

Aber was bedeutet das nun im Fall Carmen und für ihre Entscheidung hinsichtlich des Wechselkurses? Hilft hier Neurofinance womöglich gar nicht weiter? Doch – und zwar, wenn wir uns der Frage widmen, worin die Verbindung zwischen Risikowahrnehmung und Finanzentscheidungen liegt.

Untersuchungen haben gezeigt, dass Menschen in einem für sie als angenehm empfundenen Umfeld eher positive Entscheidungen treffen, also beispielsweise Aktien kaufen, während sie in einem für sie negativen Umfeld auch häufiger eine negative Grundhaltung haben, also nicht kaufen oder sogar verkaufen (Schwarzer 2012). Eine Erkenntnis, die auch moderne Retailbanken aufgreifen, indem sie ihren Kunden ganz besondere Beratungserlebnisse in angenehmer Atmosphäre bieten. „Good vibrations" bei einer Tasse Cappuccino, sozusagen. Retailbanken schaffen immer mehr auch baulich eine Atmosphäre, in der Kunden nicht nur zur Erledigung der Geldgeschäfte verweilen möchten, sondern durchaus auch zum Lesen eines guten Buches vorbei kommen.

Die Risikowahrnehmung ist ihrerseits stark von subjektiven Gesichtspunkten eines jeden Kunden abhängig. Auch kulturelle Faktoren wirken sich auf die Risikotoleranz aus. Parallel haben Studien gezeigt, dass ebenso demografische Merkmale mitspielen. Zwei dieser demografischen Größen sind Alter und Geschlecht.

So sind beispielsweise Frauen tendenziell vorsichtiger als Männer, das zeigt sich auch im Anlageverhalten. Ältere Menschen sind ebenfalls sicherheitsbetonter als jüngere Menschen. Dies verdeutlicht auch eine europaweite Befragung der Unternehmensberatung A.T. Kearney gemeinsam mit dem Meinungsforschungsinstitut YouGov von 6.000 Menschen zu ihren Finanzentscheidungen aus dem Jahr 2013 (Kearney und YouGov 2013). Das Ergebnis dieser Befragung zeigt auch, dass nach wie vor Frauen Finanzentscheidungen oft ihren Ehemännern überlassen. In Europa hat jeder vierte Mann Geld in Aktien, Fonds oder Anleihen veranlagt. Demgegenüber legt nur jede sechste Frau Geld in Wertpapiere an. Männer sind somit tendenziell eher bereit, für eine potenzielle Rendite Risiken einzugehen. Ein ähnliches Bild zeigt sich bei der betrieblichen Altersvorsorge. Auch hier sind Frauen schlechter auf die Pension vorbereitet, als Männer. Konkret: Verfügen 35 % der Männer über eine derartige Absicherung, so sind es nur 30 % der Frauen. Einerseits sind Männer somit im Anlageverhalten risikobereiter als Frauen, sichern sich aber gleichzeitig für den Ruhestand stärker ab als ihre weiblichen Kolleginnen. Frauen wiederum tendieren stärker zu risikoarmen Veranlagungen, setzen sich aber gleichzeitig mit einer aktiven Pensionsabsicherung weniger auseinander. Hier liegt also ein großes Potenzial für Finanzinstitute. In vielen anderen Branchen, beispielsweise der Automobilbranche oder dem Immobilienbereich, wurde das Potenzial von Kundinnen bereits erkannt. Im Finanzbereich ist das Potenzial ebenfalls ganz klar vorhanden aber vielerorts noch nicht aktiv aufgenommen worden. Wichtig ist, den Entscheidungsfindungsprozess dieser Zielgruppe zu verstehen. Und auch hier spielt Neurofinance wiederum eine unterstützende Rolle.

Ob ein Mensch eher risikofreudig oder -scheu ist, kann mit Hilfe der Limbic®Types analysiert werden (Häusel 2012, S. 115 ff.). Hierin werden sieben Typen unterschieden, die unterschiedliche Präferenzen und Motive hinsichtlich Geldfragen haben. So stehen beispielsweise bei den beiden Typen „Traditionalisten" bzw. „Harmonisern" Geldsicherheit, Risikovermeidung und Vorsorge im Vordergrund. Diese beiden Typen bevorzugen daher auch vergleichsweise sichere aber dementsprechend renditeschwache Anlageformen wie das klassische Kapitalsparbuch. „Hedonisten", „Abenteurer" und „Performer" stehen am anderen Ende der Limbic-Skala. Sie brauchen und suchen den Kick im Anlagegeschäft und gehen dafür auch Risiken ein.

21.5   Was zählt, ist der Kunde

Die passende Finanzlösung für den Kunden zu finden, ist eines der wesentlichen Anliegen der Finanzberatung. Für Kapitalanlage- oder Investitionsentscheidungen sind damit drei Faktoren im Zusammenhang mit dem Anleger maßgeblich (Gleißner 2009, S. 305):

* das grundlegende Risikoverständnis
* die konkrete Risikowahrnehmung
* die Risikopräferenz

Hier kommt das Stichwort „Risikoprofiling" zum Einsatz. Denn als Ergänzung zum klassischen Risikoprofil eines Kunden können Erkenntnisse aus dem Feld Neurofinance herangezogen werden. Risikoprofile sind sowohl hinsichtlich Beratungsqualität als auch aus rechtlicher sowie Compliance-Sicht unabdingbar. Und gerade die für den Kunden maßgeschneiderte Finanzlösung ist ein wesentliches Ziel eines jeden seriösen Finanzberaters. Hier kann Risikoprofiling unterstützen – dieses geht weiter als die klassischen WAG- bzw. MiFID-Normen, kann diese jedoch nicht ersetzen aber ergänzen und insgesamt einen Mehrwert für den Kunden und den Finanzberater schaffen.

21.6   Zusammenfassung und Ausblick für das Retail Banking

Gerade im Retailvertrieb ist eine stark heterogene Zielgruppe vorherrschend. So unterschiedlich der finanzielle Hintergrund dieser Kunden ist, so unterschiedlich sind auch deren Bedürfnisse, deren Risikoverhalten und deren Denkweise und Entscheidungsfindung in Bezug auf Geldangelegenheiten. Hier kann die bewusste bankinterne Auseinandersetzung mit den Aspekten der Neurofinance helfen, diese Unterschiede zu systematisieren, mit dem Ziel, den Kunden noch besser zu verstehen. Im ersten Schritt muss definiert werden, welche Neurofinance-Aspekte das Finanzinstitut im Kontext der Kundenberatung besonders ins Zentrum rücken will (Definition des Soll-Zustandes, der Zielsetzung und der Abgrenzung). Im zweiten Schritt ist es wichtig, eine Analyse der Ist-Situation zu erstellen. Welche der definierten Neurofinance-Aspekte werden bereits bewusst oder unbewusst, strukturiert oder formlos im Unternehmen gelebt. Hier ist rechtlich bedingt vor allem die Risikoanalyse im Zusammenhang mit Wertpapierkunden vorherrschend. In einem dritten Schritt wird der Prozess vom Ist- zum Sollzustand festgelegt. Hierin wird definiert, welche Tools im Kontext von Neurofinance helfen können, beispielsweise Risikoprofiling im weiteren Sinne.

Wie sich Carmen, unsere Beispielkonsumentin, schlussendlich entscheiden wird, hängt somit gleich von mehreren Faktoren ab: vom Alter, dem Geschlecht, der Risikowahrnehmung, dem kulturellen Hintergrund und der Informationsverarbeitung. Neurofinance versucht hier Antworten zu liefern, ist jedoch (noch) nicht in der Lage, hundertprozentig treffsichere Vorhersagen hinsichtlich jeglicher Finanzentscheidung eines Kunden zu tätigen. Aber die Forschung ist vielversprechend und die Reise geht weiter. Man darf somit gespannt sein!

Literatur

Elger, C. E., & Schwarz, F. (2009). *Neurofinance. Wie Vertrauen, Angst und Gier Entscheidungen treffen* (1. Aufl.). Freiburg: Haufe-Lexware.

Gleißner, W. (2009). Risikowahrnehmung, Risikomaße und Risikoentscheidungen. Theoretische Grundlagen. In O. Everling & M. Müller (Hrsg.), *Risikoprofiling von Anlegern* (S. 305–343). Köln: Bank-Verlag Medien.

Häusel, H. (2012). *Brain View. Warum Kunden kaufen* (3. Aufl.). Freiburg: Haufe-Lexware.

Kearney, A. T., & YouGov (2013). Studie zu Gewohnheiten im Umgang mit Banken und Finanzprodukten. http://www.atkearney.at/documents/856314/1214358/PM_Frauen_Finanzprodukte.pdf/638e892f-4eb2-442f-a4de-7496a08f3021. Zugegriffen: 31. Mai 2014.

Schwarzer, J. (2012). Wenn Gier das Hirn von Börsianern frisst. http://www.handelsblatt.com/finanzen/boerse-maerkte/anlagestrategie/boersenpsychologie-anleger-schwanken-zwischen-gier-und-furcht/6298874-2.html. Zugegriffen: 29. Mai 2014.

Suchanek, A., Lin-Hi, N., Thommen, J., Woll, A., Gillenkirch, R., & Springer Gabler Verlag. (Hrsg.). (2014). Gabler Wirtschaftslexikon. Stichwort „Homo oeconomicus". http://wirtschaftslexikon.gabler.de/Archiv/8004/homo-oeconomicus-v12.html. Zugegriffen: 30. Mai 2014.

Von Petersdorff, W. (2008). Historische Finanzkrisen: Niederlande 1637. Eine Blumenzwiebel für 87.000 Euro. http://www.faz.net/aktuell/finanzen/fonds-mehr/historische-finanzkrisen-niederlande-1637-eine-blumenzwiebel-fuer-87-000-euro-1283731.html. Zugegriffen: 29. Mai 2014.

Mit Spaß zum CRM-Erfolg

22

Kaspar Trachsel

Die BAWAG P.S.K. zählt mit 1,5 Mio. Privatkunden und 60.000 Geschäftskunden zu den größten Banken in Österreich. Die Bank versteht sich als Wegbereiterin des intuitiven Bankings mit einfachen, verständlichen und emotional ansprechenden Angeboten, die immer und überall erhältlich sind. Im Zuge der Intensivierung der Kooperation mit der Österreichischen Post AG wurden über die letzten Jahre 500 Bankfilialen, in denen auch umfangreiche Postservices angeboten werden, neu ausgerichtet. Parallel dazu wird auf dem Weg zur modernen, serviceorientierten Multikanalbank der Ausbau der digitalen Kanäle und des E-Commerce forciert. Die BAWAG P.S.K. steht im Eigentum eines von Cerberus Capital Management L.P. und GoldenTree Asset Management angeführten Konsortiums.

22.1 CRM und das Thema der Streuung

Viele Banken haben in den letzten Jahren im Rahmen ihrer Customer-Relationship-Management (CRM-)Strategien ihre Kundenkontaktsysteme auf die Beratungsprozesse ausgerichtet und aus einer Effizienzperspektive optimiert. Parallel dazu haben viele Institute das analytische CRM, also die Fähigkeit, Kundenwissen zu generieren und in die Kundenprozesse zu integrieren, aufgebaut. Dies basiert einerseits auf Datenmodellierung (Data Mining/Predictive Analytics) und andererseits – für Banken mit einem starken Filialvertrieb besonders wichtig – einer „Event-Bibliothek". Diese enthält eine Vielzahl an Geschäftsregeln („Wenn-dann-Beziehungen"), aus denen die Berater und Servicemitarbeiter laufend kundenindividuelle und über eine „Rule Engine" optimierte Kontaktchancen

K. Trachsel (✉)
Chutzenstrasse 55, 3047 Bremgarten bei Bern, Schweiz
E-Mail: kaspar.trachsel@me.com

© Springer Fachmedien Wiesbaden 2015   159
M. Seidel, A. Liebetrau (Hrsg.), *Banking & Innovation 2015,* FOM-Edition,
DOI 10.1007/978-3-658-06746-5_22

erhalten. Das Timing für den Kundenkontakt bestimmt also nicht länger die Bank, sondern ein Impuls des Kunden. Vor dem Hintergrund der weiter steigenden Kundenerwartungen wird das „Right-Time-Marketing" und damit die Frage, ob der Kontakt primär für den Kunden und nicht für den Anbieter relevant ist, immer mehr zu einem entscheidenden Wettbewerbsfaktor. Kundenumfragen der BAWAG P.S.K. zeigen, dass sich mit dieser Methodik die Kontaktrelevanz spürbar erhöht, was zu höheren Abschlussquoten führt und die Kundenloyalität positiv beeinflusst.

Eine besondere Herausforderung auf dem Weg zur CRM-Exzellenz stellt das Thema der *Streuung in der Nutzung* dar. So erreichten bei der BAWAG P.S.K. die führenden Filialen aus Cross-Sell-Chancen Abschlussquoten von 70 %, andere Filialen jedoch lediglich 20 %. Um ein hohes Maß an Transparenz und Messbarkeit zu erreichen, sind ein standardisiertes „Closed-Loop"-Reporting und die Integration von wenigen, zentralen CRM-Kennzahlen in die Zielsysteme der Kanäle Voraussetzung. Der Controlling-Gedanke sollte dabei aber nicht überhand nehmen. Die Mitarbeiter nutzen das CRM-System auf Dauer nur im gewünschten Ausmaß, wenn sie auch vom Nutzen überzeugt sind und gerne damit arbeiten. Dies beginnt bereits beim Vokabular. So wird in der BAWAG P.S.K. bewusst von *Kontaktchancen nutzen* anstelle von *Kampagnen abarbeiten* gesprochen. Mit diesem Set an Maßnahmen konnte die Akzeptanz und die Nutzung des CRMs in der Breite deutlich gesteigert werden, wenngleich die Varianz relativ hoch blieb.

22.2 Produktivitätssteigerung auf neue Art und Weise

Basierend auf der Erkenntnis, dass ein Hebel für die weitere Steigerung des CRM-Erfolgsbeitrags in der Reduktion der Streuung in der Nutzung liegt, startete die Bank ein Innovationsprogramm. Im Zentrum standen dabei die Implementierung eines „Peer-Group"-basierten Steuerungscockpits sowie die Schaffung einer spielerisch-motivierenden Umgebung im CRM-Frontend.

22.2.1 Reporting: Cockpit statt Listen

Durch die Verlagerung von absoluten Zielwerten hin zu einem vergleichenden Ansatz konnte die Steuerung des Kundenmanagements deutlich verbessert werden. So kann ein regionaler Leiter heute die für ihn relevanten Filialen als „Peer Group" bestimmen und in vier Quadranten grafisch aufbereitet darstellen (vgl. Abb. 22.1).

Dies ermöglicht eine neue Führungsqualität, indem die spezifischen regionalen Gegebenheiten besser berücksichtigt werden können und das aufwändige Handling mit Reportinglisten wegfällt. Gleichzeitig können die Geschäftsregeln und Modelle aus der „Event-Bibliothek" in Konkurrenz gesetzt werden.

Damit entsteht Transparenz über deren Erfolgsbeitrag und im Sinne der Marketing-Optimierung kann das CRM-Aktivitätenportfolio für ein erfolgreiches Cross Selling und Retention-Management laufend angepasst werden.

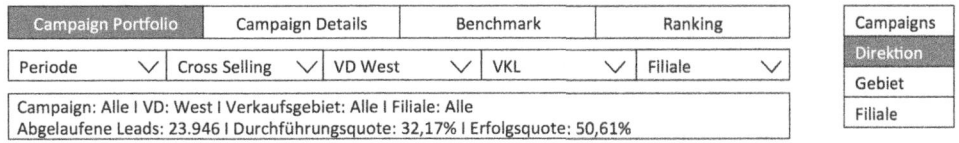

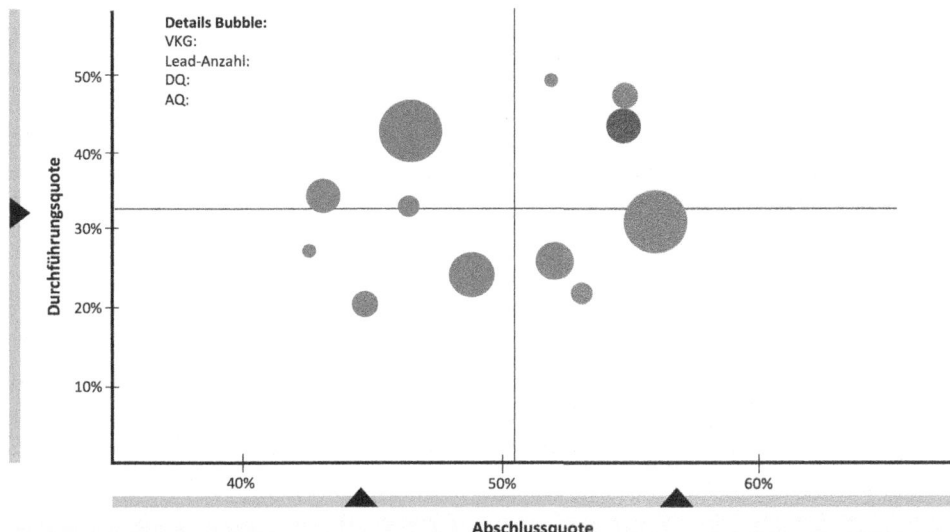

Abb. 22.1 Ausschnitt CRM-Steuerungscockpit BAWAG P.S.K

Im Weiteren bilden die Analysen zusammen mit den geografisch verorteten Kundendaten die Basis lokale Aktivitäten zu steuern und regionale Marktchancen auszuschöpfen. Dies wiederum steigert sowohl die Akzeptanz wie auch die Bereitschaft der Berater, ihr Wissen zu teilen und die Kundendaten im CRM-System zu pflegen.

22.2.2   Gamification: Wenn Arbeit und Spiel zusammenkommen

Das CRM-System der BAWAG P.S.K. wurde in der Vergangenheit primär nach Effizienzkriterien optimiert. Die Frage, ob die Benutzer auch gerne damit arbeiten, stand dabei weniger im Fokus. Dies führte in der Summe zur Wahrnehmung des CRMs als Controlling-Tool. Mit der Enterprise Gamification[1] Initiative setzte die Bank hier einen Gegenpunkt. Ziel war es, das CRM-System und die Prozesse mit *spielerisch-motivierenden Elementen* anzureichern und durch ein positives Anreizsystem das *Engagement der Nutzer* und die

---

[1] Als Gamification bezeichnen Deterding et al. 2011 die Anwendung spieltypischer Elemente in einem spielfremden Kontext. Im klassischen Sinne werden diese Elemente als Points, Badges und Leaderboards bezeichnet, welche durch eine Integration in Arbeitsabläufe zu einer Steigerung der Motivation führen können. Dabei geht es nicht primär um die Kreation eines Spiels, sondern darum, die Mechanismen von erfolgreichen Spielen zu nutzen.

Produktivität zu steigern. Dies in einer Form, die den Grundsätzen von „humanizing the information technology" (Tomer 2005) folgt.

22.2.2.1 Jagen und Sammeln

Die Anwender bilden eine *Gemeinschaft* und können durch verschiedene *Aufgaben* im Tagesgeschäft Punkte sammeln. Dazu stehen auf die verschiedenen Rollen der Mitarbeiter zugeschnittene Missionen zur Verfügung, damit unterschiedliche Verhaltensweisen stimuliert werden können. Die Aufgaben reichen von einfachen Handlungen wie dem täglichen Login, einer vorausschauenden Kontaktplanung über die Nutzung der eingestellten Vertriebschancen bis hin zu Neugeschäft mit bisher persönlich nicht bekannten Kunden. Bei Erfüllung dieser Aufgaben werden Punkte ausgeschüttet, die in *Belohnungen* münden. So werden die Punkte benötigt, um in den Levels aufzusteigen, bestimmen den Rang innerhalb der Gemeinschaft oder können gegen Prämien eingelöst werden. Dabei wird zwischen „Experience Points" für die Level-Einstufung und „Reward Points" als Punktekonto für den Prämienanspruch unterschieden. Die einzelnen Aufgaben führen zu Auszeichnungen in der Form von Badges, die wiederum in Missionen zusammengefasst werden. Der aktuelle Fortschritt lässt sich grafisch über bereits gesammelte resp. noch offene Badges anzeigen. Serien gleicher Aktivitäten können mit immer schwieriger zu erreichenden Badges belohnt werden, beispielsweise durch die Ausgabe für den ersten, zehnten, 50 sten und 100 sten Abschluss. Sie können auch verwendet werden, um zeitlich limitierte Auszeichnungen zu vergeben und so für überraschende Akzente sorgen. Damit wird der urzeitliche *Jäger- und Sammlerinstinkt* in einer spielerischen Form ins digitale Zeitalter übersetzt.

Die Ausgestaltung soll auf das Unternehmen zugeschnitten und die Spielmechanismen weder zu komplex noch zu trivial sein. Die BAWAG P.S.K. hat in ihrem kaiserlich-königlichen Spielkontext die Bezeichnungen für die Levels der Adelswelt entnommen und unterscheidet bei den Punkten zwischen Groschen und Gulden.

22.2.2.2 Vom „Bürger" zum „Kaiser"

Die Levels stellen den Fortschritt und die Erfahrung der Nutzer dar. Je nach Ausgestaltung können die Punkte zeitlich befristet oder unbeschränkt gelten. Für die Festlegung der Stufen ist es wichtig, ein ausgewogenes Verhältnis zwischen „Vorwärtskommen" und „Herausforderung" zu finden. So sollte ein neuer Spieler zu Beginn rasch aufsteigen, da ihn dies motiviert, weiterzumachen. Dagegen darf es später durchaus schwieriger werden. Als Ansporn kommt typischerweise ein Fortschrittsbalken zum Einsatz, der auch die noch notwendigen Punkte bis zum nächsten Level visualisiert. Die Levels sollen begehrenswert sein und bei der Namensgebung ist auf eine aufsteigende Klassifizierung zu achten. Eine Einbettung in den unternehmerischen Kontext ist hier besonders wichtig, so dass sich die Mitarbeiter mit der Gamification-Welt identifizieren können.

Die BAWAG P.S.K., welche 1883 als k.k. Postsparcassenamt gegründet wurde, hat mit der Welt der Adelstitel einen emotionalen, unternehmenstypischen Bogen gespannt. Jeder Nutzer startet als einfacher „Bürger" und kann über eine Karriere von zwölf Rängen bis zum „Kaiser" aufsteigen. Um den spielerischen Charakter zu unterstreichen, können sich

Abb. 22.2 Ausschnitt CRM Kaiser BAWAG P.S.K

die Benutzer einen selbstgewählten Usernamen geben und werden durch einen Avatar, der durch das Level und das Geschlecht bestimmt wird, begleitet. Die Bank hat sich entschieden, die Spielperioden auf Kalenderjahre zu legen. Dies hat den Vorteil, dass die Zähler im Januar zurückgesetzt werden und so neu eintretende Mitarbeiter im neuen Jahr die gleichen Chancen haben. Gleichzeitig wird eine zeitliche und inhaltliche Abstimmung mit den Zielsystemen vereinfacht und schließlich verleitet eine zeitliche Beschränkung nicht dazu, sich auf den Lorbeeren auszuruhen.

22.2.2.3 Reputation vor Geld

Trotz der weiten Verbreitung von monetären Anreizsystemen bestätigen Studien wie ein in der Harvard Business Review publiziertes Feldexperiment (Ashraf et al. 2012), dass nicht-finanzielle Anreize oft effektiver und nachhaltiger sind als monetäre Belohnungen. Gamification-Lösungen basieren in der Regel auf einem Set an extrinsischen Motivatoren, die bei entsprechender Relevanz auch intrinsisch werden können.

Dies erfolgt, wenn die von außen angeregte Motivation, „etwas zu bekommen", umgeformt wird in die innere Motivation „etwas zu erreichen" (Schulz 2014). In absteigender Reihenfolge sind die Belohnungsarten nach der SAPS Formel *Status, Access, Power, Stuff*. Dies impliziert, dass der Gewinn an Reputation wichtiger ist als das pure Sammeln von Punkten zum Erwerb von Prämien. Zentrale Elemente bilden deshalb ein virtueller Trophäenschrank sowie ein Leaderboard (vgl. Abb. 22.2).

Bei der BAWAG P.S.K. werden im Leaderboard auf Wochen- und Jahresbasis die führenden Spieler angezeigt und die unmittelbar vor oder hinter dem jeweiligen Nutzer liegenden. Ergänzend steht jedem Berater ein Leistungspanel zur Verfügung, welches seine Leistungen der Vorwoche zusammenfasst. Diese Statistiken sind persönlich und für Dritte – auch Vorgesetzte – nicht einsehbar.

22.3 Ergebnisse und Fazit

Gamification lebt von der Unmittelbarkeit, einem hohen Grad an Prozess- und Systemintegration und einer guten Balance zwischen Herausforderung und Erfüllbarkeit der Aufgaben. Dies alles eingebettet in einem attraktiven Design, das den sportlichen Vergleich unterstützt und animierend wirkt. Die persönlichen Erfolge sollen direkt nach Erfüllen der Aufgaben sichtbar sein, ohne dass ein separates Login notwendig ist. Damit einher geht eine nahtlose Integration in das CRM-Frontend und eine Onlineschnittstelle zur Gamification-Applikation. Diese wiederum muss eine hohe Flexibilität zum Aufsetzen von neuen Aufgaben, Regeln und deren Gewichtung zulassen, damit mit Schwerpunkten und überraschenden Aktionen immer wieder Spannung und Stimulanz erzeugbar sind.

Der Nutzen lässt sich zum Beispiel anhand der Nutzungsintensität quantifizieren, wenn gleich qualitative Aspekte wie Steigerung der Benutzerakzeptanz und Datenqualität ebenso wichtig sind. Die Erfahrungen der BAWAG P.S.K. zeigen, dass ein bestimmter Reifegrad und eine Verbindlichkeit von CRM in der Organisation gegeben sein müssen, damit ein Gamification-Projekt Früchte trägt. Diesbezüglich hat sich die Kombination mit der Neugestaltung des CRM-Controllings in Cockpitform besonders bewährt.

Nicht alle stehen einer solchen Initiative von Anfang weg positiv gegenüber. Wenn es aber gelingt, dem Thema eine positive Dynamik zu verleihen, lässt sich auch der Ehrgeiz von Skeptikern wecken. Dazu eignen sich besonders Teamwettbewerbe, da kaum ein Spieler sein Team im Stich lassen will. Zu beachten ist, dass mit einer Gamification-Anwendung kein eigenes Zielsystem aufgebaut wird, sondern die Missionen und Kennzahlen konsistent mit den schon bestehenden Zielsetzungen der jeweiligen Rollen sind. Gamification ist also kein Selbstzweck, sondern ein Mittel zum Zweck, das als Katalysator für ein höheres Nutzerengagement dienen kann und eine gesunde Portion Spaß ins Kundenmanagement bringt.

Literatur

Ashraf, N., Bandiera, O., Jack, K. (31 August 2012). *No margin, no mission? A field experiment on incentives for pro-social tasks*. Harvard Business Review. S. 23 ff. Boston.

Burke, B. (2014). *Gamify: How gamification motivates people to do extraordinary things*. Brookline: Bibliomotion Inc.

Coonradt, C. A., & Nelson, L. (2007). *The game of work*. Layton: Gibbs Smith.

Deterding, S., Khaled, R., Nacke, L. E., Dixon, D. (2011). *Gamification: Toward a definition*. Vancouver: CHI Gamification Workshop Proceedings.

Schulz, S. (2014). (12 Februar 2014). „Ist Spielen das neue Arbeiten?" Frankfurter Allgemeine Zeitung. http://www.faz.net/aktuell/feuilleton/gamification-ist-spielen-das-neue-arbeiten-12796856.html. Zugegriffen: 23. Mai 2014.

Tomer, C. (2005). Humanizing information technology. *Journal of the American Society for Information Science and Technology*. doi:10.1002/asi.20182.

Werbach, K., & Hunter, D. (2012). *How game thinking can revolutionize your business*. Philadelphia: Wharton Digital.

Innovative Konzepte zur Unterstützung der Arbeitgebermarke in der Volksbank Mittelhessen eG

Stefanie Zethner

23.1 Ausgangslage

Bereits seit einiger Zeit haben Unternehmen und Politik das Problem der demografischen Entwicklung in Deutschland erkannt. Die besondere Herausforderung zeigt sich durch eine schrumpfende Gesamtbevölkerung, die durchschnittlich älter wird (vgl. Bundesinstitut für Bevölkerungsforschung 2013). Neben den Auswirkungen des demografischen Trends steht die Arbeitswelt auch vor gesellschaftlichen sowie technischen Umbrüchen, wie zum Beispiel virtueller Kommunikation und medialen Vertriebswegen. Dies konfrontiert Unternehmen in ihren personalpolitischen Strategien mit einer Vielzahl von herausfordernden Aufgaben (vgl. Bundesverband der Personalmanager 2013). Dazu zählen Bereiche wie Recruiting, Unternehmensimage und mögliche Karrierewege genauso wie Anreizsysteme, Bildungs- und Wissensmanagement sowie Führung, Integration und Diversity-Management. Auf diesen Gebieten gilt es die zunehmend unterschiedlichen Bedürfnisse der Mitarbeiter mit den Anforderungen der Unternehmen in Einklang zu bringen, und eine nachhaltige Personalpolitik zu betreiben.

Der genossenschaftliche Bankensektor ist hierbei in besonderer Art betroffen. Zu großen Teilen in ländlichen Regionen verwurzelt, kommt neben den beschriebenen Effekten zusätzlich zum Beispiel der Trend der Urbanisierung zum Tragen. Geeignete Kandidaten und qualifizierte Mitarbeiter wandern in größere Städte ab.

Die Volksbank Mittelhessen gehört mit einer Bilanzsumme von 6,5 Mrd. € zu den größten Kreditgenossenschaften Deutschlands. Seit seiner Gründung im Jahr 1858 ist das Geldinstitut sowohl aus eigener Kraft als auch durch Fusionen kontinuierlich gewachsen und beschäftigt aktuell rund 1400 Mitarbeiter. Durch die regionale Lage ist die Bank neben den

S. Zethner (✉)
Volksbank Mittelhessen eG, Schiffenberger Weg 110, 35394 Gießen, Deutschland
E-Mail: stefanie.zethner@vb-mittelhessen.de

© Springer Fachmedien Wiesbaden 2015
M. Seidel, A. Liebetrau (Hrsg.), *Banking & Innovation 2015*, FOM-Edition,
DOI 10.1007/978-3-658-06746-5_23

beschriebenen Effekten zusätzlich mit einer enormen Strahlkraft von Frankfurt und dem Rhein-Main-Gebiet konfrontiert. Innerhalb Mittelhessens werden für die einzelnen Regionen unterschiedliche Bevölkerungsentwicklungen prognostiziert. Die ländlichen Regionen werden in den kommenden Jahren von einer Alterung und Verkleinerung der Bevölkerung betroffen sein, während die Kreisstädte Gießen, Marburg, Friedberg und Wetzlar durch Zuwanderung nahezu konstante Bevölkerungszahlen aufweisen werden (vgl. Industrie- und Handelskammer Lahn-Dill 2012). Der durchschnittliche Rückgang der Bevölkerungsgruppe im Alter von 16 bis 20 Jahren bis zum Jahr 2020 um ca. 25 % stellt die Bank jedoch innerhalb des gesamten Geschäftsgebiets vor eine der größten Herausforderungen (vgl. Hessisches Statistisches Landesamt 2010). Der zunehmend größer werdende Altersdurchschnitt lässt sich auch in bankinternen Berechnungen erkennen. Das Durchschnittsalter der Belegschaft liegt bereits heute bei 42 Jahren und wird zukünftig noch ansteigen. Verstärkt wird diese Tatsache dadurch, dass eingehende Bewerbungen für Ausbildungsplätze seit Jahren zurückgehen und auch die Qualität der BewerberInnen, zum Beispiel in Ergebnissen bei den Einstellungstests, nachlässt.

Es stellt sich somit vermehrt die Frage, was die Attraktivität eines Arbeitgebers ausmacht. Eine erfolgreiche Arbeitgebermarkenbildung inklusive einer geeigneten Kommunikation gewinnt zunehmend an Bedeutung.

23.2   Personalkommunikation und Arbeitgeberimage

Die Volksbank Mittelhessen lebt eine mitarbeiterorientierte Unternehmenskultur. Der genossenschaftliche Gedanke spielt dabei nach wie vor eine wichtige Rolle. Geleitet durch eine soziale Verantwortung ist die Bank kontinuierlich bestrebt ihre Mitarbeiter zu unterstützen, zu fördern und ihnen eine Orientierung für eine aussichtsreiche Zukunft zu geben. Um den beschriebenen Herausforderungen zu begegnen, wurde die strategische Personalpolitik um folgende Punkte erweitert:

* Gestaltung von Arbeitsmodellen, die sich an die Veränderung der Lebensarbeitszeit anpassen
* Vereinbarkeit von Beruf- und Privatleben
* Förderung der Gesundheit sowie der Unterstützung bei Erhaltung einer lebenslangen Leistungsfähigkeit
* Gewinnung und Bindung von Fachkräften
* Stärkung der Arbeitgebermarke nach Innen und Außen

Das Leistungsangebot des Personalmanagements der Bank ist groß, um die Motivation und Veränderungsbereitschaft der Mitarbeiter zu sichern, ihre Beschäftigungsfähigkeit zu fördern und das Wissen und Können zu erweitern. Angefangen bei einer Vielzahl von Aus- und Weiterbildungsmöglichkeiten der hauseigenen Volksbank Akademie Mittelhessen, über ein umfangreiches Gesundheitsmanagement sowie Arbeitszeitflexibilität bis hin zu individuellen Lösungen. Mittels einer Recruiting-Strategie wird außerdem dafür gesorgt, dass trotz schrumpfender Bevölkerung sowohl neue Auszubildende, als auch Fach- und Führungskräfte gefunden werden.

23.3 Vorstellung ausgewählter Maßnahmen

Um die optimale Ausrichtung zur Rekrutierung qualifizierter und engagierter Mitarbeiter zu gewährleisten und die Zufriedenheit der Angestellten zu erhöhen, hat die Volksbank Mittelhessen eigene Konzepte entwickelt. Diese sind auf die individuellen Herausforderungen der Bank angepasst. Unterteilt in interne und externe Aktivitäten zum Aufbau und Erhalt der Arbeitgebermarke werden einige innovative Konzeptionen vorgestellt.

23.3.1 Unternehmensinterne Maßnahmen

23.3.1.1 Eine eigene Bilderwelt zur Personalkommunikation

Ein wichtiges Element der Kommunikation ist die Bildsprache. Mit dem gezielten Einsatz von Bildern werden Botschaften schneller und einprägsamer vermittelt. Auch die Erinnerung ist nachweislich besser. Um diese Vorteile zu nutzen, wurde eine eigene Bilderwelt geschaffen. Ziel war es, die schriftlichen Informationen zu Maßnahmen und Angeboten der Bank visuell zu untermauern. Hierfür wurden zunächst die wichtigsten Anforderungen definiert. So sollte die Kampagne „Jeder Mensch hat etwas, das ihn antreibt" mit einbezogen werden. Des Weiteren wurden ausschließlich eigene Mitarbeiter der Volksbank Mittelhessen auf den Fotos abgebildet. Die Identifikation der Mitarbeiter mit der Bank und der Wiedererkennungswert der Bilder werden dadurch deutlich gesteigert.

Abgeleitet aus den strategischen Zielfeldern des Personalmanagements, wie zum Beispiel Führung, Gesundheitsmanagement, Weiterbildung und Vereinbarkeit von Beruf und Familie, wurden mehrere Motive erarbeitet. Die entstandenen Bilder werden seitdem zur Personalkommunikation sowohl auf der Homepage, in Werbemitteln und Präsentationen als auch in internen Dokumenten verwendet.

23.3.1.2 HR auf Wanderschaft

Wie in allen Unternehmen sehen sich auch die Mitarbeiter der Volksbank Mittelhessen einer enormen Flut an Informationen ausgesetzt. Um neben rechtlichen Bestimmungen, Marktdaten und internen Veränderungen einen guten Überblick über die persönlichen Entwicklungsmöglichkeiten innerhalb der Bank zu erhalten, hat das Personalmanagement ein messeähnliches Konzept ausgearbeitet. Durch eine hausinterne Veranstaltungsreihe „Informationstage: Meine Volksbank" wurde das gesamte Angebotsspektrum des Personalmanagements vorgestellt. An mehreren Terminen und an unterschiedlichen Standorten wurden vorhandene Konzepte sowie neue Vorhaben kommuniziert. Hierfür standen allen Mitarbeitern der Bank fünf Messestände unter den Oberbegriffen „Strategische Ausrichtung", „Beruf- und lebensphasenorientierte Personalpolitik", „Weiterbildung" und „Gesundheit und Perspektiven" zur Verfügung. Zunächst wurden jeweils kurze Präsentationen gehalten, um im Anschluss in offenen Diskussionen Rede und Antwort zu stehen.

Während der Informationstage wurden Hinweise auf der Arbeitgeber-Bewertungsplattform „Kununu", einer Tochtergesellschaft der Xing AG, gegeben. Hier besteht die Möglichkeit den eigenen Arbeitgeber anonym zu bewerten und auf Verbesserungsmöglichkeiten hinzuweisen. Alle Mitarbeiter wurden im Sinne einer offenen Unternehmenskultur aktiv über diese Plattform informiert.

23.3.1.3 Das Balance Barometer

Das Spannungsfeld zwischen kurzfristigem Ergebnisdruck und der Erhaltung einer langfristigen Leistungsfähigkeit der Mitarbeiter stellt eine große Herausforderung für die Bereichs- und Abteilungsleitung dar. Um die Führungskräfte der Bank dabei zu unterstützen wurde das „Balance-Barometer" konzipiert. Es dient als Steuerungsinstrument, das dafür sorgt, Risiken frühzeitig zu erkennen.

In Form eines Fragebogens mit einer siebenstufigen Skala, dem so genannten Balance-Check, werden von allen Mitarbeitern anonym und freiwillig 15 Kriterien bewertet. Diese sind den Schwerpunkten Verantwortung, Zusammenarbeit, Ergebnis und Nachhaltigkeit zugeordnet. Die Durchführung erfolgt zweimal pro Kalenderjahr in allen Bereichen der Bank. Die Analyse kann der Führungskraft dazu dienen, Defizite in der wahrgenommen Balance der Mitarbeiter zu identifizieren und mit geeigneten Steuerungsmaßnahmen entgegen zu wirken. Das Ergebnis wird dem Team präsentiert. Sollten keine Handlungsfelder erkennbar sein, endet der Prozess an dieser Stelle. Bei Bedarf werden aus den abgeleiteten Ergebnissen Verbesserungsmaßnahmen definiert und umgesetzt.

23.3.1.4 VES – Der Volksbank Experten Service

Die Komplexität in der Arbeitswelt nimmt zu. Um als Arbeitgeber das persönliche Potenzial der Mitarbeiter zu stärken und die Leistungsfähigkeit für die Erfordernisse einer vielschichtigen Arbeitswelt zu fördern, hat die Volksbank Mittelhessen vor einiger Zeit den Volksbank Experten Service ins Leben gerufen.

Hierbei handelt es sich um eine vertrauliche und kostenlose Beratung bei privaten oder beruflichen Problemen. Denkbare Anlässe sind zum Beispiel Konflikte und Notfälle, Ängste, Pflegebedürftigkeit von Angehörigen, Arbeitsstress sowie Kinder und Erziehung. Durchgeführt wird diese Beratung durch ein externes, qualifiziertes Expertenteam. Dieses steht allen Mitarbeitern der Bank inklusive deren Angehörigen rund um die Uhr per Telefon, per Internet oder im persönlichen Gespräch zur Verfügung.

Um die Resultate des Volksbank Experten Service abschätzen zu können, erhält die Bank in regelmäßigen Abständen einen anonymisierten Nutzungsbericht. Dieser umfasst Angaben zur Nutzungshäufigkeit, zum Beratungsumfang, zur Häufigkeit grob geclusterter Anlässe sowie ein qualifiziertes Feedback.

	Einstieg / Orientierung	Reife / Karriere	Führung	Auszeiten / Ausstieg
Aus- und Weiterbildung / Beschäftigungsfähigkeit	• Ausbildung- START • EDV-Training • Hospitation • Training on the job • Berufsbegleitende Studiengänge • Traineeprogramme • Talentmanagement • Coaching	• B.E.S.T. • S.T.E.P. • EDV-Training • Interne und externe Weiterbildung • Training on the job • Berufsbegleitende Studiengänge • Traineeprogramme • Talentmanagement • EntwicklungsCenter Führung • Coaching	• Interne und externe Führungsseminare • Training on the job • Hospitation • Talentmanagement • ProFI • Coaching	• Kontakthalteprogramme inkl. interne Weiterbildung • Praktikum, Auslandsaufenthalt
Gesundheit / Balance	• Volksbank Experten Service • Gesundheitstag • Betriebliche Gesundheitsförderung • BalanceBarometer • Coaching • Betriebsmedizinische Betreuung • Betriebliches Eingliederungsmanagement	• Volksbank Experten Service • Gesundheitstag • Betriebliche Gesundheitsförderung • BalanceBarometer • Coaching • Betriebsmedizinische Betreuung • Betrieblichesesitsförderungsförderung Eingliederungsmanagement	• Volksbank Experten Service • Gesundheitstag • Betriebliche Gesundheitsförderung • BalanceBarometer • Coaching • Betriebsmedizinische Betreuung • Betriebliches Eingliederungsmanagement	• Volksbank Experten Service • stufenweise Wiedereingliederung • Wertschätzung bei MA (Langzeitkranke) • Hilfsmittel am Arbeitsplatz • Betriebliches Eingliederungsmanagement
Arbeitszeitflexibilität	• Mobile Arbeitsplätze • Teilzeitmodelle • flexible Arbeitszeit • Sabbatical • Zeitwertkonten	• Mobile Arbeitsplätze • Teilzeitmodelle • flexible Arbeitszeit • Sabbatical • Zeitwertkonten	• Mobile Arbeitsplätze • Teilzeitmodelle • flexible Arbeitszeit • Sabbatical • Zeitwertkonten	• Teilzeitmodelle • Sabbatical • Zeitwertkonten
Vereinbarkeit von Beruf und Lebenssituationen	• Volksbank Experten Service (für die ganze Familie) • Beratung / Informationen • Elternzeit • Pflegezeit • Mobile Arbeitsplätze • Teilzeitmodelle • flexible Arbeitszeit • Zeitwertkonten	• Volksbank Experten Service (für die ganze Familie) • Beratung / Informationen • Elternzeit • Pflegezeit • Mobile Arbeitsplätze • Teilzeitmodelle • flexible Arbeitszeit • Zeitwertkonten	• Volksbank Experten Service (für die ganze Familie) • Beratung / Informationen • Elternzeit • Pflegezeit • Mobile Arbeitsplätze • Teilzeitmodelle • flexible Arbeitszeit • Zeitwertkonten	• Elternzeit • Pflegezeit • Wiedereingliederung • Kontakthalteprogramme • Teilzeitmodelle • Zeitwertkonten

Abb. 23.1 Das Gießener Modell

23.3.1.5 Das Gießener Modell zu Berufs- und lebensphasenorientierten Angeboten

Um sich den demografischen Herausforderungen zu stellen, richtete die Volksbank Mittelhessen im Jahr 2013 ihre Personalpolitik berufs- und lebensphasenorientiert aus. Es entstand das „Gießener Modell" (vgl. Abb. 23.1). Dabei handelt es sich um eine Matrix, die die verschiedenen Lebenssituationen eines Mitarbeiters auf der vertikalen Achse in die vier Themenfelder „Aus- und Weiterbildung/Beschäftigungsfähigkeit", „Gesundheit/Balance", „Arbeitszeitflexibilität" und „Vereinbarkeit von Beruf und Lebenssituationen" unterteilt. Auf der horizontalen Achse werden die Berufsphasen „Einstieg/Orientierung", „Reife/Karriere", „Führung" sowie „Auszeiten/Ausstieg" untergliedert. Innerhalb dieses Rahmens wurde das gesamte Leistungsangebot für die Beschäftigten den jeweiligen Oberbegriffen zugeordnet.

Das Gießener Modell zu Berufs- und lebensphasenorientierten Angeboten ist fester Bestandteil der Beurteilungs- und Fördergespräche. Darüber hinaus kann es bei Bedarf jederzeit eingesetzt werden. Die entstandene Matrix schafft Transparenz und gibt den Führungskräften und Mitarbeitern einen strukturierten Überblick über das Angebotsspektrum der Bank.

23.3.2 Unternehmensexterne Maßnahmen

23.3.2.1 Ready2GO

In Folge der Umstellung von „G9" auf „G8" ist die Zahl der Bewerbungen für Ausbildungsplätze in den letzten zwei Jahren erfreulich angestiegen. Die Erwartungen für die kommenden Jahre sehen allerdings anders aus. Daher ist es schon heute wichtig, bei den jungen Menschen der Region präsent zu sein und mit passenden Angeboten auf sich aufmerksam zu machen.

Im Jahr 2013 hat die Volksbank Mittelhessen „Ready2Go" ins Leben gerufen. Ziel ist es, die Jugendlichen bei ihrer privaten und beruflichen Orientierung unterstützen. „Ready2Go" ist ein Training zur Persönlichkeitsentwicklung für Schüler. Über eine eigens gestaltete Internetseite können sich Jugendliche für das Programm bewerben und bei Zusage kostenfrei teilnehmen. Es beinhaltet eine individuelle Karriereberatung, ein Bewerbertraining, Life-Kinetik-Elemente (Trainingsform zur nachhaltigen Steigerung der geistigen und körperlichen Fitness) sowie eine Optimierung der Soft Skills. Die einzelnen Module lassen sich in die Bereiche Karriere, Performance und Selbstmanagement einteilen. In einer Gruppe von ungefähr zwanzig Schülern durchlaufen diese gemeinsam an mehreren Samstagen das Programm. Es ist auf die Dauer eines Schuljahres ausgelegt und wird durch professionelle Dozenten betreut. Die Teilnahme wird mit einem Zertifikat bestätigt.

23.3.2.2 Einsatz von Tablets in der Ausbildung

Die Volksbank Mittelhessen setzt als moderner Arbeitgeber auf fortschrittliche Technik. Seit 2013 stattet sie daher ihre Auszubildenden mit Tablet-Computern aus. Über eine durch die Firma Microsoft eigens für die Bank entwickelte Anwendung (E-Learning-App), können die jungen Auszubildenden alle relevanten Ausbildungsunterlagen während der gesamten Lehrdauer online abrufen. In der Vergangenheit wurden die Unterlagen für innerbetriebliche Unterrichte oder Fachseminare in Papierform verteilt. Am Ende einer mehrjährigen Ausbildung hatte sich dadurch eine größere Anzahl an Ordnern angesammelt, die teilweise schon veraltete Informationen beinhalteten und aktualisiert werden mussten. Heute werden die Unterlagen effizient digital verwaltet und befinden sich dadurch stets auf dem neuesten Stand.

Die App ist auf den Tablets bereits vorinstalliert und beinhaltet die ersten Grundlagen. Über die Webanwendung „Sharepoint" können die Ausbilder nach und nach weitere Ausbildungsinhalte zum Download zur Verfügung stellen. Die Auszubildenden haben über eine Notizfunktion die Möglichkeit sich individuelle Anmerkungen zu machen, Fragen zu notieren und aktiv mit den Dokumenten zu arbeiten.

23.4 Resümee

Die Auseinandersetzung mit dem Thema Arbeitgebermarke ist eine wichtige Aufgabe. Durch die Etablierung zielgerichteter Maßnahmen hat die Volksbank Mittelhessen wertvolle Erfolgsfaktoren für die Gewinnung und Bindung von Mitarbeitern geschaffen. Einige der Konzepte haben die Erwartungen weit übertroffen. Durch den intensiven Meinungsaustausch mit Mitarbeitern aus unterschiedlichen Bereichen und Hierarchiestufen (zum Beispiel auf den Informationstagen „Meine Volksbank") konnte zudem ein direktes Meinungsbild eingeholt sowie wertvolle Erkenntnisse für zukünftige Handlungsfelder ermöglicht werden. Die Bilanz aller Aktivitäten hat dazu geführt, dass die Volksbank Mittelhessen als mehrfach zertifizierter „Great place to work" zu den attraktivsten Arbeitgebern Deutschlands zählt und in der Region ein einzigartiges Arbeitsumfeld bietet. Außerdem wurde die Bank bei einer Umfrage durch „FOCUS-Spezial" und der Arbeitgeberbewertung „Kununu" unter die fünf besten Arbeitgeber in der Branche Banken und Finanzdienstleistungen gewählt.

Literatur

Bundesinstitut für Bevölkerungsforschung. (2013). Bevölkerungsentwicklung – Daten, Fakten, Trends zum demographischen Wandel. Wiesbaden: Bundesinstitut für Bevölkerungsforschung.

Bundesverband der Personalmanager. (2013). Service Demographiemanagement – Eine Publikationsreihe Bundesverbands der Personalmanager. Berlin: Bundesverband der Personalmanager.

Hessisches Statistisches Landesamt. (2010). Statistische Berichte – Bevölkerung in Hessen 2060 – Ergebnisse der regionalisierten Bevölkerungsvorausberechnung bis 2030 auf der Basis 31.12.2008. Wiesbaden: Hessisches Statistisches Landesamt.

Industrie- und Handelskammer Lahn-Dill. (2012). Wie leben wir morgen? In den Kommunen. Dillenburg: Industrie- und Handelskammer Lahn-Dill.

www.kununu.com.

www.vb-mittelhessen.de.

Radikale Vernetzung – Eine mögliche Zukunft der Kundenberatung von Übermorgen

24

Claude Del Don

24.1 Ausgangspunkt

Vertrauensverlust sowie steigender Konkurrenzdruck führen zu immer geringeren Transaktionskosten und somit zu einer sich stetig steigernden Margenerosion und ähnlichen Faktoren, die es den Anbietern von Finanzdienstleistungen zunehmend schwer machen, bei ihren Geschäftstätigkeiten in die Gewinnzone vorzustoßen (vgl. NZZ 2012; Held 2010). Gleichzeitig zeigen Untersuchungen, dass loyale Kunden ihren Anbieter nur selten aufgrund preislicher Opportunitäten wechseln (vgl. Caruana 2004, S. 256 ff.). Diese Loyalität ist aber durch den Vertrauensverlust stark gefährdet, da „Loyalität" und „Vertrauenswürdigkeit" synonym verwendet werden (Duden online 2014).

Einer der Hauptgründe für den Vertrauensverlust sieht der Banking & Finance Professor Hans Geiger in der mangelnden Ausrichtung auf die Vertrauensbildung sämtlicher Banken (vgl. Geiger 2008, S. 2). Reflektiert wird dieser Befund in einer Studie von Solution Providers in Zusammenarbeit mit der Universität Zürich, deren Ergebnis summa summarum lautet, dass sich sowohl Berater als auch Manager von Banken in ihrer Einschätzung der Beratungsqualität im Vergleich zu der Einschätzung des Kunden massiv irren (vgl. Mogicato et al. 2009, S. 23).

C. D. Don (✉)
Alte Landstraße 3, 8820 Wädenswil, Schweiz
E-Mail: claude.deldon@bluewin.ch

© Springer Fachmedien Wiesbaden 2015
M. Seidel, A. Liebetrau (Hrsg.), *Banking & Innovation 2015*, FOM-Edition,
DOI 10.1007/978-3-658-06746-5_24

24.2 Was ist (gute) Kundenberatung?

Verschiedene Studien haben gezeigt, dass ein bestimmtes Set an Kompetenzen eine gute Kundenberatung ausmacht. Diese Kompetenzen können wie folgt zusammengefasst werden (Beisheim 1997, S. 14):

* Fachkompetenz
* Beratungs- resp. Methodenkompetenz
* Sozialkompetenz
* Persönliche Kompetenz

Entgegen der landläufigen Meinung ist die Fachkompetenz nicht so sehr das Problem beim Vertrauensverlust (vgl. Goerdten 2012). Ebenso wenig ist es die Sozialkompetenz (Goerdten 2012). Die Beratungs- sowie die persönliche Kompetenz sind Faktoren, bei denen noch Verbesserungspotenzial vorhanden ist (Goerdten 2012). Es kann davon ausgegangen werden, dass es die persönliche Kompetenz des Kundenberaters ist, die es vermag, jenen Unterschied zu bewirken, der einen Kunden dazu bewegen kann, seiner Bank gegenüber loyal zu sein.

24.3 Vernetzung – Von fallenden Mauern und sich auflösenden Grenzen

Um den gestiegenen Anforderungen gewachsen und für den sich ergebenden Wandel bereit zu sein, sind die althergebrachten Organisationsstrukturen oftmals nicht agil genug (vgl. Kotter 2012, S. 24). Der durch das Informationszeitalter auf die Finanzindustrie einwirkende Industrialisierungsdruck verlangt von derselben eine Neuorientierung ihrer Organisationsstruktur und dadurch im Private Banking auch des gesamten Geschäftsfeldes.

Diese Neuorientierung kann im Sinne des Informationszeitalters eigentlich nur in der Restrukturierung des Organisationsaufbaus im Sinne einer Netzwerkorganisation stattfinden (vgl. Koye 2005, S. 186 ff.). Diese kann als einzige Organisationsstruktur etabliert werden oder der hergebrachten hierarchischen Struktur als Parallelorganisation beigefügt werden (Kotter 2012, S. 24). Damit diese Netzwerkstruktur der Unternehmensorganisation nicht als Selbstzweck aufgebaut wird und die Belegschaft zwecklose administrative Mehrleistungen ohne Mehrwert erbringen muss, ist es wichtig, diese Struktur dem Kunden, dem eigentlichen Generator von Mehrwert, zu unterstellen resp. sie an dessen Informationsbedarf auszurichten (vgl. Koye 2005, S. 186 ff.). Dabei gilt: Je höher der Informationsbedarf, desto dynamischer muss das Netzwerk gestaltet werden (Koye 2005, S. 186 ff.). Auf diese Weise fallen mit der althergebrachten Hierarchie auch die mit ihr etablierten Abteilungsgrenzen und ein Aufbrechen der Kompetenzprofile ist somit notwendig, da die Gestaltung der Kundenschnittstelle zum Fokus für die Geschäftstätigkeit des gesamten Unternehmens würde (Koye 2005, S. 188). Für die Kundenberatung kann dies zum Beispiel bedeuten, dass die oben beschriebenen Kompetenzarten nicht mehr in einer einzigen Person gebündelt sein müssen. Dies hätte den Vorteil, dass die Bindung des Kunden an den Kundenberater zu Gunsten einer Bindung an die Bank aufgeweicht werden würde.

24.4 Partnervermittlung – Ein Blick über den Tellerrand

Wie diese Gestaltung der Kundenschnittstelle aussehen könnte, soll ein Blick über den Tellerrand der Finanzindustrie in einen weiteren Bereich, der erst durch die innovative Kraft des Informationszeitalters geschaffen wurde, ermöglichen: die Online-Partnervermittlung (beispielsweise Parship.de, ElitePartner.de etc.).[1] Man begibt sich zwecks Partnerfindung auf eine Onlineplattform und erfasst dort sein Profil. Dabei gibt man seine eigenen Vorlieben und Eigenschaften in eine Datenbank ein. Diese sucht dann nach bestimmten algorithmischen Regeln ein passendes Gegenüber, dem man dann schreiben oder es anderweitig kontaktieren kann. Dies unterscheidet sich vom althergebrachten Weg zum einen darin, dass die Absicht von Anfang an für beide Parteien klar ist. Zum anderen wird der Ausleseprozess des weiteren Kennenlernens um einiges verkürzt, denn es ist von Beginn an klar, welche Vorlieben und Abneigungen der andere hat, und nur, wenn diese geteilt werden, kommt ein erster Kontakt zustande.

Der Kostenfaktor, resp. die Höhe der Gebühr für die Teilnahme, kann als Incentive dafür gelten, dass die Angaben sowie die Absicht der Teilnehmenden so ehrlich wie möglich sind. Ebenfalls das Gelingen der Vermittlung maßgeblich beeinflussend sind die Anzahl und die Differenziertheit der zu erfassenden Parameter. Das heißt, je mehr und je präziser Angaben gemacht werden (können), desto geringer ist die Wahrscheinlichkeit mit der Wahl des Gegenübers Enttäuschungen oder unangenehme Überraschungen zu erleben.

24.5 Kundenberatung von übermorgen – Vernetzung und Vermittlung

Wie aufgezeigt wurde, muss der Kundenberater im Private Banking ein Set an Kompetenzen in seiner Person vereinen, um beim Kunden jene Vertrauensbasis schaffen zu können, die es der Bank erlaubt, weiter mit dem Kunden arbeiten zu können (vgl. Abschn. 24.3). Gleichzeitig zeigt sich auch, dass diese Kompetenzen immer schwieriger in einer einzigen Person in einer für jeden einzelnen Kunden tauglichen Art und Weise vereint werden können. Die Prinzipien der Vernetzung resp. der Netzwerkorganisation, wie sie durch die

---

[1] Der Autor greift mangels eigener Kenntnisse in diesem Bereich auf die Erfahrungsberichte Dritter zurück.

technologischen und auch gesellschaftlichen Entwicklungen des Informationszeitalters forciert werden, können hierbei den Weg für ein neues Modell dieses Geschäftsfeldes ebnen (vgl. Abschn. 24.4).

Die Erkenntnis, dass die notwendigen Kompetenzen, die von der Kundenberatung gefordert werden, immer weniger von den einzelnen Mitarbeitenden alleine erbracht werden können, lässt die Möglichkeit in den Blick treten, diese auf verschiedene Personen zu verteilen. Die auf diese Weise eingebundenen Personen würden dann ein Netzwerk im Netzwerk darstellen, welches die einzelne Kundenschnittstelle optimaler bedienen könnte, als dies eine Einzelperson vermag. Den direktesten Kontakt müsste der Natur der Kompetenzen nach jene Person innehaben, welche auf der Ebene der persönlichen Kompetenz mit dem Kunden interagiert, um jenes oben erwähnte Vertrauensverhältnis aufzubauen und zu unterhalten, welches für den Private-Banking-Anbieter so wichtig ist. Diese Kompetenz muss jedoch nicht notwendigerweise bei einem der designierten Kundenberater vorhanden sein, sondern kann unter Umständen auch bei jedem x-beliebigen Mitarbeiter des Private-Banking-Anbieters vorhanden sein. Hierzu wird es nötig sein, die oftmals starren Abteilungsgrenzen innerhalb der Organisationsstruktur eines Private-Banking-Anbieters völlig neu zu denken.

In einer solchermaßen vernetzten Kundenberatung wird die Gestaltung und der Aufbau der Kundenschnittstelle zu einer der wichtigsten Aufgaben einer Bank (vgl. Abschn. 24.4 und 24.5). Hier kann die Partnervermittlung als Hilfestellung dienen (vgl. Abschn. 24.5). Da diese Kundenschnittstelle, wie oben erwähnt, hauptsächlich auf die persönliche Kompetenz des Beratenden aufgebaut ist, wird der Prozess, durch welchen der ideale Partner im Beratungsgeschäft gefunden werden kann, jenem Prozess der Partnervermittlung ähnlich genug, um sich davon inspirieren lassen zu können (vgl. Abschn. 24.4). Ein weiterer Vorteil besteht darin, dass die heiklen Punkte, welche bei der Partnervermittlung zu einem Scheitern der Bemühungen führen können, im Falle der Vermittlung des Kundenberaters mit der am besten passenden persönlichen Kompetenz durch die Vernetzung teilweise aufgefangen werden können.

24.6   Warum erst übermorgen? – Radikalität der Konsequenzen

Zunächst einmal sind viele Banken noch in der Aufarbeitungsphase der Finanzkrise sowie mit der Umsetzung der neuen Regeln gemäß Basel III beschäftigt. Hinzu kommen noch länderspezifische Herausforderungen. Diese Faktoren haben einen Bremseffekt auf den Industrialisierungsdruck, so dass die in diesem Artikel skizzierten Entwicklungen, Maßnahmen und Szenarien erst mit einer gewissen Verzögerung und unter Umständen in veränderter Form verwirklicht werden.

Die oben beschriebene Vermittlung der Kundenberater an den Kunden auf der Basis der persönlichen Kompetenz kann zum Beispiel dazu führen, dass ein Mitarbeiter aus dem Backoffice als der geeignetste Kandidat eruiert wird. Da die Tagesgeschäfte innerhalb der Bank in den verschiedenen Abteilungen und Departments dennoch weiterhin erledigt werden müssen, käme auf die Mitarbeitenden evtl. eine Doppelrolle innerhalb des Unternehmens zu. Dies würde die Schaffung von Stellenprofilen erfordern, die so heute noch nicht gedacht werden. Gleichzeitig müsste die Unternehmenskultur im Bereich der Kommunikation wesentlich transparenter und offener werden, da verhinderte oder verweigerte Kommunikation innerhalb der Gruppe der Kompetenzträger das gesamte Konzept zum Scheitern bringen würde. Hinzukommt, dass solche Stellenprofile nach einer neuen, diesen Profilen entsprechenden Entlohnung verlangen, die ebenfalls heute noch nicht angedacht ist. Konsequenterweise müsste dann auch das Pricing neu gestaltet und vor allem begründet werden, was wiederum heute allenfalls ansatzweise gedacht wird. Ebenfalls müssten HR-Strategien neu überdacht, den neuen Anforderungen angepasst oder gar verworfen und neu formuliert werden.

24.7 Zusammenfassung

Ein konsequentes Weiterdenken der technologischen und gesellschaftlichen Entwicklungen des Informationszeitalters unter Einbezug der Margen- und Transaktionskostenentwicklung über die Grenzen rein organisatorisch-administrativer Ebenen hinaus kann zu einem neuen, kreativen Gestaltungsmodell des Geschäftsfeldes des Private Bankings und insbesondere der Kundenberatung führen. Die bisherigen Entwicklungsschritte innerhalb dieses Geschäftsbereiches zeigen aber auch, dass die skizzierte Vision einer solchen Private-Banking-Kundenberatung nicht schon morgen Wirklichkeit werden wird, jedoch für das Übermorgen einen Orientierungspunkt abgeben kann. Dies aus dem Grund, da die Organisationsstruktur des Private Banking völlig neu gedacht und konzipiert werden müsste, ein Prozess, der gewohnheitsmäßig viel Zeit in Anspruch nimmt und im konkreten Fall ein radikales Umdenken der Mitarbeitenden innerhalb bestehender Strukturen darstellt. Gleichzeitig wird von allen im Unternehmen Beteiligten eine kommunikative Transparenz gefordert, die heute in der Finanzbranche noch nicht existiert, die aber für die erfolgreiche Umsetzung ein, wenn nicht das entscheidende Kriterium darstellt.

Die beschriebenen Mechanismen und Entwicklungen stellen kein in Stein gemeißeltes Zukunftsszenario dar. Das vorgestellte Konzept stellt, wie eingangs erwähnt, eine Designstudie dar, die das Konzept der Netzwerkorientierung einer Unternehmung so konsequent wie möglich weiterdenkt und auf das Private Banking resp. die Kundenberatung ausweitet. Es ist klar, dass bei einer Entwicklungsgeschwindigkeit wie sie das Informationszeitalter innehat, ein solches Zukunftsszenario tatsächlich lediglich als Orientierungspunkt betrachtet werden muss. Unvorhergesehene Ereignisse und Entwicklungen in anderen Sektoren der Gesellschaft können dazu führen, dass das Szenario überdacht oder gar verworfen werden muss.

Literatur

Beisheim, M. (1997). Aus- und Weiterbildung in österreichischen Banken – neue Anforderungen ohne Profil?. In V. Heyse (Hrsg.), *Kundenbetreuung im Banken- und Finanzwesen. Praxisbeiträge zur Kompetenzentwicklung*. Münster: Waxmann.

Caruana, A. (2004). The impact of switching costs on customer loyalty. A study among corporate customers of mobile telephony. *Journal of Targeting, Measurement & Analysis for Marketing, 12*(3), 256–268.

Duden online. (2014). Loyalität. http://www.duden.de/rechtschreibung/Loyalitaet. Zugegriffen: 7. April 2014.

Geiger, H. (2008). Banken und Vertrauen. Abschiedsvorlesung vom 28. Mai 2008. http://www.hansgeiger.ch/wp-content/uploads/2009/02/banken_und_vertrauen_08_05_27.pdf. Zugegriffen: 11. März 2014.

Goerdten, D. (2012). *Marketing & Produktmanagement II, Regulierung und Qualität der Beratung*. Zürich: Skript des Banking & Finance Studiengangs der Kalaidos FH.

Held, P. P. (2010). Neue Rezepte gegen die Margenerosion. In: Handelszeitung. http://www.handelszeitung.ch/unternehmen/neue-rezepte-gegen-die-margenerosion Zugegriffen: 11. März 2014.

Kotter, J. P. (2012). *Die Kraft der zwei Systeme. Harvard Business Manager. 12/2012* (S. 23–36). Harvard: Harvard Business Press.

Koye, B. (2005). Private Banking im Informationszeitalter. Eine Analyse der strategischen Geschäftsmodelle. In: H. Geiger et al. (Hrsg.), *Bank- und finanzwirtschaftliche Forschungen, Bd. 361*. Bern: Haupt.

Mogicato, R., Schwabe, G., Stehli, R., Nussbaumer, Ph., & Eberhard, M. (2009). *Beratungsqualität in Banken. Was der Kunde erwartet, was der Kunde erlebt*. Dübendorf: Solution Providers AG.

NZZ online. (2012). Die Banken, die Kunden und das Vertrauen. http://www.nzz.ch/aktuell/data/die-banken-die-kunden-und-das-vertrauen-1.17294814. Zugegriffen 11. März 2014.

Dirk Emminger und Alexander J. Renner

Nach neuesten Zahlen des Branchenverbandes BITKOM kaufen mehr als 94 % der Internetnutzer in Deutschland regelmäßig auch online ein. Im Zuge der fortschreitenden Digitalisierung verändert sich dabei das Einkaufsverhalten insbesondere im Hinblick auf die Geräte, von denen Kunden Waren im Netz bestellen. Zwar bleiben Laptops und Desktops-PCs noch führend, aber der Einsatz mobiler Geräte beim Online-Shopping via Tablet und Smartphone nimmt erkennbar zu. Während sich der Zugriff auf das Internet deutlich verändert, zeigen sich bei den bestellten Waren kaum Veränderungen. Hier dominieren einfache Produkte wie Bücher, Kleidung oder Eintrittskarten für Konzerte oder Theater. Produkte wie Versicherungen, Wertpapiere oder Autos werden demgegenüber weniger im Internet nachgefragt, was sicherlich auch damit zusammenhängt, dass diese Produkte komplexer sind und einen deutlich höheren Beratungsbedarf erfordern. Weiterhin ist auffällig, dass trotz der positiven Entwicklungen nach wie vor Stolperfallen im Internethandel bestehen. So hat sich der Payment Provider „Sage Pay" in einer aktuellen Studie „Benchmark Report für den Onlinehandel" mit den Gründen für Kaufabbrüche im Online-Shop auseinandergesetzt (Sage Pay 2013). Wichtige Gründe für das Verlassen eines Online-Shops ohne Einkauf sind fehlende Zahlungsarten, Liefer- und Versandkosten sowie die Bestätigung der Allgemeinen Geschäftsbedingungen. Vor dem Hintergrund ist zu vermuten, dass die Abbruchquote für komplexere Produkte deutlich höher liegt, weil etwa Kunden bei Versicherungsanträgen notwendige Fragen unbeantwortet lassen oder Daten nicht preisgeben wollen. Dabei

D. Emminger (✉) · A. J. Renner
Finanz Informatik Technologie Service GmbH & Co. KG, Goethering 30,
63067 Offenbach, Deutschland
E-Mail: dirk.emminger@f-i-ts.de

A. J. Renner
E-Mail: alexander.renner@f-i-ts.de

© Springer Fachmedien Wiesbaden 2015
M. Seidel, A. Liebetrau (Hrsg.), *Banking & Innovation 2015*, FOM-Edition,
DOI 10.1007/978-3-658-06746-5_25

sind gerade Banken und Versicherungen besonderes gefordert, ihre Vertriebskanäle und die
Kontaktpunkte für Kunden stärker den digitalen Bedürfnissen ihrer Kunden anzupassen.

Wie sich insbesondere junge Menschen die Bank der Zukunft wünschen, zeigt „Die
,Bank der Zukunft' aus Sicht der Digital Natives" der Universität Hohenheim (Brettschneider 2013). Die überraschende Antwort: Die Generation der 25- bis 35-jährigen wünscht
sich keineswegs reine Online-Banken. Vielmehr erwarten sie eine perfekt aufeinander abgestimmte Kombination aus Services in der Filiale und im Online-Banking. Eine persönliche
Beratung ist dabei nicht auf den Besuch in der Filiale beschränkt. Gleichzeitig wünschen
sie ein Angebot, dass sich durch eine bequeme und einfache Handhabung sowie schnelle
Reaktionszeiten bei der Informationsbeschaffung und beim Vertragsabschluss auszeichnet.

Vor diesem Hintergrund gehören die Etablierung eines persönlichen Beratungsange-
bots im Online-Kanal und die gleichzeitig Einbindung in die Unternehmensstrategie
damit zu den vordringlichsten Aufgaben von Banken und Versicherungen. Bestehende Beratungsangebote wie Online-Chats, Hotlines oder Videoberatungen reichen nicht
aus, da aufsichtsrechtliche Bestimmungen mit Blick auf das Bankgeheimnis oder auf die
Dokumentation des Gespräches nicht umfassend eingehalten werden.

25.1 Rechtssichere Beratung mit Co-Browsing

Ein neuer Beratungsansatz für eine zeitgemäße und sichere Beratung im Internet ist Co-
Browsing. Bei Fragen zu einem Kreditantrag oder zur einer Versicherungspolice nimmt
der Kunde mittels eines Buttons auf der Webseite seines Finanzinstitutes Kontakt zu einem
Berater auf und startet so die Co-Browsing-Session. Das Beratungsgespräch erfolgt beim
Co-Browsing mit einem geteilten Browser-Fensters, auf das Kunde und Berater von ihrem
jeweiligen PC schauen (vgl. Abb. 25.1). Das direkte Gespräch wird parallel per Telefon
geführt. Der Berater kann kompetent alle Fragen zum Kreditantrag beantworten und begleitet den Kunden beim Ausfüllen des notwendigen Online-Formulars. Auf Kundenwunsch
kann der Berater auch ausgewählte Daten in das entsprechende Online-Formular eintra-
gen. Unternehmen können das Tool aber so administrieren, dass sensible Informationen wie
Kontoverbindungsdaten ausschließlich vom Kunden selbst eingetragen werden. Auch der
„finale Klick" für den Vertragsabschluss liegt immer in der Hand des Kunden selbst. Auf
diesem Weg ist die Willenserklärung des Kunden zum Vertragsabschluss sichergestellt. Mit
diesen Einstellungen wird darüber hinaus das grundsätzliche Vertrauensverhältnis zwischen
Berater und Kunden gestärkt.

Im Gegensatz zu bekannten Screensharing-Lösungen erlaubt Co-Browsing keinen
Zugriff auf Inhalte außerhalb des Browsers. Die getrennte und parallele Nutzung der
Kommunikationskanäle Computer und Telefon sorgt für eine stabile Verbindung zwischen
Berater und Kunden und gewährleistet damit ein unterbrechungsfreies Gespräch, das via
Videochat zurzeit noch nicht zu realisieren ist. Co-Browsing ist einer der sichersten Wege,

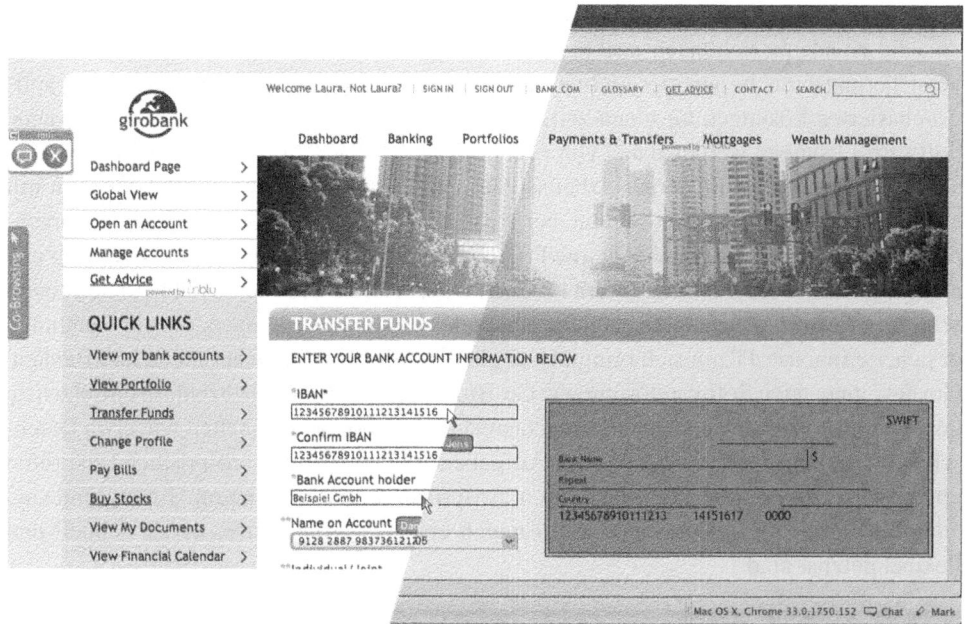

Abb. 25.1 Links die Ansicht des Kunden, rechts die gesicherte und um sensible Daten reduzierte Ansicht des Beraters

um mit Kunden über das Web zusammenzuarbeiten, bei gleichzeitiger Einhaltung strenger Datenschutzrichtlinien. Die technische Grundlage für Co-Browsing bildet ein Script, das auf der Website der jeweiligen Bank oder Versicherung integriert ist. Die Installation eines Plug-ins oder einer speziellen Co-Browsing-Software auf dem Kunden-PC ist nicht erforderlich. Somit ist die Lösung Browser-unabhängig, so dass unterschiedliche Bildschirmauflösungen das Gespräch nicht beeinflussen. Co-Browsing lässt sich zudem mobil auf dem Tablet oder Smartphone nutzen. Kunden erhalten unabhängig von ihrem Standort und dem Endgerät immer eine gleichbleibende Beratungsqualität.

25.2 IT-Lösungen für Fachbereiche

Diese webbasierte Softwarelösung kommt in anderen Ländern schon umfassend zum Einsatz. Die Marktexperten von Gartner sprechen im „CRM Hype Cycle Report 2013" (Gartner 2013) davon, dass Co-Browsing als kollaborative Kunden-Schnittstelle innerhalb der nächsten fünf bis zehn Jahre zum Standard für die Online-Beratung wird. Gerade für Banken und Versicherungen ergeben sich durch diese Lösung ganz neue Ansätze für die Nutzung des Onlinekanals. Das persönliche Vertrauensverhältnis wird durch den neuen Kontaktkanal ausgebaut und gestärkt.

Auch in Deutschland steht Co-Browsing vor dem Durchbruch. Es wird in absehbarer Zeit die Kundenbeziehungen nachhaltig verändern. Fachabteilungen in der Finanz- und Versicherungsbranche wie der Online-Vertrieb suchen zurzeit nach entsprechenden softwarebasierten Lösungen für einen zeitgemäßen Multikanalvertrieb. Investitionen in neue Software-Lösungen werden dabei von Fachbereichen forciert, weil sie die IT immer mehr als festen Bestandteil moderner Arbeitsabläufe sehen. Sie fordern flexible Lösungen mit einer kurzen Time-to-Market-Spanne bei gleichzeitig planbaren Kosten. Erster Ansprechpartner des Fachbereichs ist die interne IT-Abteilung, die den reibungslosen IT-Betrieb und nicht zuletzt auch das IT-Budget verantwortet. Dem Wunsch des Fachbereiches nach einem schnellen Einsatz stehen dabei auch die Rahmenbedingungen entgegen, die eine qualitätsgesicherte Inhouse-IT mit sich bringt. Dies gilt besonders für Versicherungen und Banken. Um eine innovative Softwarelösung wie Co-Browsing in ihren Rechenzentren einsetzen zu können, müssen sie grundlegende aufsichtsrechtliche Vorgaben einhalten wie etwa Datenschutzrichtlinien. An dieser Stelle ist es Aufgabe der IT, die Lösung entsprechend zu prüfen und zu zertifizieren, was allerdings Zeit in Anspruch nimmt. Vor diesem Hintergrund sind cloudbasierte Software-as-a-Service-Lösungen eine gute Alternative, da sie schnell und flexibel nutzbar sind.

25.3 Die Bankenwelt im Umbruch

Nicht nur das veränderte Nutzungsverhalten der Kunden fordert Banken aktuell heraus. Zurzeit suchen verstärkt innovative Software-Unternehmen mit neuen Lösungen Zutritt in den Markt. Dabei stehen insbesondere mobile und benutzerfreundliche Angebote wie „CRM mobile Payment" oder die einfache Vergabe von kleinen Krediten im Fokus. Gerade im angelsächsischen Raum kommen diese Lösungen zum Einsatz und zwingen traditionelle Banken dazu, ihre Geschäftsmodelle und -strategien zu überdenken und anzupassen. In Deutschland stellt sich die Situation noch anders dar, was in erster Linie mit einem besonderen Umgang beim Thema Datenschutz zusammenhängt. Die NSA-Affäre nach den Enthüllungen Edward Snowdens hat nicht nur in Deutschland zu einem veränderten Umgang mit sensiblen Daten geführt. Gerade bei Finanzdaten legen Kunden großen Wert auf Datenschutz und -sicherheit. Daher besteht in der deutschen Finanzwirtschaft auch Einigkeit über die Einhaltung der gesetzlichen Vorgaben und der damit einhergehenden Speicherung von Finanzdaten in deutschen Rechenzentren. Damit verfügen Banken und Sparkassen gegenüber neuen Wettbewerbern über einen Vorteil, was die Datenhaltung angeht. Auch scheinen Kunden trotz des Vertrauensverlustes im Zuge der letzten Bankenkrise beim Thema Datenschutz den traditionellen Instituten zu vertrauen. Der Innovationsvorsprung liegt aber klar bei international agierenden Start-ups.

25.4   Cloud-Lösung für Banken und Versicherungen

Als langjähriger IT-Partner der Finanz- und Versicherungsbranche besitzt Finanz Informatik Technologie Service (FI-TS) umfassende Kenntnisse bei der Umsetzung und Einhaltung regulatorischer Vorgaben im IT-Betrieb. Zahlreiche Zertifikate sind der Beleg, dass der IT-Dienstleister die Anforderungen in Bezug auf Informationssicherheit, physische Sicherheit und IT-Sicherheitsmanagement umfassend erfüllt. Mit der FI-TS Finance Cloud hat das Unternehmen ein zeitgemäßes, mehrwertorientiertes Cloud-Angebot entwickelt und auf die aufsichtsrechtlichen Vorgaben der Finanz- und Versicherungsbranche abgestimmt. Die Lösung eröffnet auch innovativen Software-Unternehmen einen direkten Zugang zur Finanzwelt.

In Zusammenarbeit mit dem Schweizer Unternehmen unblu hat FI-TS eine multibankfähige Co-Browsing-Plattform realisiert, die als Software-as-a-Service (SaaS)-Angebot schnell und einfach in die Webseite einer Bank oder Versicherung integriert werden kann. Die dynamische Systemarchitektur ermöglicht Unternehmen in kürzester Zeit die Bereitstellung zusätzlicher Kapazitäten, um auf steigende Zugriffszahlen schnell reagieren zu können. Die Kosten werden dabei nach dem verursachergerechten und transparenten Pay-per-Use-Modell abgerechnet.

Die Co-Browsing-Plattform bietet Banken und Versicherungen die Möglichkeit für ein zeitgemäßes Beratungsangebot im Onlinekanal, sowohl für Neukunden, als auch für weiterführende Beratungsgespräche. Neben einer Verbesserung der Kundenzufriedenheit und -bindung wird gleichzeitig das Internet als Vertriebskanal nachhaltig gestärkt. Zukunftsorientierten Unternehmen bietet Co-Browsing schon heute die Möglichkeit, ihren Kunden im Web eine passende Beratung für das komplette Produktportfolio anbieten zu können. Somit tragen sie dem Kundenwunsch nach einer umfassenden Onlineberatung Rechnung und können im Rahmen ihrer Multikanalstrategie ein maßgeschneidertes Beratungs- und Vertriebsangebot für ihre Kunden etablieren, unabhängig davon, wo sie sich gerade aufhalten.

Literatur

Brettschneider, F. (2013). Die „Bank der Zukunft" aus Sicht der Digital Natives. Universität Hohenheim. http://www.uni-hohenheim.de/uploads/media/2013-10-10_Bank_der_Zukunft.pdf. Zugegriffen: 7. Aug. 2014.

Gartner. (2013). Gartner 2013 Hype Cycle for social software reveals a wealth of emerging innovations. Pressemitteilung vom 27. August 2013. http://www.gartner.com/newsroom/id/2579615. Zugegriffen: 7. Aug. 2014.

Sage Pay. (2013). Sage Pay Benchmark Report für den Onlinehandel. http://www.tuev-netresearch.de/mediapool/77/german_benchmark_report_final.pdf. Zugegriffen: 7. Aug. 2014.

Online-Banking und Bancassurance

26

Andreas Grahl

26.1 Online-Banking – die Bankkunden sind schon online

Das Internet hat sich zum jederzeit und überall verfügbaren Service entwickelt. In Deutschland haben mehr als 85 % der Haushalte einen PC und einen Breitband-Internetzugang (Bitkom 2014). Von den Handynutzern über 14 Jahre verwenden mehr als 40 % ein Smartphone mit dem sie das Internet auch mobil nutzen können (Bitkom 2013).

Konsumenten sind täglich 169 min online (ARD und ZDF 2013) und 29 Mio. Bundesbürger – 47 % – erledigen ihre Bankgeschäfte online. Damit liegt Deutschland im europäischen Vergleich allerdings nur im Mittelfeld: in den skandinavischen Ländern nutzen mehr als 80 % Onlinebanking (Bitkom 2014). Etwa jeder dritte Bankkunde in Deutschland nutzt bereits sein Smartphone zur Verwaltung seiner Bankangelegenheiten (TNS 2013) (vgl. Abb. 26.1).

26.2 Bancassurance – Versicherungsangebote für Bankkunden

Das Angebot von Versicherungen am Bankschalter hat eine lange Tradition. Ursprünglich als „Versicherungssparen" der Geldanlage in einem Lebensversicherungsvertrag (Büschgen 1993), dann als „Allfinanz", die Kooperation von Finanzinstituten, Versicherungen und Investmentfonds (Wikipedia 2014a), wird es heute als „Bancassurance" bezeichnet. Bancassurance umfasst den Vertrieb von Versicherungsprodukten durch Banken und Spar-

A. Grahl (✉)
AMOS SE – Allianz Managed Operations & Services SE, Kaulbachstraße 84,
80802 München, Deutschland
E-Mail: andreas.grahl@allianz.de

© Springer Fachmedien Wiesbaden 2015
M. Seidel, A. Liebetrau (Hrsg.), *Banking & Innovation 2015*, FOM-Edition,
DOI 10.1007/978-3-658-06746-5_26

Abb. 26.1 Online- und
Mobile-Banking-Nutzung

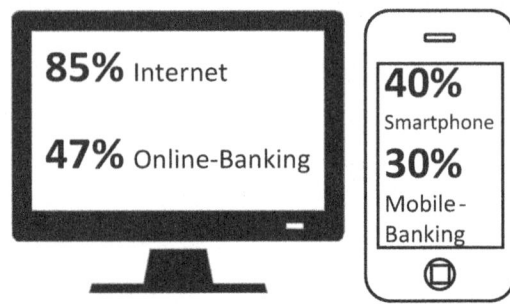

Bank	Anzahl privater Kunden	Versicherungs-partner	Vertriebs-kooperation seit	Online verfügbare Versicherungs-services
Deutsche Bank[*]	23 Mio.	• Deutscher Herold • Zürich	1992 2001	Produktinformation/ Terminanfrage
Commerzbank[**]	11 Mio.	• Allianz	2001 (Dresdner Bank) 2010 (Commerzbank)	Produktinformation/ Terminanfrage
HypoVereinsbank	3,5 Mio.	• ERGO	2001	Produktinformation/ Terminanfrage
ING DiBa	7,6 Mio.	• Hannoversche[***]		Weiterleitung auf Versicherungsportal für Online-Abschluss
Sparkassen	45 Mio.	• Öffentl. Versicherer • Neue Leben (Talanx)	1919 1964	z.T. Weiterleitung auf Versicherungsportal
Volksbanken und Raiffeisenbanken	30 Mio.	• R+V • Allianz (in Bayern) • Karlsruher Leben	1958 1923	z.T. Weiterleitung auf Versicherungsportal

* inkl.Postbank, ** inkl. Comdirect, ***www.ing-diba.de/altersvorsorge/riester/ 11.05.2014

Abb. 26.2 Ausgewählte Bancassurance Vertriebskooperationen in Deutschland. (Quelle: Eschler 2011; ING Diba 2014; Modern-Banking 2014)

kassen oder durch Vertriebsmitarbeiter von Versicherungsunternehmen in den Räumen der Finanzinstitute (Gabler 2014). Mit der Etablierung des Online-Bankings als eigenständigem Kundenkontaktkanal ist auch das Online-Angebot von Versicherungsprodukten über die Online-Banking-Portale der Banken und Sparkassen eine Variante der Bancassurance (vgl. Abb. 26.2).

Die Bank-Kernfunktionen der Online-Banking-Portale sind die Konten und Depotübersicht, die Eingabe von Zahlungs- oder Wertpapiertransaktionen und der Abschluss neuer Bankprodukte zum Beispiel eines Anlagekontos. Die Online-Angebote von Versicherungsprodukten und -services, vorwiegend aus dem Bereich Altersvorsorge rund um Lebens- und Rentenversicherungen, sind deutlich rudimentärer. Die meisten Banken stellen auf ihren Kundenportalen lediglich statische Produktinformationen bereit und ermöglichen ihren

Kunden online eine Terminanfrage für eine persönliche Beratung in der Filiale zu stellen. Einzelne Online-Banking-Portale sind mit den Online-Portalen der Versicherungspartner verlinkt, die dann online Versicherungsangebote berechnen und den Online-Abschluss ermöglichen.

Insgesamt werden im deutschen Markt 19,8 % aller Lebensversicherungen, aber nur 5,8 % aller Schaden- und Unfallversicherungen über Banken und Sparkassen vertrieben (GDV 2013). Der Direktvertrieb von Versicherungen über Internetportale liegt bei Sachversicherungen bei 4 %, bei Kfz-Versicherungen sogar bei 8 % (Towers Watson 2012).

30 % der Online-Nutzer suchen auf Vergleichsportalen nach Versicherungsangeboten (CHECK24 2013) und haben Interesse daran, ein Versicherungsprodukt dann auch online abzuschließen (ibi research 2011).

Der Markt für neue Versicherungen beläuft sich in Deutschland auf ca. 4,2 Mio. neue Versicherungsverträge pro Jahr (YouGov 2014). Die Kunden interessieren sich insbesondere für Kfz-Versicherungen (37 %), Hausrat- (25 %), Rechtsschutz- (24 %) und private Haftpflichtversicherungen (23 %). Banken und Sparkassen haben die Chance, mit ihren Online-Banking-Portalen vom Kundeninteresse an Online-Informationen und Online-Abschlüssen von Versicherungsprodukten zu profitieren.

In anderen Märkten bieten Finanzdienstleister online bereits neben Bankdienstleistungen eine breite Palette an Versicherungsangeboten. Als Beispiel sei hier Virgin Money aus England aufgeführt: Kfz-, Immobilien-/Hausrat-, Reise- und Tierkrankenversicherungen bietet Virgin Money auf seinem Online-Portal für den E-Commerce-Direktabschluss an (http://uk.virginmoney.com).

26.3 Zukunftsbild Online-Bancassurance

Die Entwicklung der Bancassurance-Geschäftsmodelle lässt sich in drei Phasen unterteilen.

1. Traditionell beschränkte sich Bancassurance auf den Vertrieb von Lebens- und Rentenversicherungen als Ergänzung der Bankanlageprodukte auf die persönliche Beratung in der Bankfiliale.
2. Aktuelle Bancassurance-Geschäftsmodelle nutzen die digitalen Möglichkeiten nur eingeschränkt, die meisten Banken beschreiben in ihren Online-Banking-Portalen die Versicherungsprodukte nur kurz und empfehlen die Vereinbarung eines Beratungstermins in der Filiale. Die Kunden informieren sich jedoch online und nutzen beispielsweise die umfangreichen Informationsangebote von Vergleichsportalen.
3. Für einen zukünftigen nachhaltigen Erfolg im Bancassurance sollten Banken und Versicherungspartner ihre Kompetenzen bündeln und ihren gemeinsamen Kunden attraktive Personal-Finance-Management-Services online anbieten. Basis für Personal Finance-Management-Services ist die 360° Portfoliosicht auf alle Finanzverträge, also Bank-

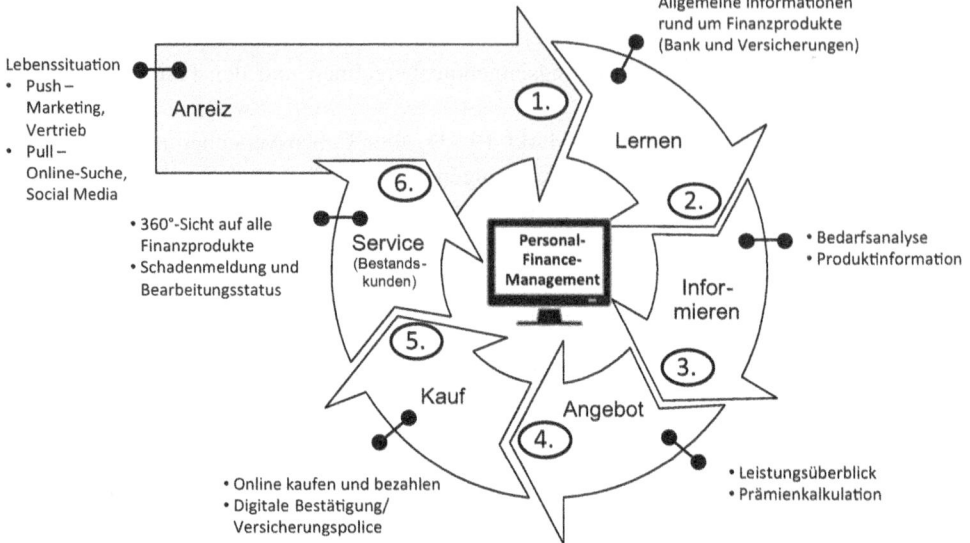

Abb. 26.3 Online-Bancassurance- und Personal-Finance-Management-Wertschöpfungskette

und Versicherungsverträge. Darauf aufbauend können dann innovative Online-Services für eine ganzheitliche Bedarfsanalyse und Beratung entwickelt werden.

Die Kundenanforderungen an eine Online-Bancassurance- und Personal-Finance-Management-Plattform lassen sich in sechs Schritten beschreiben (vgl. Abb. 26.3).

1. **Anreiz:**
   47 % aller Konsumenten benötigen einen Anreiz, einen Auslöser, um sich mit dem Thema Versicherungen zu beschäftigen (Accenture 2010). Dieser kann beispielsweise durch eine Änderung der persönlichen Lebenssituation wie der Heirat, der Geburt eines Kindes oder durch den Erwerb einer Immobilie oder eines neuen Kraftfahrzeugs ausgelöst werden. Bei einem Push-Modell wird der Konsument durch das Unternehmen angesprochen, zum Beispiel durch Marketingaktionen oder die direkte Ansprache in den Online-Portalen bzw. mobilen Applikationen. Bei einem Pull-Modell geht die Initiative vom Konsumenten aus, über 60 % aller Kunden informieren sich über Online-Communitys, Foren, Social Media, Bewertungs- und Vergleichsplattformen oder Websites, bevor sie eine Versicherung abschließen (Bain & Company 2012). Insgesamt nutzen Versicherungskäufer durchschnittlich 11,7 verschiedene Quellen zur Vorbereitung ihrer Kaufentscheidung (Google 2011).

2. **Lernen:**
   Für Online-Nutzer wird die Bereitstellung von allgemeinen Informationen rund um Finanz- und Versicherungsthemen zunehmend wichtiger. So bietet beispielsweise die unabhängige Online-Plattform „Money Advice Service"

(www.moneyadviceservice.org.uk/en) aus England eine Vielzahl von Informationen für die persönliche Finanzplanung wie Erklärvideos zu spezifischen Lebensphasen (z. B. Finanzthemen nach dem Schulabschluss oder die erste eigene Wohnung) und Beratungsanwendungen zur Finanz- und Budgetplanung.

3. **Informieren:**

Die persönliche Beratung ist im Internetzeitalter von hoher Bedeutung für die Konsumenten (Bain & Company 2012). Diese könnte online auch per E-Mail, Video- oder Online-Chats erfolgen. Neben einer Bedarfsanalyse ist insbesondere die detaillierte Produktinformation über die Bank- und Versicherungsangebote von Interesse und auch regulatorisch erforderlich (BaFin 2014). Denn im Gesetz über den Versicherungsvertrag ist u. a. geregelt:, der Versicherungsnehmer sei „nach seinen Wünschen und Bedürfnissen zu befragen" und „zu beraten" (Wikipedia 2014b).

4. **Angebot:**

Bei den gering erklärungsbedürftigen Versicherungen für Kraftfahrt, Gebäude und Hausrat ist der günstige Preis das entscheidende Kaufargument, darüber hinaus haben zwei Drittel der Kunden ein hohes oder sogar sehr hohes Bedürfnis nach individualisierten Produkten und Leistungen (Bain & Company 2012). Hier sind also flexible, modular gestaltete Versicherungsprodukte und leistungsfähige Tarifrechner für eine individualisierte Produktkonfiguration gefordert.

5. **Kauf:**

Der letzte Schritt zum Online-Shopping, also dem Online-Kauf des Finanz- oder Versicherungsprodukts sollte für den Kunden so einfach wie möglich gemacht werden. Amazon, Ebay und Co setzen hier die Marktstandards mit einer Vielfalt von Bezahloptionen wie Kreditkarte oder Paypal und einer Real-time-Kaufbestätigung. Hieran müssen sich Online-Finanzservices messen und beispielsweise digitale Versicherungspolicen anbieten.

6. **Service:**

19 % der Versicherungskunden wünschen sich digitale Unterstützung für die Verwaltung ihrer Versicherungsverträge und für Schadensmeldungen (Bain & Company 2013). Letztlich sollten alle Funktionen, die der Kunde aus dem Online-Banking-Portal kennt, auch für seine Versicherungsprodukte verfügbar sein, also insbesondere eine 360° Portfoliosicht auf alle Konten und Finanzverträge, dem elektronischen Postfach bis hin zur Anzeige des aktuellen Bearbeitungsstatus seines Versicherungsschadens.

26.4 Ein Blick in die Zukunft der Online-Bancassurance

Die Versicherungskunden sind hybride Konsumenten, die sowohl die umfassenden Informationen, die Selbstbedienungsfunktionen des Internets als auch bei Bedarf die persönliche Beratung in Finanzfragen zu schätzen wissen. Mit ihren digitalen Angeboten im Online-

Banking haben sich die Banken längst auf diesen Trend eingestellt. Allerdings können Banken die digitalen Kanäle nur für die klassischen Bankprodukte selbst mit attraktiven Angeboten füllen. Für umfassende Online-Bancassurance-Angebote sind die Banken auf Kooperationen mit den Versicherungspartnern angewiesen. Mit einem innovativen Online-Bancassurance- und Personal-Finance-Management-Angebot können Bank und Versicherung ihren gemeinsamen Kunden zukünftig attraktive Online-Services bieten und so von dem wachsenden Kundeninteresse nach Online-Versicherungsservices profitieren.

Literatur

Accenture/Universität St. Gallen. (2015). Assekuranz 2015 – Eine Standortbestimmung. Neue Koordinaten im deutschsprachigen Versicherungsmarkt November 2010. http://www.ivw. unisg.ch/Projekte/~/media/Internet/Content/Dateien/InstituteUndCenters/IVW/Studien/Assekur anz_2015_Studie_de.ashx. Zugegriffen: 12. Mai 2014.

ARD und ZDF. (2013). Ergebnisse der ARD/ZDF-Onlinestudie 4. September 2013. http://www.ard-zdf-onlinestudie.de/index.php?id=439. Zugegriffen: 10. Mai 2014.

Bain & Company. (Hrsg.). (2013). Die digitale Herausforderung. http://www.bain.de/Images /BainBrief_Versicherungen_Die-digitale-Herausforderung_FINAL.pdf. Zugegriffen: 13. Mai 2014.

Bain & Company. (Hrsg.). (2012). Was Versicherungskunden wirklich wollen, 2012, http://www. bain.de/Images/121011_Studie_Insurance_ES.pdf. Zugegriffen: 13. Mai 2014.

BaFin. (2014). Produktinformationsblätter: BaFin-Rundschreiben zu den Anforderungen an Informationen über Finanzinstrumente 3. Februar 2014. http://www.bafin.de/SharedDocs/ Veroeffentlichungen/DE/Fachartikel/2014/fa_bj_1402_produktinformationsblaetter.html. Zugegriffen: 13. Mai 2014.

Bitkom. (Februar, 2014). EITO-/OECD-Statistik. Breitbandkommunikation Haushalte. http://www. bitkom.org/de/markt_statistik/64042_38548.aspx. Zugegriffen: 10. Mai 2014.

Bitkom. (März, 2014). EUROSTAT-STATISTIK. E-Banking-Nutzung. http://www.bitkom.org/ /de/markt_statistik/64034_65226.aspx. Zugegriffen: 10. Mai 2014.

Bitkom. (2013). Mobilfunk. 63 Millionen Handy-Besitzer in Deutschland 26. August 2013. http://www.bitkom.org/de/markt_statistik/64046_77178.aspx. Zugegriffen: 10. Mai 2014.

Büschgen, Hans E.. (1993). Bankbetriebslehre, 4. Aufl. Wiesbaden: Gabler Verlag.

CHECK24. (2013). Vergleichsportal-Kompass 1.0. Repräsentative GfK-Umfrage im Auftrag von CHECK24.de zur Nutzung von Vergleichsportalen Juli 2013. http://www.check24.de/files/p/ 2013/f/c/1/3285-2013-08-12_check24_praesentation_gfk_vergleichsportal-kompass.pdf. Zugegriffen: 11. Mai 2014.

Eschler, Andre. (2011). *Bancassurance. Methoden der Effizienzsteigerung und ausgewählte Optimierungsmodelle, Diplomarbeit.* München: Grin Verlag.

Gabler Wirtschaftslexikon. (2014). Bancassurance. http://wirtschaftslexikon.gabler.de/Definition/ bancassurance.html. Zugegriffen: 11. Mai 2014.

GDV. (2013). Gesamtverband der Deutschen Versicherungswirtschaft e. V., Statistisches Taschenbuch der Versicherungswirtschaft 2013. Berlin: GDV.

Google. (April, 2011). The zero moment of truth finance study – insurance. http://ssl. gstatic.com/think/docs/zmot-insurance-study_research-studies.pdf. Zugegriffen: 12. Mai 2014.

ibi research an der Universität Regensburg. (2014). Vergleichsportale im Internet werden bei Versicherungskunden immer beliebter, Pressemitteilung v. 11. April 2011. http://www. ibi.de/files/Pressemitteilungen/11–04-11Pressemitteilung_Vergleichsportale.pdf.   Zugegriffen: 14. Mai 2014.

ING DiBa. (2014). „Riester-Rente Plus". http://www.ing-diba.de/altersvorsorge/riester/. Zugegriffen: 11. Mai 2014.

Modern-banking. (2014). Die größten Direktbanken gemessen an der Kundenzahl. http://www. modern-banking.de/marktanteil_direktbanken.htm. Zugegriffen: 11. Mai 2014.

TNS Infratest. (2014). TNS Infratest Mobile Club 2013. Eine Welt ohne Internet?! http://www. tns-infratest.com. Zugegriffen: 11. Mai 2014.

Towers Watson. (2012). Vertriebswege-Survey zur Schaden-/Unfallversicherung, 20. November 2012.   http://www.towerswatson.com/de-DE/Press/2012/11/vertriebswege-survey-zur-schaden-unfallversicherung. Zugegriffen: 11. Mai 2014.

Wikipedia. (2014a). Allfinanz, http://de.wikipedia.org/wiki/Allfinanz.Zugegriffen: 11. Mai 2014.

Wikipedia. (2014b). Versicherungsvertragsgesetz. http://de.wikipedia.org/wiki/Versicherungsvertrag sgesetz_(Deutschland). Zugegriffen 13. Mai 2014.

YouGov. (2014). ASSDEX: Der Assekuranz Absatzpotenzial-Index. Abschlussbereitschaft für Versicherungen liegt bei acht Prozent Pressemitteilung v. 8. Mai 2014. https://research.yougov. de/presse/2014/pressemitteilung-assdex_01_2014/. Zugegriffen: 12. Mai 2014.

Markus Keck und Stefan Mertes

27.1 Die Bankfiliale im Wettbewerb der Vertriebskanäle

Das Retail Banking in Deutschland befindet sich seit mehr als 20 Jahren, aber gerade in der jüngeren Vergangenheit, in einem tiefgreifenden Veränderungsprozess. Der bereits seit den 1990er Jahren postulierte „Umbruch" im Bankenmarkt offenbarte seine Dramatik über viele Jahre nicht. Spätestens aber seit den letzten zehn Jahren finden sich immer mehr Banken in einem zunehmend dynamischeren Veränderungsprozess, der in einem immer komplexeren Marktumfeld zu bewältigen ist (Keck und Hahn 2006, S. 16).

Gründe hierfür finden sich in den Finanzmarktkrisen, stärkerer Regulierung, kritischeren und selbstbewussteren Kunden, zunehmendem Wettbewerb und vor allem auch der zunehmenden Digitalisierung. Gerade im technologischen Fortschritt sehen viele Experten die wesentliche Triebfeder der rasanten Veränderung des Retail Banking. So haben insbesondere digitale Vertriebskanäle das Angebot der immateriellen, leicht kopierbaren und über digitale Medien mit vergleichsweise geringem Aufwand zu vertreibende Bankdienstleistung deutlich verändert.

Während die 80er Jahre noch durch den Aufbau von Geldautomaten und damit die Gewinnung von Effizienz im Filialvertrieb geprägt war, gingen in den 90ern bereits die ersten Direktbanken an den Start. Mittlerweile wird das Online-Banking durch ein Mobile-Banking per Smartphone oder Tablet ergänzt und der Kunde kann seine Bank auf unterschiedlichsten Vertriebswegen 24/7 erreichen. Kein Wunder also, dass die Frequenz

M. Keck (✉) · S. Mertes
Commerzbank AG, Gallusanlage 7, 60329 Frankfurt am Main, Deutschland
E-Mail: markus.keck@commerzbank.com

S. Mertes
E-Mail: stefan.mertes@commerzbank.com

© Springer Fachmedien Wiesbaden 2015
M. Seidel, A. Liebetrau (Hrsg.), *Banking & Innovation 2015*, FOM-Edition,
DOI 10.1007/978-3-658-06746-5_27

der Kundenbesuche in der Filiale, ebenso wie die absolute Zahl der inländischen Filialen, in den letzten Jahren kontinuierlich zurückgegangen ist. So verringerte sich die Anzahl der inländischen Zweigstellen aller Bankengruppen um ca. sieben Prozent von 38.881 in 2009 auf 36.283 in 2012 (Bundesbankstatistik 2013).

Für den klassischen Vertriebsweg Filiale bedeutet diese Entwicklung einen tief greifenden Veränderungsprozess. Die ursprüngliche, unangefochtene Nummer Eins der Vertriebswege wird durch neue, bequeme und leicht zu erlernende Technologien zunehmend an den Rand gedrängt. Doch bedeutet diese Entwicklung unweigerlich das Ende des Filialgeschäfts?

Die Commerzbank ist auf Grundlage intensiver Kundenbefragungen, quantitativer Analysen und nationaler/internationaler Wettbewerbsbeobachtung zu der Überzeugung gelangt, dass die Filiale auch in Zukunft ein wesentlicher Vertriebsweg bleiben wird. Allerdings wird sich die Rolle der Filiale im Zuge der Digitalisierung und mit Blick auf die Bedürfnisse moderner Kunden deutlich verändern. Die neue Filialstrategie der Commerzbank zeigt, wie eine moderne Filiale den Wettbewerb der Vertriebskanäle nicht nur bestehen, sondern im Zusammenspiel des Multikanal-Bankings eine entscheidende Rolle übernehmen kann.

27.2   Die neue Filialstrategie der Commerzbank

Spätestens mit dem Zusammenbruch von Lehman Brothers im Herbst 2008 erreichte die Finanzmarktkrise die deutschen Privatanleger. Die damit einhergehende Verunsicherung führte zu einem kollektiven Vertrauensverlust gegenüber Banken und ihrer Geschäftstätigkeit (Ernst & Young 2012) und schließlich zu massiven Einbrüchen im Kaufverhalten der Kunden, die insbesondere das Wertpapiergeschäft betreffen (Boston Consulting 2012).

Ein gesundes Vertrauensverhältnis ist die wichtigste Grundvoraussetzung für eine intakte und zukunftsfähige Kunde-Bank-Beziehung, nicht nur, aber vor allem im Privatkundengeschäft. Aus diesem Grund hat sich die Commerzbank im Rahmen ihrer Neuen Privatkundenstrategie das erste und zentrale Ziel gesetzt, das Vertrauen der Kunden zurückzugewinnen. Das komplette Geschäftsmodell wurde in Produkten, Services, Beratung aber auch Steuerung und Qualifizierung auf die neue Positionierung „fair und kompetent" ausgerichtet. Erste Erfolge sind in der Entwicklung der Kundenzufriedenheit sowie in Wachstums- und Profitabilitätskennzahlen sichtbar.

Um langfristig und nachhaltig erfolgreich zu sein, muss es jedoch gelingen die Kunden zu begeistern. Dies zu erreichen ist das Ziel der zweiten Stoßrichtung der neuen Privatkundenstrategie: „Bank modernisieren". Wie bereits geschildert, verändert die fortschreitende Digitalisierung der Gesellschaft die Rolle der digitalen Kanäle schnell und nachhaltig. Dies revolutioniert die Kundenerwartungen und die Interaktion mit den Finanzdienstleistern: Kunden sind informierter und erwarten eine größere Wahlfreiheit und Vielfalt an Produkten und Kanälen – überall und zu jeder Zeit. Aus diesem Grund ermöglicht das neue Digital Banking der Commerzbank ein einheitliches Kundenerlebnis mit neuen Funktionen und Design über alle Geräte und Kanäle, so wie man es von einer modernen Direktbank erwartet.

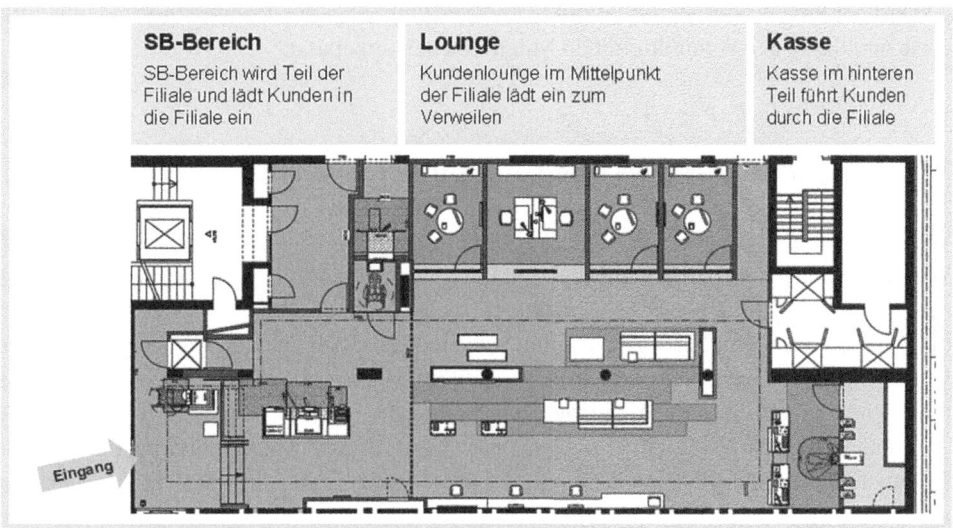

Abb. 27.1 Flächenkonzept City-Filiale am Beispiel Commerzbank Berlin-Uhlandstraße

Daneben bleiben die Filialen als physische Präsenz Markenanker und wesentliches Differenzierungsmerkmal zu reinen Online-Anbietern. Zudem wünschen sich vier von sechs Kunden auch zukünftig eine Filiale mit persönlicher Betreuung. Die Rolle und Formate der Niederlassungen müssen sich jedoch den geänderten Kundenbedürfnissen anpassen. Zum einen erwarten die Kunden Beratung vor allem für komplexe Produkte wie Baufinanzierung, Anlageberatung und Altersvorsorge, sowie hervorragenden persönlichen Service. Zum anderen erhalten die Filialen eine Kernfunktion in der Heranführung an die digitale Welt, im Beziehungsmanagement und als Markenbotschafter (Investors Marketing 2012).

Um diese Herausforderungen zu adressieren, hat die Commerzbank im Rahmen der neuen Filialstrategie Ende 2013 mit der Pilotierung neuer Filialformate begonnen: Flagship-Filialen mit der ganzen Bandbreite der Bankdienstleistungen zur Markenpositionierung in Großstädten gelegen und angeschlossene kleineren Filialen für das tägliche Banking und die Neukundengewinnung (sogenannte City-Filialen).

Die Veränderungen gehen dabei weit über ein neues modernes Design sowie eine offene und einladende Architektur hinaus. Ein klares Flächenkonzept integriert die SB-Zone in die Filiale, bietet den Kunden in einem Lounge-Bereich eine angenehme Atmosphäre bei einer Tasse Kaffee und positioniert die Kasse im hinteren Teil der Filiale, um Kunden bei jedem Besuch die Chance zu bieten, neue Eindrücke zu gewinnen (vgl. Abb. 27.1).

Zu verlängerten Öffnungszeiten, die denen der umliegenden Geschäfte entsprechen, haben Kunden die Möglichkeit wahlweise ihre täglichen Bankgeschäfte schnell und unkompliziert an einem Express-Service-Counter im Eingangsbereich zu erledigen oder sich in einem diskreten Besprechungsraum persönlich oder per Video beraten zu lassen. Der Kunde wird als Gast empfangen und soll sich in der Filiale wohlfühlen.

Darüber hinaus wurden die Produkte und Leistungen an die geänderten Kundenbedürfnisse und die neuen technologischen Möglichkeiten angepasst.

27.3   Digitalisierung als Erfolgsfaktor der Filialstrategie

Wie in den vorangegangenen Abschnitten dargestellt, sehen wir die Digitalisierung als einen wesentlichen gesellschaftlichen Megatrend, der auch den Erfolg einer Filiale maßgeblich beeinflusst. Die Implementierung moderner Technologien bietet gleichzeitig die Chance, den Kunden positiv zu überraschen – ihm also einen zusätzlichen, über seiner persönlichen Erwartung liegenden Nutzen zu stiften – ihn emotional stärker an seine Bankfiliale zu binden und dabei Effizienz im Vertrieb zu gewinnen.

Kunden aller Altersschichten nutzen zunehmend digitale Medien und begrüßen deren Einsatz in der Filiale. Entsprechend hat sich die Commerzbank dazu entschlossen, moderne Technologien in die Pilotfilialen zu integrieren. Die Ausstattung erfolgte jedoch nicht punktuell, sondern folgte einem ganzheitlichen Konzept.

Digital Signage, also digitale Anzeigen im Schaufenster und in der Filiale, sowie Tablets und Kunden-PCs dienen der Information des Kunden, verkürzen subjektive Wartezeiten, enthalten imageprägende Botschaften und schaffen Vertriebsanlässe. Das Digital-Signage-Konzept der Commerzbank verfolgt das Ziel, den Kunden vom „Bürgersteig" bis zum „Beratungsgespräch" medial zu begleiten. Bereits vor der Filiale nimmt der Kunde wahr, dass Werbeplakate durch Animationen auf Monitoren ersetzt wurden. Der Anreiz, die Filiale zu betreten, steigt. In der Selbstbedienungszone erzeugt eine interaktive Mitarbeiter-Vorstellungswand eine mediale Verbindung zur Filiale. Der Kunde kann sich hier über die Filiale informieren und Kontaktdaten des Beraters über einen QR-Code herunterladen. Im Innenraum der Filiale schafft eine Media-Wall ein angenehmes Ambiente im Lounge-Bereich. Tablets und Kunden-PCs bieten bedarfsgerecht die Möglichkeit sich umfassend und interaktiv über spezielle Angebote der Commerzbank zu informieren. Darüber hinaus werden diese Technologien von Kunden gerne zur Überbrückung der Wartezeit oder auch für das Online-Banking in Anspruch genommen. Alle Multimedia-Elemente werden über ein Content-Management-System verwaltet und zentral mit den aktuellen und zum Device passenden Inhalten versorgt.

Viele Kunden nutzen heute bereits Tablets, Notebooks aber auch zunehmend TV-Geräte, um per Videotelefonie zu kommunizieren. Diesen Trend greift die Commerzbank in den Pilotfilialen an zwei Stellen auf und hat die neuen Filialen mit Systemen für eine Videoberatung sowie eine Videokasse ausgestattet. Beide Technologien erlauben einen hochauflösende Videokommunikation, verfolgen aber unterschiedliche Servicestrategien.

Die **Videoberatung** knüpft an das Konzept des Filialverbundes aus Flagship- und City-Filiale an und wird im Rahmen der Filialstrategie als ergänzendes Kommunikationsmedium genutzt, um Spezialisten und Private-Banking-Berater, die am Standort der Flagship-Filale konzentriert wurden, zu Beratungsgesprächen in den City-Filialen hinzuzuschalten. Der

Spezialist in der Flagship-Filiale ist dabei technologisch und prozessseitig in der Lage, das gesamte Beratungsgespräch per Video zu führen und dem Kunden erforderliche Unterlagen, wie zum Beispiel ein Beratungsprotokoll, im Beratungszimmer auszudrucken.

Ein völlig anderer Serviceansatz findet sich in der **Videokasse**. Mit dieser Technologie ist es in Deutschland erstmalig möglich, Kassen-Serviceleistungen, wie zum Beispiel eine Auszahlung ohne die girocard oder eine Scheckeinreichung unabhängig von den Filialöffnungszeiten im SB-Bereich der Filiale anzubieten. Ein Video-Agent in einem zentralen Service-Center übernimmt die Funktion des Kassierers und bedient den Kunden über eine Videoverbindung. Über Sicherheitsabfragen, Personalausweisscanner und ein Signaturpad, auf dem der Kunde die Transaktion per Unterschrift bestätigt, ist die rechtsverbindliche und sichere Bedienung des Kunden über die Videoverbindung sichergestellt. Die Videokasse ist täglich von 8:00 bis 21:30 Uhr sowie zusätzlich an den Wochenenden geöffnet, ein Service der kostengünstig und effizient nur über die Videotechnologie darstellbar ist.

Auch in den Beratungsräumen der neuen Filialen sorgen neue Technologien für positive Kundenerlebnisse und gleichzeitig effizientere Prozesse. In den neuen Filialmodellen wurde die **Kontoeröffnung vollständig digitalisiert**. Die Kundenunterschrift und die erforderlichen Unterlagen werden digital in den Systemen der Commerzbank abgelegt. Der Kunde erhält auf Wunsch weiterhin einen Ausdruck seiner Unterlagen, kann diese aber alternativ auch digital zugestellt bekommen.

Abgerundet wird das Kundenerlebnis durch die „**Karte2Go**". Diese deutschlandweit ebenfalls einmalige Technologie, ermöglicht es dem Berater eine kurzfristig einsatzbereite girocard und Kreditkarte direkt in der Filiale zu erstellen, auszudrucken und dem Kunden mitzugeben. Neben der tiefen Integration in die Systeme des Produzenten der entsprechenden Karten lag die besondere Herausforderung in der sorgfältigen Gestaltung der sicherheitssensitiven Prozesse und der Verarbeitungsgeschwindigkeit zur Schaffung eines besonderen Kundenerlebnisses.

Alle diese unterschiedlichen Technologien werden in der Filialstrategie über ein neues Servicekonzept, eine völlig neue Rolle des Mitarbeiters als Gastgeber des Kunden und ein verändertes Filialdesign verbunden. Die neue Filiale schafft damit eine zukunftsweisende Kommunikationsumgebung zwischen Kunde und Berater, welche die digitale und persönliche Welt perfekt zusammenführt.

27.4 Die Zukunft der Commerzbank-Filiale – nächste Schritte

Der Trend der Digitalisierung wird zunehmend voranschreiten und die Erwartungshaltung sowie das Informations- und Kaufverhalten der Kunden vor allem im Retail-Banking weiter verändern. Auf diese Veränderungen muss die Rolle und Gestaltung der Bankfilialen zeitnah angepasst werden. Neben der Commerzbank sind bereits weitere Häuser in Deutschland, wie zum Beispiel die Deutsche Bank oder die HVB aktiv geworden und führen neue, moderne Filialformate ein, um die digitale Welt enger mit der Filialwelt zu vernetzen.

Ein wesentlicher Erfolgsfaktor für die Zukunft wird jedoch sein, inwieweit es den Banken gelingt, die Filialen in ein echtes Multikanal-Banking zu integrieren. Kunden erwarten heute ihre Bankgeschäfte schnell und einfach zu der Zeit und auf dem Weg zu erledigen, der am besten in ihren Alltagsrhythmus passt. So möchten sie zum Beispiel online recherchieren, einen Vorgang auf dem Smartphone beginnen, erste Fragen per Telefon oder Chat klären und den Abschluss persönlich in der Filiale tätigen – ohne Prozessbrüche oder Informationsverluste. Um dies zu erreichen ist die Etablierung einer intelligenten und integrierten Vernetzung aller Kanäle notwendig, und zwar über alle Kundenprozesse vom ersten Impuls über Information und Beratung bis hin zu Abschluss und Nutzung (Vater und Sinn 2013, S. 4).

Dies erfordert eine Datenplattform, die alle Kanäle mit identischen Daten versorgt sowie eine kanalunabhängige Nutzung gleicher Kernprozesse. Im Kundendialog und bei der Interaktion mit dem Kunden werden vielfältige Optionen wie zum Beispiel Videotechnologie, Chat-Funktion oder Co-Browsing zunehmend zum Einsatz kommen.

Die Commerzbank hat mit umfassenden Neuerungen und vielen kundenwirksamen Innovationen im digitalen Banking sowie dem Start der neuen Pilotfilialen den ersten Schritt getan. Nun muss überprüft und bewertet werden, welche dieser Neuerungen von den Kunden angenommen und genutzt werden. Der nächste Schritt ist der Ausbau zu einer echten Multikanalbank, in der ein integriertes Filialnetz eine wesentliche Rolle spielen wird. Denn für uns ist sicher, die Zukunft wird digital und persönlich.

Literatur

BCG The Boston Consulting Group. (2012). Retail Banking Revenue Pools.
Bundesbankstatistik. (2013). Bankenstatistik, Bestand an Kreditinstituten Ende des Jahres 2012 http://www.bundesbank.de/Redaktion/DE/Downloads/Veroeffentlichungen/Bericht_Studie/ bankenaufsicht_bankstellenstatistik_2012.pdf?__blob=publicationFile.
Ernst & Young (2012). Global Consumer Banking Survey Ergebnispräsentation.
Investors Marketing Management Consultants. (2012). IM-Privatkundenstudie. Frankfurt a. M.
Keck, M., & Hahn, M. (2006). Integration der Vertriebswege – Herausforderungen im dynamischen Retail Banking. Wiesbaden: Gabler Verlag.
Vater, D., & Sinn, W. (17.08.2013). Bankfilialen: Der schwierige Abschied vom Monopol. Handelsblatt.

Die professionelle IT-Unterstützung für das potenzialorientierte Vertriebsmanagement im Firmenkundengeschäft

Ralf Knappkötter

28.1 IT-Unterstützung für das potenzialorientierte Betreuungskonzept der Firmenkunden und Freiberufler

Das Geschäft mit Firmenkunden und Freiberuflern hat sich in den letzten Jahren rasant gewandelt. Die Kreditinstitute befinden sich auf diesem umkämpften Markt zunehmend in einem Spannungsfeld zwischen Kostensenkungs-/Rationalisierungsmaßnahmen und gestiegenen Kundenansprüchen. Die ganzheitliche Finanzberatung rückt dabei in den Mittelpunkt. Eine konsequent ertrags- und risikoorientierte Fokussierung auf potenzialstarke Kunden mit einer hohen Cross-Selling-Quote soll dabei in Zukunft zum nachhaltigen Erfolg führen.

Vor diesem Hintergrund wurde im genossenschaftlichen Verbund das Vertriebskonzept *VR-FinanzPlan Mittelstand* konzipiert. Mit diesem Konzept bekommt der Firmenkundenberater ein Instrument an die Hand, um komplexe betriebswirtschaftliche Zusammenhänge zu strukturieren und die gesamte Bedarfssituation des Kunden systematisch zu analysieren.

Mit *MinD.banker* gibt es eine IT-Software, die die zentralen Herausforderungen der Geschäftsumsetzung unterstützt.

Bei der Software handelt es sich um ein Instrument zur Förderung der Vertriebsprozesse. Sie ermöglicht eine Erhöhung des Cross-Selling-Erfolgs bei gleichzeitiger Steigerung der Kundenzufriedenheit durch kompetente und ganzheitliche Beratung.

Über verschiedene Schnittstellen werden alle relevanten Kundendaten automatisiert in die Software eingelesen und sind somit in einer Anwendung verfügbar. Die zentrale Datenablage ermöglicht einen schnellen Überblick über die Finanz-, Ertrags- und Liquiditätslage des Kunden.

R. Knappkötter (✉)
Im Weizenfeld 10, 59514 Welver, Deutschland
E-Mail: ralf.knappkoetter@t-online.de

© Springer Fachmedien Wiesbaden 2015
M. Seidel, A. Liebetrau (Hrsg.), *Banking & Innovation 2015*, FOM-Edition,
DOI 10.1007/978-3-658-06746-5_28

28.2 Managementinstrumente und Dialog

28.2.1 Auswertungsmöglichkeiten

Der Auswertungsbereich beinhaltet die Funktionen *Produktvorschläge/Simulation*. Die Berechnung der Produktvorschläge erfolgt über das in der Software hinterlegte Expertenwissen. In der Produktvorschlagsliste wird die Bedarfswahrscheinlichkeit eines Produktes für den Kunden ausgewiesen.

Die Bedarfswahrscheinlichkeit eines Produktes kann folgende Ausprägungen annehmen: „Sehr hoch", „Hoch", „Mittel", „Gering", „Kein Bedarf" oder „Infos unvollständig".

Wird die Bedarfswahrscheinlichkeit mit „Kein Bedarf" ausgewiesen, dann erfüllt der Kunde bestimmte Kriterien, die den Produkteinsatz vollständig ausschließen. Welche Bedarfswahrscheinlichkeit angezeigt wird, hängt von der Erfüllung bestimmter Produktszenarien ab.

Mithilfe der Simulationsfunktion können die Auswirkungen, die der Einsatz eines bestimmten Bank- oder Verbundproduktes auf die quantitativen Daten des Unternehmens hat, simuliert werden. Insbesondere Auswirkungen auf die Bilanz/GuV, die Kapitaldienstfähigkeit sowie auf die Rating- und BWL-Kennzahlen lassen sich auf Basis der vorhandenen Daten und unter Berücksichtigung der Produktparameter neu berechnen und nachvollziehbar darstellen. Außerdem steht im Auswertungsbereich die *Ratinganalyse* mit den Kennzahlendiagrammen, der Kennzahlentabelle und dem Stärken-Schwächen-Profil zur Verfügung.

Die hinterlegten BWL-Kennzahlen sind aus Übersichtsgründen insgesamt in sechs Kennzahlenkategorien geordnet. Zu diesen Kategorien zählen die Ratingkennzahlen, Kennzahlen aus dem Bilanzanalyse, Kennzahlen zur Rentabilität, Liquidität, Vermögens-, Kapital- und Finanzlage sowie Kennzahlen zum Privatvermögen.

28.2.2 Berichtserstellung

Der Funktionsbereich *Berichtsgenerator* bietet die Möglichkeit, bankweite (interne und externe) Berichts- und Präsentationsvorlagen sowie eigene Vorlagen mit spezifischen Kundeninformationen zu erstellen. Während die internen und externen Vorlagen kundenübergreifend zur Verfügung stehen, liegen die eigenen Vorlagen ausschließlich kundenindividuell vor.

Es können auch neue Berichts- bzw. Präsentationsvorlagen entworfen werden. Im Bereich „Verfügbare Bausteine" stehen diverse Textbausteine und Beispiele zur Verfügung. Auf Kundenebene besteht die Möglichkeit zum Beispiel das Firmenlogo des Kunden in einen Bericht oder eine Präsentation aufzunehmen.

In der Berichtsverwaltung werden die erstellten und gespeicherten Berichte und Präsentationen abgelegt. Diese Ablage ermöglicht eine lückenlose Dokumentation.

28.3   Unterstützung des Managementprozesses bei Firmenkunden und Freiberufler

28.3.1   Systematische Stärken-Schwächen-Analyse

Die Stärken-Schwächen-Analyse spiegelt in strukturierter Weise die kundenbezogenen Antworten aus dem Funktionsbereich „Qualitative Daten" wieder. Die einzelnen Kriterienbereiche sowie die zugehörigen Kriterien werden durch das Stärken-Schwächen-Profil dargestellt.

28.3.2   Planbilanzen

Der Funktionsbereich „Unternehmensplanung" unterstützt den Anwender bei der Erstellung einer *integrierten Finanzplanung*. Integriert bedeutet in diesem Zusammenhang, dass sowohl die Vermögens- und Schuldenpositionen (Bilanz) sowie die Erfolgsgrößen (Gewinn- und Verlustrechnung) als auch die aus diesen Größen abgeleiteten Einnahmen und Ausgaben gleichzeitig für ein oder mehrere Planjahre ermittelt werden.

Der Funktionsbereich „Unternehmensplanung" ermöglicht drei Planungsarten, die sich im Wesentlichen in der Anzahl der Eingaben und der Anzahl der verwendeten Standardprämissen unterscheiden.

28.3.3   Rating-Dialog

Im Vordergrund des Rating-Dialogs steht das Gespräch mit dem Firmenkunden oder Freiberufler über die wirtschaftliche Situation des Unternehmens, seine Stärken und Schwächen sowie die Pläne und Prioritäten im betrieblichen und privaten Bereich. Eine wertvolle Unterstützung in dieser Phase bietet das individuelle Firmenkunden- und Freiberufler-Exposé. Insbesondere die Darstellung der *systematischen Stärken-Schwächen-Analyse* ermöglicht eine intensive Kommunikation. Auf Basis der umfassenden Analyse können der individuelle Handlungsbedarf sowie die Prioritäten für die verschiedenen Bedarfsfelder herausgearbeitet werden. Gleichzeitig besteht die Möglichkeit mit dem Kunden die weitere Vorgehensweise und die Terminplanung der Kundengespräche zu definieren.

Wichtig ist es, dem Firmenkunden oder Freiberufler aufzuzeigen, dass die eigene Bonität durch gezieltes Vorgehen selbst beeinflusst werden kann. Dabei wäre es sehr kurzsichtig, die betrieblichen Verbesserungsansätze nur im Hinblick auf das Ratingergebnis zu sehen. In erster Linie soll die wirtschaftliche Wettbewerbsfähigkeit des Kunden gestärkt werden.

28.4 Vertriebsmanagement

28.4.1 Potenzialanalyse auf Kunden- und Engagementebene

Der Anwendungsbereich *Vertriebsmanagement* ermöglicht gezielte Potenzialanalysen. Die Kundensegmente lassen sich anhand von Informationen zur Produktnutzung und Bedarfswahrscheinlichkeiten bilden. Mithilfe der Produktbedarfsanalyse wird der Bedarf an bestimmten Produkten selektiert. Erst über die Einstellung der Auswertungsparameter, zum Beispiel der Definition von Auswertungsebenen und Auswertungsbereichen werden die gewünschten Daten angezeigt. Anhand der Kundenbedarfsanalyse kann mit Bezug auf ein ausgewähltes Produkt der Kundenkreis angezeigt werden, der das Produkt bereits nutzt oder als potenzieller Nutzer in Frage kommt.

28.4.2 Segmentspezifische Hinterlegung von Betreuungs- und Akquisitionsansätzen

MinD.banker bietet für die einzelnen Kundensegmente umfangreiche Betreuungs- und Akquisitionsansätze. Die vorhandenen Daten des Kunden werden automatisiert zur Potenzialanalyse herangezogen. Im zweiten Schritt lassen sich diese Informationen in einem System durchgängig für die Akquisitionsplanung nutzen. Der Firmenkundenbetreuer kann durch einfache Analysen seines Kundenportfolios die Aktivitäten zielgerichtet planen.

Die Betreuungs- und Akquisitionsansätze sind individuell änderbar. Hierfür stehen *spezielle Regelwerke* im Programm zur Verfügung. Das Regelwerk Produktpotenziale unterteilt sich zum Beispiel in die Ebenen Bereiche, Produkte, Produktanlässe und Szenarien. Für die einzelnen Ebenen werden u.a. bestimmte Bedarfswahrscheinlichkeiten oder Ausschlussszenarien definiert.

28.4.3 Managementadäquate Auswertungsmöglichkeiten

Zielsetzung der Auswertungsmöglichkeiten ist die Erkennung und Bewertung des Zielerreichungsgrades und das Aufzeigen von Zielabweichungen. Die Auswertungen können *individuell* definiert werden. Im Bereich der Produktbedarfsanalyse können aggregierte Produktbedarfsinformationen angezeigt werden. Mithilfe der Analyse kann der Kundenbedarf an bestimmten Produkten ermittelt werden. Die Analyseergebnisse bilden zum Beispiel die Datenbasis zur Vorbereitung einer gezielten Kampagne. Die Ergebnisse können auch in anderen Systemen weiterverarbeitet werden. Hierzu steht eine standardisierte Schnittstelle für den Datenexport zur Verfügung.

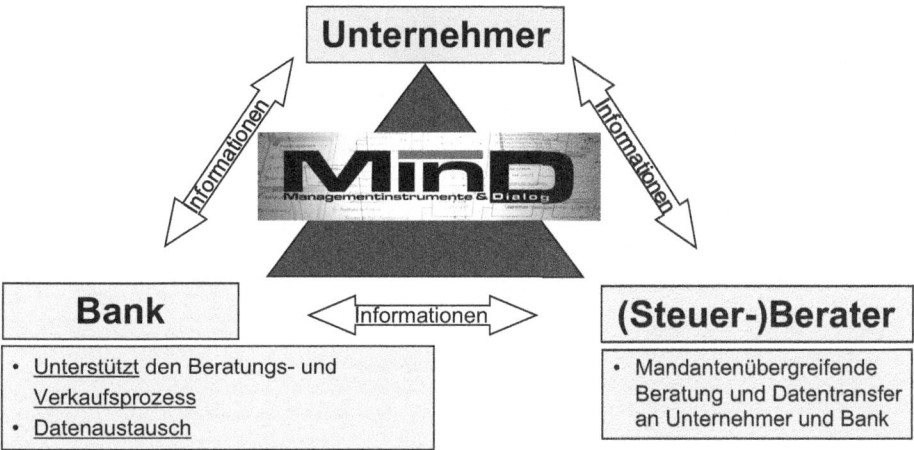

Abb. 28.1 Strategischer Dialog zwischen Kunde, Steuerberater und Bank

28.5   Fazit

Mit der IT-Anwendung MinD.banker wird der *ganzheitliche Beratungsansatz* für Firmenkunden und Freiberufler unterstützt. Die konsequente ertrags- und risikoorientierte Fokussierung auf potenzialstarke Kunden führt zum nachhaltigen Erfolg. Die IT-Anwendung ist als modulares Programm darauf ausgerichtet, den Anwendern zusätzliche Analysemöglichkeiten zu bieten.

Die Fülle der Möglichkeiten muss dabei jedoch selektiv und segmentspezifisch genutzt werden. Mit dem integrierten Planungsmodul können Finanzierungsvarianten und ihre Auswirkungen auf die Bilanz, Rating- und/oder betriebswirtschaftlichen Kennzahlen simuliert werden.

Das individuelle Firmenkunden- und Freiberufler-Exposé ermöglicht einen strategischen Dialog mit dem Kunden und Steuerberater mit der Zielsetzung sich als unternehmerischer Sparringspartner zu positionieren und sich gegenüber dem Wettbewerb zu differenzieren (vgl. Abb. 28.1).

Digitales Brokerage – Mehrwertleistungen vor dem Trade

Jens Wöhler

Der deutsche Aktienindex DAX hat es geschafft! Er hat mit „Börse vor Acht" den Premium-Sendeplatz kurz vor der Tagesschau erobert. Von Montag bis Freitag steht der DAX für zirka drei Minuten regelmäßig im Mittelpunkt des deutschen Fernsehinteresses. Leider ist es ihm trotz seiner Prominenz nicht gelungen, die Zahl seiner Fans zu erhöhen. Gut 4,5 Mio. Aktionäre gibt es aktuell in Deutschland. Das sind ungefähr so viele wie 1998. In der Zeit dazwischen ist allerdings eine Menge passiert (vgl. Abb. 29.1)[1].

Erinnern Sie sich noch an den „Tatort"-Star Manfred Krug, der als Werbefigur einst trällerte: „Wer wär' nicht gerne Aktionär?" Es ist gerade einmal rund 15 Jahre her, dass das Papier der Deutschen Telekom einen wahren Rausch auslöste. Ganz Deutschland war auf einmal im Aktionärsfieber. Bis dato galten die Deutschen als Aktienmuffel, es gab traditionell keine stark entwickelte Wertpapierkultur. Mitte der 1990er Jahre erhielt die Aktienkultur aber einen echten Schub. Doch dass diese Kultur eben nicht traditionell gewachsen war, sollte sich zeigen, als das Thema Aktie seinen Höhepunkt erreichte. Denn der „T-Rausch" der T-Aktie ist eng mit dem schnellen Niedergang der zarten Pflanze Aktienkultur verbunden. Und mit einigen anderen Titeln wie EM.TV, die heute kaum noch jemand kennt. So gab es den Boom zur Jahrtausendwende als fast jeder zehnte Deutsche Aktien besaß und den Absturz auf ca. 3,6 Mio. Aktionäre im Jahr der Finanzkrise 2009. Seitdem gewinnt die Aktie langsam wieder Fans hinzu.

Nun sollte man diese Entwicklung nicht überbewerten, denn im Vergleich zu Ländern wie den Niederlanden (30 % Aktionäre), Japan (rund 28 %), den USA (über 25 %) und Großbritannien (23 %) hinkt Deutschland noch immer hinterher.

---

[1] Zahlen des Deutschen Aktieninstituts

J. Wöhler (✉)
S Broker, Carl-Bosch-Straße 10, 65203 Wiesbaden, Deutschland
E-Mail: jens.woehler@sbroker.de

© Springer Fachmedien Wiesbaden 2015
M. Seidel, A. Liebetrau (Hrsg.), *Banking & Innovation 2015*, FOM-Edition,
DOI 10.1007/978-3-658-06746-5_29

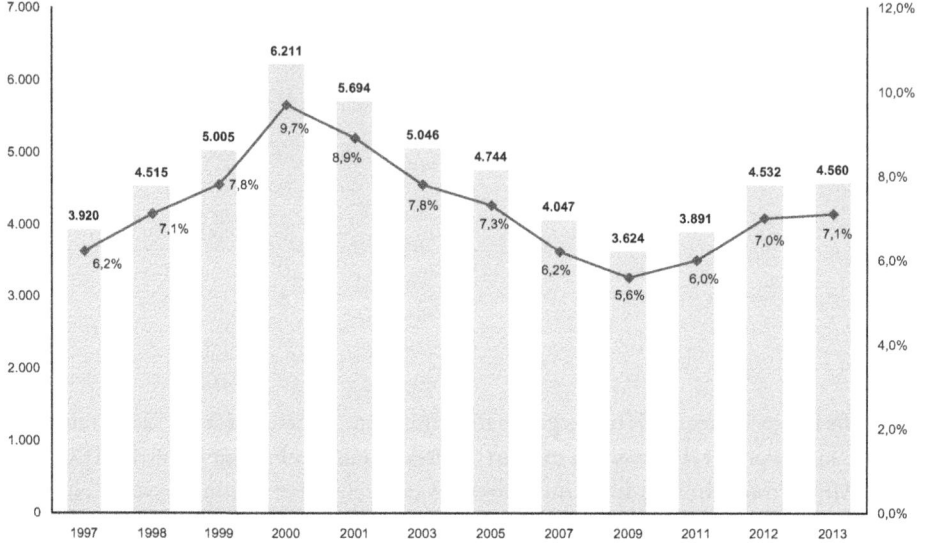

Abb. 29.1 Entwicklung der Aktionäre in Deutschland

Nun kann man die relativ unterentwickelte Aktienkultur in Deutschland beklagen, und sicher sind die Zahlen insgesamt nicht berauschend. Man kann aber auch die Frage stellen, was eine Bank den knapp fünf Millionen Aktionären und den zusätzlich kapitalmarktinteressierten Deutschen bieten kann, um die Emotionalität sowie das Auf und Ab der Märkte zu erleben und das Zusammenwirken auf den Kapitalmärkten zu verstehen.

Von allen Finanzprodukten ist das Wertpapiergeschäft eines der abwechslungsreichsten, aber sicher auch eines der unberechenbarsten. Und es ist gerade diese Besonderheit, die Kunden, welche ihre Entscheidungen selbst treffen, akzeptieren und häufig auch schätzen. Da wird es perspektivisch nicht ausreichen, sich nur auf den Preis einer Wertpapiertransaktion zu fokussieren, um im Wertpapiergeschäft mit Selbstentscheidern erfolgreich zu sein. Der Trade ist ein klassisches „Commodity"-Produkt mit hohem Preisdruck und dient kaum als Differenzierungsmerkmal. Deshalb ist es notwendig, Interessenten und Kunden mit (bezahlten) Mehrwertleistungen zu begeistern, bevor sie eine Transaktion aufgeben.

29.1 Was begeistert Vieltrader?

Vieltrader sind eine besondere Spezies. Einige von ihnen bestreiten als Profis auf diese Weise ihren Lebensunterhalt. Aber es gibt auch solche, die zwar intensiv den Markt verfolgen und immer wieder Chancen zum günstigen Ein- und Aussteigen suchen, aber nicht jeden Tag aktiv sind. Vieltrader lieben volatile Märkte, denn mit Seitwärtsbörsen lässt sich kaum etwas verdienen. Sie sind sozusagen die Avantgarde bzw. Speerspitze einer neuen Wertpapierkultur.

Erfolgreiche Vieltrader sind Künstler vor allem auf einem zentralen Feld: dem Risikomanagement. Sie suchen nach einer Analyse ihre Chancen und eröffnen dann mit dosiertem Risikobudget eine Position. Sie geben gekonnt Gas, lesen die externen Einflüsse auf die „Flugbahn" ihrer Position geschickt und würzen ihr Portfolio harmonisch. Außerdem wissen sie, wann sie auf die Bremse treten müssen. Die Mehrzahl der Wertpapierkunden in Deutschland kann sich im Umgang mit Risiken an den Kapitalmärkten da noch etwas abschauen. Denn der kompetente und richtige Umgang mit den Risiken an den Kapitalmärkten ist die Basis für eine gute Wertpapier- und Aktienkultur. Und er ist kein Hexenwerk, sondern erlernbar.

Aktien- und Wertpapierkultur bedeutet auch Risikokultur. Ein Investor muss bereit sein, bewusst Risiken einzugehen und diese zu managen. Das ist das Gegenteil von Risiken vermeiden oder gar umgehen! Erfolgreiche Vieltrader können das: Sie wissen wann es richtig ist, sich von der Börse fernzuhalten und wann es sich lohnen kann, einzusteigen. Sie agieren nach einer Chance-Risiko-Analyse. Würde Anlegern die Frage gestellt werden, ob sie bereit sind, mit hundertprozentiger Sicherheit Geld zu verlieren, ginge keiner ein solches Investment ein. Und doch machen es Millionen von Sparern, die im augenblicklichen Umfeld negativer Realzinsen Tag für Tag Geld verlieren, da die Inflation die Zinsen auffrisst. Risiken vermeintlich zu umgehen, ist die falsche Strategie. Als Anleger muss man sich den Risiken stellen und mit diesen bewusst hantieren.

Routinierte Vieltrader die durchschnittlich mehr als fünfzigmal im Jahr mit Wertpapieren handeln, sind sich dieser Risiken voll bewusst und beherrschen die Kunst, diese optimal zu managen. Jeder Anleger der langfristig erfolgreich „traden" will, muss seine Risiken begrenzen. Das gelingt ihm auch dadurch, dass er die verschiedenen Ordermöglichkeiten geschickt einzusetzen weiß. Ein Trader, der schnell handeln will, gibt beispielsweise kein Limit vor – die sogenannte „Market-Order" wird sofort zum nächstmöglichen Kurs ausgeführt. Anders verhält es sich jedoch bei kleineren, weniger gehandelten Basiswerten. Im Falle größerer Kurssprünge sind hier Limit-Orders von Vorteil, bei denen der maximale Kaufpreis, den der Anleger zu zahlen bereit ist, festgelegt wird.

Dem Kunden die dafür notwendige Routine zu vermitteln, bevor Transaktionen getätigt werden, ist das Ziel unserer Akademie des Sparkassen Brokers. In zahlreichen „Webinaren" werden Methoden zur Chartanalyse vermittelt, in Livetradings mit erfahrenen Akteuren Tipps gegeben und Gefahren aufgezeigt. Und immer wieder geht es darum, dem Kunden zu vermitteln, wie wichtig es ist, sich einen Trading-Plan zurecht zu legen. Denn nur, wenn ich weiß wie viel Verlust ich maximal pro Position machen möchte, kenne ich die Grenze an der eine Verlustposition zu verkaufen ist. Doch da die Theorie das eine, und die Realität das andere ist, nimmt der Umgang mit Emotionen großen Raum ein. Es hilft ungemein, wenn erfahrene Profis anschaulich darlegen, wie realistische Gewinnziele erreicht werden können, obwohl man mehr als die Hälfte der Transaktionen mit Verlust abgeschlossen hat. Im Jahr 2013 haben fast 11.000 Teilnehmer die Webinare der S Broker Akademie besucht und danach überwiegend erfolgreicher agiert.

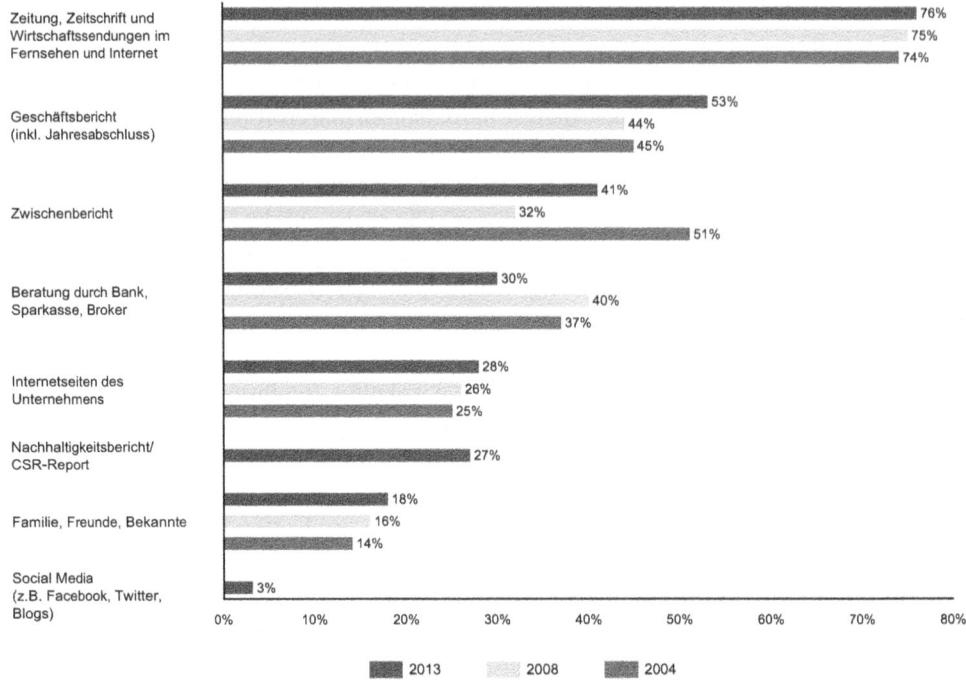

Abb. 29.2 Bedeutung verschiedener Informationsquellen für die Anlageentscheidung

Doch es geht nicht nur um Vieltrader die häufig mit Derivaten handeln, sondern auch um die Kunden die schwerpunktmäßig in Aktien engagiert sind.

29.2 Was fasziniert aktienorientierte Kunden?

Immer mehr Anleger suchen auch im Web 2.0 nach Tipps und orientieren sich an den Trading-Strategien anderer User. Auf wikifolio.com veröffentlichen Trader ihre Anlagestrategien in sogenannte Wikifolios. Dabei handelt es sich um eine Social-Media-Anlageform im Mantel eines Zertifikats mit eigener Wertpapierkennnummer (ISIN), in die andere Anleger nach dem Follower-Prinzip investieren können. Die Nutzer folgen damit automatisch den Trades anderer Investoren und können so ohne Aufwand von deren Wissen profitieren.

Als Wikifolio-Partner geht es dem Sparkassen Broker auch darum, den Austausch der Kunden untereinander über die sozialen Medien und eine hohe Transparenz in den Produkten zu fördern. Mit kleinen Beträgen gelingt so der (Wieder-)Einstieg in die Welt der Aktienmärkte. Zwar spielen soziale Medien (vgl. Abb. 29.2) aktuell nur eine Nebenrolle bei der Frage wie sich Interessierte im Vorfeld einer Anlageentscheidung informieren (Pellens und Schmidt 2014). Aber dieser Wert kann und wird sich vermutlich in den kommenden Jahren deutlich nach oben entwickeln. Und da ist es hilfreich, frühzeitig Erfahrungen gesammelt zu haben.

Daneben sind wir beim S Broker davon überzeugt, dass weitere Mehrwertleistungen zum Depot die Freude am Handel mit Aktien steigern werden. Denn häufig ist es nicht der Kursverlust, der Anleger verunsichert oder ärgert, sondern es sind Kapitalmaßnahmen, die schwer verständlich sind. Hier gilt es, bei Bedarf gemeinsam mit Kooperationspartnern dem Kunden die Komplexitäten zu erklären, gegebenenfalls die Hürde einer fremdsprachlichen Information abzubauen und so die Lösungsoptionen aufzuzeigen. In Zeiten, in denen Depots bei Online-Banken überwiegend ohne Depotgebühren geführt werden, ist dann für diese Leistungspakete zwar gesondert ein Preis zu erheben, aber dem Kunden steht es frei, das Angebot zu kaufen oder nicht.

29.3 Der sinn- und lustvolle Aktienimpulskauf

Geht der Blick noch weiter in die Zukunft, kreisen die Gedanken nicht nur um die Frage mit welchen Leistungen den Kunden ein gutes und sicheres Gefühl vermittelt werden kann. Es geht auch um die Frage was zu tun ist, damit eine Wertpapiertransaktion Spaß macht und zwar schon bevor die eigentliche Order aufgegeben wird. Drei Trends sind dabei wegweisend:

- Zunächst wenig überraschend ist die Tatsache, dass mobile Endgeräte die Nutzung von PCs tendenziell in den Hintergrund drängen. Egal wie die Lösung aussieht, sie muss den Ansprüchen genügen, um auf mobilen Endgeräten genutzt zu werden.
- Ferner der Trend der „Gamification". Nutzer wollen auch unterhalten werden. Für den Wertpapierhandel bedeutet dies, dass nicht mehr ausschließlich das Gesamtportfolio im Vordergrund steht, das gut diversifiziert eine vernünftige Rendite erbringen soll. Sondern ergänzend kommen Impulskäufe hinzu und es gilt, wie oben im Rahmen der S Broker Akademie angesprochen, das Risikoprofil jeder einzelnen Position zu managen. Mit derartigen Impulskäufen kann man auch mal etwas ausprobieren und viele Kunden haben auf die Frage nach dem Anlageerfolg geantwortet, dass sie nach Abzug der Gebühren zwar plus minus Null herausgekommen wären, aber es habe ihnen Spaß gemacht, zu handeln.
- Wie also kommt so ein lustvoller Impulskauf zustande? Da die wichtigste Informationsquelle nach wie vor Zeitungen und Zeitschriften sind, werden über die Medieninhalte wertvolle Impulse generiert. Diese Inhalte, die vorzugsweise aus namhaften Premiumquellen stammen, können durch Spezialinhalte angereichert werden, um den Kunden so ein grundsätzlich breites Universum bereitzustellen.
- Um dem dritten Trend nach möglichst persönlichen Lösungen zu entsprechen, sind darauf aufbauend Individualisierungsmöglichkeiten sinnvoll. So kann sich jeder einen ganz persönlichen Newsticker zusammenstellen. Diese Impulsquelle wäre um „Research

und Sentimentanalysen" zu ergänzen, damit Anleger eine Meinung, die sie sich gebildet haben, nochmals mit Expertenanalysen oder aktuellen Marktstimmungen abgleichen können. Die Aufgabe besteht darin, die Inhalte möglichst ohne Medienbruch mobil bereit zu stellen und dann aus diesen Inhalten zügig eine Transaktion zu ermöglichen.

- Im Falle von Wertpapierkäufen, die auf solchen Impulsen beruhen, bietet es sich an, den Kunden basierend auf wenigen persönlichen risikorelevanten Parametern eine sinnvolle Stückzahl für den Kauf und eine vernünftige Stopp-Loss-Marke algorithmisch ermittelt vorzuschlagen. Das ermöglicht einerseits sehr schnelles und forciert andererseits diszipliniertes Handeln, da im Falle des Kaufs sofort eine passende Stopp-Loss-Verkaufsorder platziert werden kann, um das persönliche Risikolimit nicht zu reißen.

Die digitalen Entwicklungen bieten noch zahlreiche andere Ansatzpunkte, um die reine Wertpapiertransaktion mit zusätzlichen Leistungen „aufzuladen". Hierfür wird auch ein Preis zu verlangen sein, denn wie eingangs geschildert, ist der Preis für die Transaktion an sich massiv unter Druck und bietet wenige Möglichkeiten, die Profitabilität zu steigern. Und so sollte es möglich sein, dass das Wertpapiergeschäft Anlegern und Banken Spaß bereitet und die Zahl der Aktionäre neue Höhen erklimmt.

Literatur

Pellens, B., & Schmidt, A. (2014). Verhalten und Präferenzen deutscher Aktionäre. Deutsches Aktieninstitut. Frankfurt.

Personal Finance Management als Beratungsinnovation von Banken?

30

Friedrich G. Zuther

30.1 Innovation = Internet?

Als größter Treiber der Innovation der Bankenbranche gilt das Internet. Es hat die Direktbanken heutiger Prägung erst möglich gemacht. Diese entwickeln sich von reinen Transaktionsanbietern derzeit gerade innovativ weiter und versuchen, ihre Kunden zu beraten:

1. Die eine Direktbank will ihren Kunden online zum richtigen Anlagemix verhelfen. Nach ein paar Fragen zu Anlagehöhe, -dauer und Risikobereitschaft bekommt der Kunde im Internet einen Portfoliomix empfohlen. Ziel sei es, die Beratung zu demokratisieren – wobei sich die Bank mehr als Coach des Kunden verstehe. Beratung – oder Verzeihung – Coaching also als Innovation einer Direktbank?
2. Eine andere Direktbank behauptet, dass viele Kunden nicht mehr als ein Girokonto, ein Sparbuch, einen Konsumentenkredit und einen Investmentfonds für die Altersvorsorge bräuchten. Wegfall der Beratung als Innovation?
3. Eine dritte Direktbank lässt die Kunden sich untereinander beraten. Die Web-2.0-Bank, ein ganz neues Modell, das sich aber durchaus auf traditionellen Wurzeln wie dem genossenschaftlichen Bankwesen begreifen lässt.

Die Grundgedanken und die Abbildung dieses Beitrags entstammen einem Vortrag, den der Autor gemeinsam mit Simone Bayer auf dem Handelsblatt Euroforum Kongress „IT in Banken" am 5.12.2013 gehalten hat und die auch in der Zeitschrift Bankinformation 2/2014 unter dem Titel „Personal Finance Management – Mehr als Technologiespiele" veröffentlicht wurde.

F. G. Zuther (✉)
Gertrud-Kolmar-Straße 1, 10117 Berlin, Deutschland
E-Mail: fgz@gmx.net

© Springer Fachmedien Wiesbaden 2015
M. Seidel, A. Liebetrau (Hrsg.), *Banking & Innovation 2015,* FOM-Edition,
DOI 10.1007/978-3-658-06746-5_30

Bei so unterschiedlichen Auffassungen zum Thema Beratung und deren Innovationsgehalt ist wohl etwas Grundlagenarbeit nötig. Was wird jeweils unter Beratung verstanden und inwieweit lässt sich das auf das Internet übertragen?

30.2   Beratung = ?

30.2.1   Beratung als Produktvermittlung

Beratung wird meist als das Vermitteln der „richtigen" Produkte verstanden. „Richtig" in Bezug auf die Kundenwünsche. In dem einen Fall (Punkt 1. in Abschn. 30.1) wird der Kunde ein wenig befragt, im anderen ergibt es sich irgendwie von selbst. Das Verständnis, dass Beratung eindeutig zu Produkten führt, ist alt und wird von fast allen (Produkt-)Anbietern betrieben. Der Kunde wird nach seinen Präferenzen zu den Unterschieden zwischen den Produkten befragt und so ist nach einer kurzen Fragerunde im Sinne einer Differentialdiagnose das richtige Produkt ermittelt und die Beratung abgeschlossen. Sieht man Beratung als Produktvermittlung, so mag das zweite in Abschn. 30.1 genannte Szenario zutreffen und für viele Kunden bedarf es zu den einfachen Bankprodukten keiner Beratung. Bei komplexeren Produkten wie dem Börseninvestment kann dann Szenario zwei ziehen und eine formalisierte und ggf. maschinelle Beratung Abhilfe schaffen. Was aber, wenn es für das individuelle Kundenbedürfnis gar kein Produkt gibt? Dann bekommt der Kunde immerhin noch das aus Anbietersicht am besten passende Produkt.

Bereits bei diesem einfachen Beratungsbegriff gibt es viele unausgeschöpfte Möglichkeiten für die Banken zur Kundengewinnung: Viele Kunden sind dankbar, wenn Erklärfilme zu den Produkten auf den Webseiten vorhanden sind und einfache Fragen direkt zu einer Lösung führen, ohne dass langwierige Termine nötig sind. Gefühlt sind solche Termine bei den Kunden etwa so beliebt wie der Besuch beim Zahnarzt – nur werden diese bei Weitem nicht so regelmäßig genutzt. Der Banktermin lässt sich vermeiden, ohne dass die Kasse Zuschüsse kürzt – aber „eigentlich wäre es doch ganz gut" … und so geben über 70 % der Kunden bei Befragungen an, dass sie gern von ihrer Bank angesprochen würden. Fast jeder geht davon aus, dass er mehr für die Altersvorsorge tun müsste …, aber fast jeder verschließt die Augen vor diesem Problem und würde sich nur bei aktiver Ansprache darum kümmern. Für die meisten Menschen ist es gut, wenn beim Geld alles irgendwie läuft und gerade dort kein Kümmern nötig ist. Leider profitieren oft diejenigen Berater von dieser ambivalenten Haltung, die eher die eigenen Interessen als das Wohl des Kunden im Blick haben – und so ist jeder Schritt zur Aufklärung und Befähigung hier hilfreich für die Kunden.

30.2.2 Beratung als Bedürfnisermittlung

Nun ist es aber nur sekundär für den Kunden, das richtige Produkt zu finden. Meist sind die Fragestellungen diffuser und der Kunde kann die Unterschiede der Produkte nicht abschließend beurteilen. Im geschilderten beratungslosen Direktbankszenario stellt sich bei dem Investmentfonds für die Altersvorsorge die Frage: In welcher Höhe soll der Kunde investieren – also letztendlich wie lange wird er leben, welche Konsumgewohnheiten wird er im Alter entwickeln und welche Kaufkraftveränderungen wird es in den Jahrzehnten bis zur Rente und in der Rente geben. Beratung als Beantwortung solcher Fragen aus Kundensicht findet kaum statt, und so fühlt sich der Bankkunde mit seinen Problemen auch innerhalb einer Beratung allein gelassen. Sicher ist dies ein Grund, warum diese Termine so wenig beliebt sind – Produktberatung liefert selten die umfassend befriedigende Lösung.

Eine Unterstützung der Bank wird so von den Kunden nur bei akuten Problemfällen gesucht – dort würde einem dann ja doch nur ein Produkt aufgeschwatzt, so das Vorurteil. Echte, individuelle Beratung wird so zwar erwartet und gefordert, aber praktisch kaum nachgefragt noch angeboten. Insgesamt leben Bank und Privatkunde oft komplett aneinander vorbei.

30.2.3 Beratung als Problemlösung für den Kunden – auch als Problemlösung für die Bank?

Zumindest für die filialorientierten Banken ist Beratung ein existentieller Mehrwert: Die Bankfilialen sind zunehmend leerer, weil sie derzeit für die meisten Menschen keinen Mehrwert gegenüber den bequem und rund um die Uhr erreichbaren Wegen Internet und SB-Automat haben. Für das Alltagsgeschäft brauchen die meisten Kundengruppen die Filiale und den persönlichen Kontakt nicht mehr. In diesen Kundengruppen wird die Filiale nur noch für komplexe Sachverhalte wie Baufinanzierung oder als Reserve für Fehlerfälle gesehen. Dies ist eine große Herausforderung für die filialorientierten Bankengruppen. Wenn Kunden den Mehrwert einer Beratung erkennen, kann Beratung auch für die Banken eine wesentliche Problemlösung sein. Wie lässt sich also dem heute beratungsphoben, selbstbestimmten Internetkunden der Mehrwert von Beratung nahebringen? Hier kann die Weiterentwicklung von Personal Finance Management eine besondere Rolle spielen.

30.3 Die Rolle von Personal Finance Management

Im aktuellen Stand bringen die Anwendungen des PFM die Transaktionen des Kunden zusammen – kategorisieren diese weitestgehend automatisch bis hin zur Möglichkeit, Budgetvorgaben und deren Einhaltung zu überwachen. Der Kunde bekommt damit recht bequem eine Übersicht über seine aktuellen Finanzgeschäfte und seine finanzielle Gesamt-

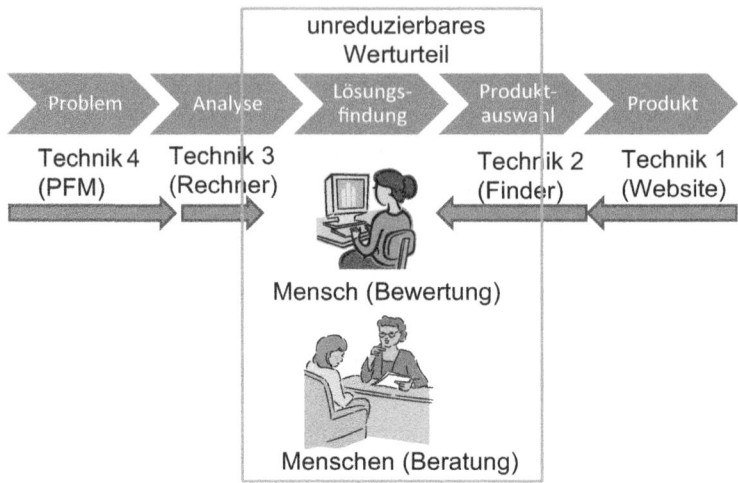

Abb. 30.1 Die Entscheidung bleibt beim Menschen

situation. Die Anwendungen, die wir hier im Markt sehen, sind erst ganz am Anfang der Lernkurve und der eine oder andere mag nach großen Erwartungen enttäuscht sein – aber das strategische Potenzial ist und bleibt beachtlich. Die Weiterentwicklung kann in unterschiedlichste Richtungen passieren – als Haupttrend zeichnet sich derzeit die Unterstützung des alltäglichen Finanzmanagements, insbesondere durch Nutzung des Smartphones und die Ausweitung auf Finanzprognosen ab.

Mit den Möglichkeiten, finanzielle Szenarien individuell zu prognostizieren, bekommen nicht nur klassische Prognoserechnungen eine einfachere Grundlage. So kann ein Rentenrechner jetzt die Daten zum aktuellen Einkommen/Alter etc. direkt aus dem PFM übernehmen. Mehr noch, die Prognose lässt sich als Fortschreibung der Grafiken aus dem PFM visualisieren und nach Zielfestschreibung so zum Beispiel als Langfristplanung nutzen. Auch die Auswirkungen von Unglücksfällen – etwa einer Berufsunfähigkeit – lassen sich an den Auswirkungen auf die eigene Finanzplanung sehr deutlich und individuell aufzeigen. Das Gesamtbild für den Kunden ändert sich. Wurde bislang immer rückwirkend die Situation betrachtet: „Was habe ich wofür ausgegeben?", so steht jetzt das Bild der zukünftigen Entwicklung der Finanzen im Vordergrund – und damit der individuelle finanzielle Bedarf! So kann einerseits der Kunde selbst die Komplexität seiner eigenen finanziellen Situation sehen. Andererseits kann die Bank ihre Lösungen viel besser platzieren, wenn der Kunde selbst seinen Bedarf kennt und ihm dieser nicht zuerst vom Berater aufgezeigt wird (Abb. 30.1).

Die Technik hat bislang in der Wertschöpfungskette als erstes die Produkte für die Kunden über die Darstellung auf den Internetseiten transparent gemacht. Über Produktfinder ist dann die Auswahl der Produkte für die Kundenprobleme technisch unterstützt worden und mit Rechenmodulen wurde der Kunde bei der Problemanalyse unterstützt (wie beispielsweise: Wann rechnet sich ein Immobilienkauf?). PFM zeigt über Szenariorechnungen nun viele Möglichkeiten der finanziellen Entwicklung und damit auch Problemszenarien erstmalig auf.

Macht PFM es einfach, die benötigten Daten für die Berechnungen zusammenzuziehen, so ist doch die Interpretation von den Prognosen nötig und insbesondere sind für die Lösungsfindung Werturteile nötig. Sind die Berechnungen einfach, so treten die Annahmen und die Bewertungen in den Vordergrund. Die Frage ist nicht mehr, was bleibt mir für die Rente – das zeigt das System auf Knopfdruck –, sondern wie gehe ich mit dem Langlebigkeitsrisiko um und welche Kaufkraft möchte ich als Rentner wie lange haben bzw. gegen welche Inflationsszenarien robust sein?

30.4 Fazit: Mit Prognoserechnungen bringt Online-PFM die Bankfiliale wieder ins Spiel

Ein persönliches Gespräch wird hier von großem Mehrwert sein, der Bankberater und auch die physische Präsenz der Bank bekommt wieder einen Sinn. Viele Kunden werden nach ersten Versuchen hier Unterstützung brauchen. Das Beratungsgespräch kann sich auf die Lösungsfindung konzentrieren, wenn der Kunde vorher bereits selbst die Daten zusammengestellt und in das System eingegeben hat. So wird die Gesprächsdauer kürzer und die Kosten werden geringer – andererseits verlangt das Gespräch vom Berater volle Aufmerksamkeit und hohe fachliche und persönliche Kompetenz.

Ist das eine Innovation? Vielleicht nicht überall und nicht aus jeder Perspektive. Fast jede Bank (zumindest die filialgestützten Banken und jeder Finanzberater sowieso) wird angeben, heute bereits erschöpfende Beratung zu bieten. Meist wird hier aber der produktzentrierte Ansatz vorherrschen – individuelle Szenariorechnungen vorzunehmen, erfordert einigen Aufwand und wird in der Regel eher für gehobene Kundengruppen durchgeführt. Deswegen wird diese Art der Beratung aus Kundensicht vermutlich weniger als Innovation betrachtet werden – dürfte jedoch im Vergleich zur produktzentrierten Beratung als wohltuend anders, aber auch schwieriger empfunden werden. Und so sind die anfangs angeführten Ansätze der Direktbanken innovativ und wertvoll, können aber den Kunden nur deswegen beeindrucken, weil er eine umfassende Beratung nicht erfahren hat. Für die Bedürfnisermittlung und die Bewertung ist persönlicher Kontakt überaus wertvoll, und hier können die Direktbanken nicht folgen. Ob sich dieser Kontakt medial herstellen lässt wird die Zeit erweisen (und vermutlich wird sich diese Einschätzung mit den jüngeren Generationen auch verändern), hier bleibt das dritte Direktbankmodell weiter interessant. Aber grundlegende Innovation oder nicht – durch die elektronisch gestützte Bedürfnisermittlung als Erweiterung des Personal Finance Management online bekommt die persönliche Beratung offline den maximalen Mehrwert für den Kunden und das bestmögliche Aufwands-Ertragsverhältnis für die Bank.

Teil V
Methoden

Katharina Berger und Ira Holl

Langfristig können weder Unternehmen noch ganze Volkswirtschaften ohne Innovation nachhaltig wachsen. Dabei ist die Wahrnehmung der heimischen Innovationskraft typischerweise mit den bedeutenden Industriebranchen verbunden. Man denkt an die Automobilbranche, die vielen mittelständischen „Hidden Champions" der deutschen Wirtschaft und den Ruf Deutschlands als Land der Ingenieure. Nur selten wird der Begriff der Innovation verbunden mit der Bankenbranche, die eher als konservativ gilt.

Die Geschwindigkeit des technologischen Wandels und die damit einhergehende Veränderung der Kundenerwartungen zwingen gerade auch die Banken, weiterhin immer neue Wege zu beschreiten, um mit diesen Veränderungen in dem erforderlichen Tempo Schritt zu halten.

Kaum eine Bank kann sich heute alleine durch einen Wissensvorsprung profilieren. Wissen ist allgegenwärtig und für jeden und überall abrufbar. Wir schreiten vom Informationszeitalter in das Konzeptzeitalter. Heute müssen Banken zeigen, dass sie mit all dem zur Verfügung stehenden Wissen, das Richtige tun und ihren Kunden das Bestmögliche empfehlen können.

Der Kunde erwartet zeitgemäßen Service der seinem Lebensstil angepasst ist und diesen optimal unterstützt. Vertreter der „Generation Y" sind hierbei ebenso anspruchsvolle Kunden wie andere Kundengruppen, seien es Familien, „Best Ager" oder „Silversurfer".

K. Berger (✉)
Deutsche Bank AG, Alfred Herrhausen Allee 16–24,
65760 Eschborn, Deutschland
E-Mail: katharina.berger@db.com

I. Holl
Deutsche Bank Privat- und Geschäftskunden AG,
Privat- und Firmenkundenbank, Kurfürstendamm 28, 10719 Berlin, Deutschland
E-Mail: ira.holl@db.com

© Springer Fachmedien Wiesbaden 2015
M. Seidel, A. Liebetrau (Hrsg.), *Banking & Innovation 2015*, FOM-Edition,
DOI 10.1007/978-3-658-06746-5_31

Sie alle informieren sich heute vorab im Internet und erwarten von ihrer Bank einen Dialog auf Augenhöhe.

Gleichzeitig verändert sich die Welt der Kommunikation. Kunden erwarten Informationen in Realtime, beraten sich mit Freunden und Familie. Sie vergleichen und bewerten Dienstleistungen mit denen anderer Marktteilnehmer auch außerhalb der Finanzindustrie. Soziale Netzwerke wie Facebook und WhatsApp sind Beispiele an denen sich die Services der Banken ebenso messen lassen müssen, wie an den Angeboten branchenferner Anbieter wie Google, Apple oder Amazon.

Paypal als Ebay-Tochter erfand das Kundenerlebnis rund um Zahlungen neu und wurde damit zur Benchmark bei Peer-to-Peer-Zahlungen. Google verfügt in England über eine Banklizenz und Facebook hat aktuell eine solche in Irland beantragt.

Charles Darwin sagte: Es ist nicht die stärkste Spezies die überlebt, auch nicht die intelligenteste, sondern eher diejenige die am ehesten bereit ist, sich zu verändern. (vgl. Quote Investigator 2014)

Das gilt auch für die Finanzindustrie, deren Gesicht sich durch den rasanten technologischen Wandel und regulatorische Anforderungen bereits in der Neuzeit gewandelt hat. Längst ist es für Kunden zur Selbstverständlichkeit geworden, über Online- oder Mobilebanking zur Bank zu kommen.

Was aber sind die nächsten Schritte? Wie können Banken sich weiter verändern und den hohen Ansprüchen ihrer Kunden auch in Zukunft gerecht werden?

Wichtig ist, dass man dieser Herausforderung nicht mit einem einfachen kleinen Schritt begegnen kann. Diese Herausforderung bedarf beherzter Veränderungen, Mut und vor allem eines tiefen Verständnisses für die Kunden, deren Lebensstil und deren Bedürfnisse.

Eine moderne Innovationsstrategie macht entsprechend den Kunden bereits im Innovationsprozess selbst zum Teilnehmer – und damit zum Mittelpunkt des späteren Handelns.

Basierend auf aktuellen Trends gilt es ferner, Szenarien zu erarbeiten, die es allen Beteiligten ermöglicht, eine gemeinsame Vision einer Bank der Zukunft zu entwickeln.

Methoden, wie „Corporate Foresight" und „Foresight Thinking" ermöglichen es, die Trends und deren Auswirkungen auf das Bankgeschäft zu verstehen. Die hieran beteiligten Vertreter aus den verschiedensten Bereichen können im Rahmen dieser Arbeit ihre eigenen Perspektiven zur Diskussion stellen und ein gemeinsames Bild zeichnen, dass die nächsten Schritte ermöglicht (vgl. Abb. 31.1).

Auch hierbei müssen sich die Beteiligten von Anbeginn mit der Frage auseinandersetzen, wer der Kunde der Zukunft sein wird und wie dieser leben wird. Konkretisiert sich das Bild, können verschiedene Herausforderungen definiert und in Arbeitspaketen an entsprechende Teams vergeben werden.

Um bestmögliche Ergebnisse zu erzielen, ist es sinnvoll interdisziplinäre Teams zusammenzustellen. Aufgrund des verschiedenen Wissens- und Arbeitshintergrunds wird die Arbeit somit mit einer Vielzahl von Impulsen und einer breiten Expertise ausgeführt. Gleichzeitig verfügen diese Teams auch über eine breite Vernetzung innerhalb und außerhalb des Unternehmens, sodass hier schnell Zugang zu weiterer Expertise geschaffen werden kann.

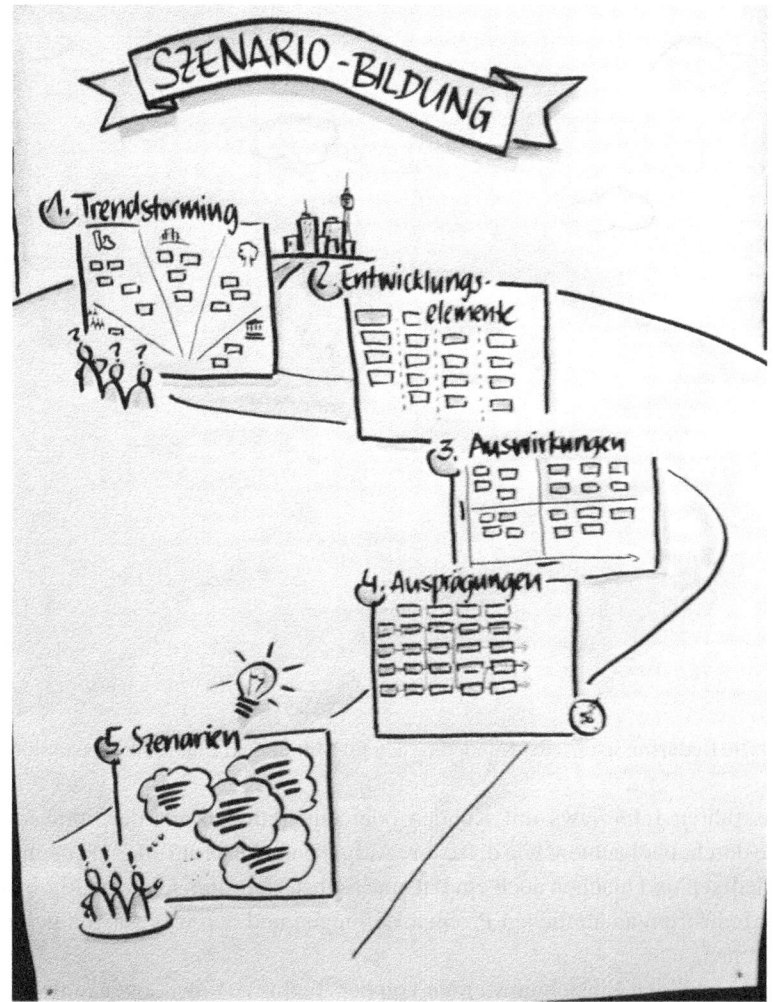

Abb. 31.1 Szenario-Bildung

Jetzt kommt es darauf an, ein tieferes Verständnis für das Problem, den vorhandenen Lösungsraum und insbesondere für die Bedürfnisse unseres Kunden zu entwickeln. Bestehende Annahmen müssen in Frage gestellt und mit der Realität unserer Kunden abgeglichen werden. Mittels „Design Thinking" können die Teams bei dieser Aufgabe methodisch und prozessual unterstützt werden. Dieses Vorgehen wurde bereits in den 60er Jahren im Silicon Valley entwickelt und wird dort bis heute angewandt.

Während wir uns heute häufig durch neue Technologien treiben lassen und diese zu neuen Produkten entwickeln, fokussiert sich „Design Thinking" zu Beginn darauf, das vorhandene Problem aus Sicht des Nutzers und dessen Bedürfnissen zu verstehen.

Die Teamarbeit beginnt mit einer divergierenden Phase. Es geht darum, den Dialog mit dem Kunden aufzunehmen und möglichst viele unterschiedliche Erfahrungen zu sammeln.

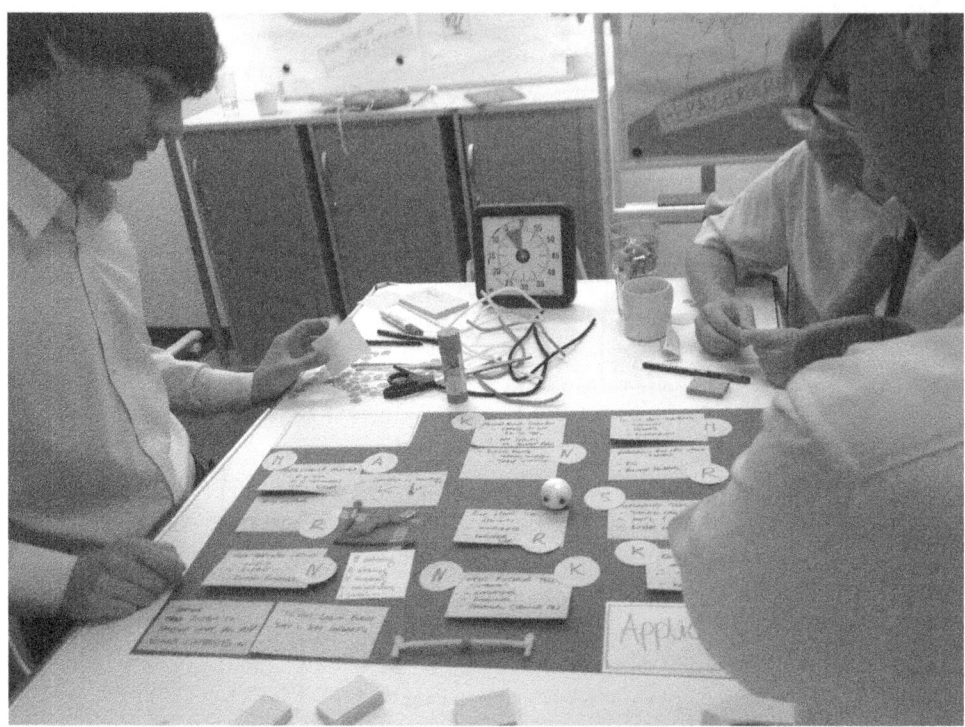

Abb. 31.2 Die Bedürfnisse unseres Kunden stehen im Mittelpunkt intensiver Diskussionen

Die Teams führen Interviews mit Kunden oder Nichtkunden aus der voraussichtlichen Zielgruppe durch, beobachten, wie diese ihre Aufgaben in unserem oder in einem ähnlichen Umfeld erledigen und machen auch einmal eine Selbsterfahrung. Gleichzeitig wird ebenso in anderen Industrien an ähnlichen Problemstellungen und deren Lösungen geforscht, um davon zu lernen.

Die so gewonnenen Einsichten werden von den Teams zu einer sogenannten „Persona" – einem Archetypen der Zielgruppe – zusammengetragen, die über den gesamten Prozess der divergierenden Phase hinweg mit neuen Einsichten ergänzt wird (vgl. Abb. 31.2). Diese ermöglicht es den Teams, Schritt für Schritt die Perspektive ihrer Kunden einzunehmen.

Der Einsatz der Methode „Persona" bedeutet, den Kunden, seine Lebenssituation, seinen Lifestyle und – in diesem Kontext – die zu erledigende Aufgabe zu verstehen.

Zusätzlich verhelfen diese Einsichten dazu, eine sogenannte „Customer Journey" – also ein Prozessablauf aus Sicht des Kunden und seiner Lebensweise zusammenzustellen. Hier zeigen sich schnell die Stellen in unseren Prozessen und Dienstleistungen, die sich nicht mit dem Leben des Kunden verbinden.

„Persona" und „Customer Journey" sind in Zukunft wichtige Tools, um ein tieferes Kundenverständnis sicherzustellen.

Gleichzeitig wird die divergierende Phase dazu genutzt, aus den hier gewonnenen Inspirationen neue Ideen zu gewinnen. Um diese besser verständlich zu machen, werden sie

Abb. 31.3 Testen von Prototypen in der divergierenden Phase

– jede einzeln – in einen einfachen Prototyp umgesetzt. Ziel ist es hier mit einfachsten Mitteln wie Pappe, Klebstoff, Lego oder jedem anderen verfügbaren Material, Ideen für den Kunden erlebbar zu machen. Oft werden Prototypen zu Metaphern, die dann zu neuen Ideen führen (vgl. Abb. 31.3).

Dieses Vorgehen ermöglicht es den einzelnen Teammitgliedern auch, ihre Gedanken in einer neuen Form auszudrücken und durch die Beiträge der anderen im Team diese Gedanken in einem Arbeitsgang zu erweitern und erlebbare Gestalt annehmen zu lassen. Der so gewonnene Prototyp kann dann umgehend mit Kunden getestet und somit aktuelles Feedback gewonnen werden.

Dieser Vorgang wird für jede Idee wiederholt und erlaubt somit eine hohe Agilität im Prozess durch dynamisches Lernen in kurzen Iterationen.

„Design Thinking" erlaubt darüber hinaus, den verfügbaren Lösungsraum gründlich auszuloten. Dies geschieht, indem der Prozess aus Interview – Beobachtung – Ermittlung der Kundenperspektive – Ideengenerierung – Prototyping – Testing unter Einbeziehung verschiedener Perspektiven durchgeführt wird. Zuhören, Hinsehen und Hinterfragen sind Fähigkeiten, die hier trainiert werden. Konzentrieren sich die Teams zu Beginn auf die für den Kunden kritischen Faktoren, wird in einer zweiten Perspektive ausschließlich auf visionäre Ideen und Prototypen wert gelegt.

Diese Phase wird oft als chaotisch, nicht zielgerichtet und unsicher wahrgenommen, da hier in den verschiedensten Richtungen Ideen und Prototypen entstehen. Dies kann den Eindruck erwecken, dass die Teams die Richtung und damit das Ziel aus den Augen verloren haben. Es ist jedoch wichtiger Bestandteil der Vorgehensweise. Viele der finalen Prototypen später sind durch diese Freiheit erst entstanden.

Erst im Anschluss werden alle Ideen und Einsichten konsolidiert und das Team entscheidet, welche Elemente sie dann in die nächste Stufe, den integrierten Prototyp, übernimmt. Die Arbeit steht unter dem Motto: „Scheitere früh, scheitere oft, um später erfolgreich zu sein". Fehler werden in diesem Prozess als wertvolle Impulse zum Lernen und zur Inspiration gesehen.

Hier endet auch die divergierende Phase. Sie hat es den Teams ermöglicht, sich gründlich mit dem Problem auseinanderzusetzen. Das jetzt vorhandene Wissen und die intensive Auseinandersetzung mit Lösungsmöglichkeiten und mehr noch mit den Bedürfnissen des Kunden, erlauben es nun, eine Lösung zu erarbeiten, die dem Kunden einen sichtbaren Mehrwert bringt.

Es folgt im Anschluss die konvergierende Phase die wir von der bisherigen Projektarbeit bereits kennen. Der nunmehr gebaute Prototyp wird Schritt für Schritt weiter ausgearbeitet und detailliert. Hier werden die ersten digitalen Versionen erstellt, die erste Software geschrieben.

Dennoch gibt es eine Besonderheit. Um nicht den Mehrwert des bisherigen Prozesses zu verlieren, ist es wichtig, die einmal identifizierten kritischen Funktionen jetzt nicht aus dem Auge zu verlieren. Dies geschieht am besten, indem man weiterhin die Entwicklung regelmäßig mit der „Persona" und der „Customer Journey" abgleicht und ebenso auch für diese Entwicklungsstufen Tests mit Kunden durchführt.

Um den Design Teams diese Art der Arbeit zu ermöglichen, ist es sinnvoll ihnen einen flexiblen und anpassungsfähigen Raum für die Dauer des Projektes zur Verfügung zu stellen. Der Raum sollte ein inspirierendes Umfeld bieten, das kreatives Arbeiten fördert und unterstützt. Die Teams sollten über erforderliches Methodenwissen verfügen oder aber durch einen erfahrenen Methodencoach begleitet werden (Abb. 31.4).

Es ist sinnvoll für dieses Vorgehen ein Rollenkonzept – angepasst an die Erfordernisse des Unternehmens – zu definieren, dass den Teams ein freies Arbeiten in der divergierenden Phase ermöglicht. Gleichzeitig sollte hierdurch die Vernetzung und die Kommunikation der einzelnen Stakeholder, Produktverantwortlichen und Experten mit den Design Teams sichergestellt werden. Dies ermöglicht es, dass vom Team erarbeitetes Wissen auch den nicht direkt im Team arbeitenden Mitarbeitern zur Verfügung gestellt wird.

Oft scheint es, dass die divergierende Phase einen zusätzlichen Aufwand darstellt.

Das hier geschilderte Vorgehen ermöglicht es Unternehmen, Kosten an vielen Stellen einzusparen. Hierzu gehört zum einen die Effektivität das richtige Produkt oder den richtigen Service entwickelt zu haben. In der Vergangenheit konnte dies oft erst nach Implementierung festgestellt werden. Bis zu diesem Zeitpunkt waren aber bereits hohe Kosten entstanden. In diesem Falle werden grundlegende Tests aber an den Anfang gestellt, sodass das Risiko einer Fehlentwicklung reduziert wird.

Darüber hinaus bringt dieses Vorgehen aber auch weitere Vorteile. Kosten für die Einführung, für Schulungen und für den Support können positiv beeinflusst werden.

Abb. 31.4 Brainstorming in interdisziplinären Teams

Die heutige Zeit ist von ständigem Wandel im Wissen wie in der Technologie geprägt. Gleichzeitig verändern sich die Erwartungen unserer Kunden und ihre Lebensweise in immer kürzeren Zyklen.

Unternehmen und Mitarbeiter müssen sich diesem Wandel anpassen und ihr Wissen und ihre Erfahrungen immer wieder und in engen Zyklen auf den neusten Stand bringen, um konkurrenzfähig zu sein.

„Design Thinking" ermöglicht es – insbesondere zu Beginn der Produkt- oder Serviceentwicklung –, vorhandenes Wissen zu aktualisieren, die Kundenbedürfnisse auf dem neuesten Stand des heutigen Lifestyles zu bringen und die neusten Ausprägungen des Lösungsraums in die Projektarbeit einzubeziehen.

Es bietet den Mitarbeitern lebenslanges Lernen und den Unternehmen die Möglichkeit mit agilen, dynamischen und kreativen Teams kundenorientierte Lösungen zeitgerecht zu erarbeiten. Gleichzeitig bleiben die Mitarbeiter auf dem neusten Stand des Wissens – und werden immer wieder daran erinnert, dass der Kunde im Mittelpunkt des Handelns steht.

Literatur

Quote Investigator. (2014). 4. Mai 2014. http://quoteinvestigator.com/2014/05/04/adapt/. Zugegriffen: 21. Aug. 2014.

Robuste strategische Asset-Allokation mittels Szenarioplanung

Eine innovative Methode zur langfristigen Vermögensausrichtung, die sich nicht an Benchmarks und typischen Ansätzen, sondern an langfristigen Zukunftsbildern orientiert

Philipp Becker und Alexander Bönner

32.1 Einleitung

In der heutigen, stark vernetzten Welt mit großen ökonomischen, sozialen und geopolitischen Unsicherheiten sind zukünftige Entwicklungen aufgrund der vielschichtigen Zusammenhänge und Abhängigkeiten sehr schwer einzuschätzen. So können im Umfeld komplexer Situationen, in welchen eine Entscheidung getroffen werden muss, strukturierte Prozesse ein vereinfachendes Element sein. Die Szenarioplanung ist ein solcher strukturierter Prozess zur Analyse von strategischen Fragen unter Berücksichtigung von Komplexität und Unsicherheit. Für viele langfristige Entscheidungen, so auch für die strategische Asset Allokation, kann sie daher ein geeigneter Ansatz sein.

32.2 Strategische Asset-Allokation im Fokus

„Asset Allocation is probably the most important task an investor undertakes¡' Mit dieser Aussage hat schon Nobelpreisträger William Sharpe (1987, S. 31) auf die Wichtigkeit einer fundierten Asset-Allokation für Investoren im Rahmen des Anlageprozesses hin-

P. Becker (✉)
Dorfstraße 60, 8835 Feusisberg, Schweiz
E-Mail: philippmoritz.becker@gmail.com

A. Bönner
FOM Stuttgart, Obere Waiblinger Straße 166, 70374 Stuttgart, Deutschland
E-Mail: alexander.boenner@fom.de

© Springer Fachmedien Wiesbaden 2015
M. Seidel, A. Liebetrau (Hrsg.), *Banking & Innovation 2015*, FOM-Edition,
DOI 10.1007/978-3-658-06746-5_32

gewiesen. Dieser setzt sich aus drei Teilbereichen zusammen. Neben der strategischen Asset-Allokation besteht er aus der taktischen Asset-Allokation und der abschließenden tatsächlichen Titelselektion (vgl. Klages und Thießen 2012, S. 645 ff.; Steiner et al. 2012, S. 91 ff.).

Bei der strategischen Asset-Allokation (SAA) wird zunächst die Hubschrauberperspektive gewählt, und alle für die Asset-Allokation grundsätzlich relevanten Märkte werden analysiert. Hier stehen Entscheidungen über die langfristige Komposition des Portfolios in Hinblick auf Anlageklassen (Asset-Allokation im engeren Sinne), Subanlageklassen, Regionen oder Länder, Duration und Währungen im Fokus. Der Planungshorizont ist vom jeweiligen Investor abhängig, beträgt aber in der Regel fünf bis zehn Jahre. Für langfristig agierende Anleger wie Family Offices, Staatsfonds oder Pensionskassen kann dieser aber durchaus auch darüber hinausgehen. Im Kern geht es bei der SAA um die Festlegung von langfristigen Normalgewichten der Anlageklassen. Die taktische Asset-Allokation (TAA) gestaltet kurzfristige Abweichungen von der SAA. Der Planungshorizont beträgt hier meist drei bis sechs Monate und erfasst zyklische Entwicklungen und kurzfristige Trends an den Finanzmärkten. Die TAA wird zum Feinschliff des Depots verwendet und agiert in der Regel auf den gleichen Entscheidungsebenen, zum Beispiel Aktien USA vs. Aktien Europa, wie die SAA. Sie kann daher auch als aktiv motivierte Strategie zur Steigerung der Performance gegenüber den strategischen Normalgewichten interpretiert werden. Abschließend erfolgt innerhalb der strategischen und taktischen Vorgaben die Titelselektion.

Diverse Studien weisen darauf hin, dass insbesondere der SAA eine hohe Bedeutung zur Erzielung einer hohen Rendite zukommt. Für den US-Markt beschreiben zum Beispiel Xiong et al. (2010, S. 25) oder Ibbotson und Kaplan (2000, S. 29) einen Beitrag der SAA von 74 bis 88 % gemessen an diversen US-Publikumsfonds. Für US Pensionsfonds ermitteln Brinson et al. (1986, S. 39 ff.) sogar 93,6 %. Dies zeigt exemplarisch, dass für die Vermögensentwicklung die Erarbeitung der SAA unter Berücksichtigung des spezifischen Investorenrisikoprofils von elementarer Bedeutung ist.

32.3   Unterschiedliche Ansätze der Strategischen Asset-Allokation

Die SAA lässt sich über verschiedene Ansätze erarbeiten. Zwei weit verbreitete sind der aktive Guru-Ansatz und der passive Benchmark-Ansatz. Beide haben gewisse Vorteile, weisen aber auch gewichtige Nachteile auf.

Beim Benchmark-Ansatz orientiert sich die SAA an einer Basismischung unterschiedlicher Anlagen unter Berücksichtigung des Investorenrisikoprofils. Bei Fokussierung auf Aktien und Anleihen kann beispielsweise ein 50/50-Portfolio entstehen, welches 50% Aktien und 50% Anleihen nach der jeweiligen Benchmarkausrichtung als strategische Zielvorgabe hat. Allerdings sind diese Benchmarks in der Regel – zumindest auf lange Sicht – nicht sinnvoll. Beispielsweise gilt bei Anleihenbenchmarks, je mehr Schulden eines Staates ausstehend sind, desto höher ist die Gewichtung in der Benchmark. Daher hat beispielsweise Italien in globalen Staatsanleihenindizes eine höhere Gewichtung als Deutschland. Dies mag taktisch vielleicht sogar ein gutes Investment sein. Die Ausrichtung an einer Benchmark, die eine höhere Verschuldung mit einer größeren Gewichtung belohnt, ist jedoch strategisch kaum sinnvoll. Daher lässt die langfristige Betrachtung bedeutende Zweifel an der Sinnhaftigkeit eines solchen Benchmark-Ansatzes aufkommen.

Der Guru-Ansatz wiederum zeichnet sich durch die Fokussierung auf eine einzelne Person oder ein kleines Team aus, welche die strategische Asset-Allokation vorgeben. Zu Grunde gelegt sind eigens erstellte Modelle, sehr häufig aber auch eine gewisse Portion Bauchgefühl bzw. anders formuliert Marktkenntnis gepaart mit Talent und Glück. Dieser Ansatz zeichnet sich somit durch eine hohe Abhängigkeit von einer Schlüsselperson aus. Auf lange Sicht ist eine zuverlässige Partnerschaft kaum möglich (Arbeitgeberwechsel, Pensionierung oder auch Unfall). Zudem gibt es abgesehen von einigen strategischen Investoren, zu denen auch Warren Buffet zählt, kaum einen einzelnen Finanzinvestor, der über Jahre eine erfolgreiche Anlagepolitik verfolgt hat. Diejenigen, die einen Guru-Ansatz verfolgen, unterliegen dem Prinzip der Wahrscheinlichkeit. Und das besagt, wenn beispielsweise eine Million Investmentgurus zehn Jahre lang jedes Jahr vier Entscheidungen treffen, liegen am Ende nur zehn Personen immer richtig gelegen. Und zehn Jahre sind für einen langfristigen Investor ein kurzer Betrachtungshorizont.

Ein dritter Weg ist die Erarbeitung der SAA über einen strukturierten Prozess, der sich weder an Benchmarks orientiert, noch von einzelnen Personen sehr stark abhängig ist. Dieser Prozess kann beispielsweise auf der Szenarioplanung basieren und mit der robusten Portfoliooptimierung kombiniert werden.

32.4 Strategische Asset-Allokation: Szenarioplanung als erster Schritt

Die Szenarioplanung ist entwickelt worden, um komplexe strategische Fragestellungen, die mit hoher Unsicherheit behaftet sind, zu analysieren. Der Ursprung der Methode wird der RAND Corporation (USA) zugeschrieben, einer Organisation, in der unter anderem Harry Markowitz, John Nash oder Donald Rumsfeld mitgewirkt haben. Nach dem Ende des zweiten Weltkrieges formierte sich die RAND Corporation um einige Fragestellungen, die das Manhattan Projekt aufwarf, zu klären. Die Auswirkung von Nuklearwaffen auf zukünftige Konfliktsituationen war mit hoher Komplexität und aufgrund vieler unbekannter Einflussgrößen auch hoher Unsicherheit verbunden. In der RAND Corporation entwickelte ein Team um Hermann Kahn die Methodik der Szenarioplanung, um diese Frage trotzdem adäquat zu adressieren (vgl. Minx und Roehl 2006, S. 78). In der Folge wurde dieser Ansatz zur strategischen Analyse auch bei Unternehmen eingesetzt. 1965 baute Shell ein Szenarioplanungsteam auf. Zunächst eher als akademisches Forschungsprojekt wahrgenommen, waren die Analysen in der ersten Ölkrise für Shell eine wichtige Grundlage für strategische Entscheidungen. Die Szenarioplaner hatten sich auch mit stark schwankenden Ölpreisen befasst, einer Thematik die bis dahin in der Branche nicht erfasst wurde. Die bereits ausgearbeiteten Szenarien und Handlungsoptionen waren daher für Shell im ersten Ölpreisschock 1974 ein kompetitiver Vorteil. Shell verbesserte in den Folgejahren – nicht zuletzt dank der rasch in die strategischen Entscheidungen integrierten Szenarien – seine Marktposition deutlich (Schwartz 1996, S. 7 ff.). Dennoch konnte sich auch in der Folge die Szenarioplanung als sehr zeitintensive, komplexe und daher akademisch anmutende „Kunst" in der Welt der Praxis nicht breit entfalten. Allerdings haben sich zuletzt Organisationen wie etwa das World Economic Forum der Szenarioplanung bedient.[1]

In der strategischen Asset-Allokation kann die Methode einen wertvollen Beitrag leisten. Die Szenarioplanung generiert mehrere Zukunftsbilder, welche – anhand einer Fragestellung und eines Zeithorizonts – plausibel erscheinen. Konkret unterteilt sich der Prozess dabei in mehrere Schritte. Neben der Definition der Fragestellung („Wie entwickeln sich die globalen Finanz- und Realmärkte in den nächsten fünf Jahren?") ist insbesondere die Erarbeitung von Einflussfaktoren zu Beginn relevant. Es gilt jene Faktoren zu erkennen, welche einen Einfluss auf die Fragestellung haben können, sowie dafür Zukunftsprojektionen für den gewählten Zeithorizont auszuarbeiten. Hier zeigt sich schnell die Breite der Analyse, und es wird deutlich, dass die Einbindung einer sehr weit verzweigten und heterogenen Expertengruppe ein Erfolgskriterium ist. Zum einen erhöht und verbreitert das Einbeziehen von Experten das Wissen, zum anderen sind die Blickwinkel auf die gleichen Faktoren oftmals sehr unterschiedlich. So ist etwa die Inflationsrate für viele Ökonomen ein sehr entscheidender Faktor, während andere Wissenschaftsfelder auch Trends wie die Veränderung der Lebensumstände betonen (etwa Kommunikation, Wohnen, Ernährung). In der Folge werden diese Faktoren (meist sind es nach einer Gruppierung 25 bis 40) durch eine Uncertainty-Impact-Analyse eingeordnet. Dies dient dazu, in Bezug auf die Fragestellung sehr bedeutende, aber auch mit hoher Unsicherheit behaftete Faktoren zu extrahieren. Diese spannen dann ein Szenariokreuz auf, im Endeffekt nichts anderes als beispielsweise eine 2 × 2 Matrix – gegeben sind zwei Faktoren mit je zwei Ausprägungen –, so dass vier verschiedene Szenarioräume entstehen (siehe Abbildung). In der Folge werden alle anderen vorher erarbeiteten Faktoren in jedem der Szenarioräume einer ihrer Projektionen zugeordnet – die Szenarien werden angereichert. Neben diesen Zukunftsbildern entstehen oftmals sogenannte „Wildcards", welche durch einzelne extreme Einflussfaktoren entstehen können. Der Prozess generiert somit plausible Szenarien sowie einige Extremevents. Der Szenariotrichter (vgl. Abb. 32.1) verdeutlicht dabei, dass sich ausgehend vom aktuellen Umfeld die Unsicherheit über das eintretende Szenario mit zunehmendem Zeithorizont erhöht und damit verschiedene plausible Zukunftsbilder möglich sind.

---

[1] Ausnahmen bilden weiterhin Shell wie zeitweise auch die Daimler AG. Minx und Roehl (2006) geben einen guten Überblick über die von Experten bei der Daimler AG verwendete Szenariomethode. Weiter verwenden Unternehmensberater wie etwa Roland Berger Szenarioplanung, wie in der Veröffentlichung ihres CEOs Schwenker (2013) dargelegt. Die Homepage des WEF und die Datenbank des HHL Center for Strategy and Scenario Planning sind weitere informative Quellen.

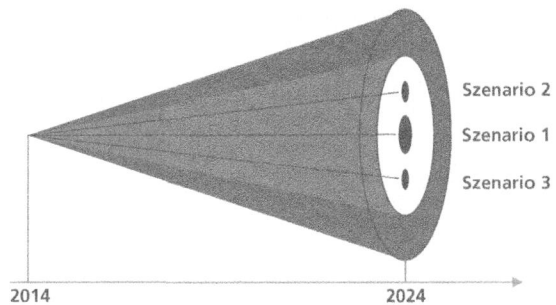

Abb. 32.1 Der Szenariotrichter und die Szenariomatrix

Die Erarbeitung von Zukunftsbildern ist für die Fragestellung der strategischen Asset-Allokation von hohem Wert. Entwicklungen der Vergangenheit wie etwa die deflationäre Depression von 1929 werden sich mit hoher Wahrscheinlichkeit nicht in der gleichen Form wiederholen. Als weiteres Beispiel ist die Schuldenkrise der Emerging Markets vor etwa 20 Jahren anzuführen. Damals sahen sich verschiedene Staaten, 1994 Mexiko, 1997 Thailand und 1998 auch Russland, gezwungen, den Wechselkurs deutlich um bis zu 50 % abzuwerten, wodurch sich die Last der in Hartwährung denominierten Schulden schlagartig erhöhte. Heutzutage sind Schulden zunehmend in Lokalwährung angegeben und zudem die Fremdwährungsreserven um ein Vielfaches größer. Trotzdem stehen mit sozialen Themen oder der politischen Struktur auch heute den Emerging Markets einige Herausforderungen bevor, aber eben andere – insbesondere mit Bezug auf die Finanzmärkte. Dieses Beispiel zeigt, obwohl nur knapp 20 Jahre vergangen sind, dass für die Entwicklung der Finanz- und Realwerte heute andere Rahmenbedingungen gelten. Die Entwicklung von Zukunftsbildern, die vom heutigen Status quo ausgehen, ist deshalb unerlässlich.

Die dargestellte Szenarioplanung bietet eine Basis für strategische Anlageentscheidungen. Für jedes Szenario sind dabei aber andere Anlagethemen entscheidend – was man an folgenden in der Praxis verwendeten Szenarien „Kreditfinanziertes Wachstum" oder „Stagflationäre Repression" schon im Titel erkennen kann. Die optimale Portfolioallokation in jedem Szenario kann man durch eine adaptierte Mean-Variance-Optimierung ermitteln, welche unter anderem eine Mindestanzahl von Anlageklassen voraussetzt, um diversifizierte Portfolios zu generieren. Diese szenariospezifischen Allokationen sind sehr unterschiedlich. In einem nächsten Schritt lediglich die einfache gewichtete Summe dieser nichtlinearen Strukturen zu nehmen, generiert allerdings kein robustes Portfolio. Es gilt vielmehr bei einem gegebenen Risikoprofil ein optimales Portfolio zu ermitteln, welche die (quadrierten) Abstände zu den szenariooptimalen „efficient frontiers" minimiert. Auf diesem neuen „robust frontier" liegt das optimale, robuste Portfolio. Im Endeffekt nimmt man keine Gewichtung der Renditen vor, sondern versucht den Einfluss der Volatilität der Szenarien zu minimieren. Dadurch erhält man Portfolios, die eine robuste Charakteristik über die verschiedenen Szenarien aufweisen und muss gleichzeitig keine Eintrittswahrscheinlichkeit für die Szenarien vorgeben (vgl. Becker et al. 2012, S. 323 ff.; Becker 2010). Den Vorgang kann man auch am Bild des Zehnkampfes erklären: ein erfolgreicher Zehnkämpfer ist in vielen Disziplinen sehr gut, in einigen sogar Weltklasse, aber er muss seine Leistung in allen Disziplinen im Auge behalten. Tendenziell ist zu beobachten, dass Sprintfähigkeit und Sprungkraft für eine hohe Gesamtpunktzahl des Athleten entscheidender sind als seine Ausdauerleistung. Ähnliches gilt für den langfristigen Investor, der vielen plausiblen Zukunftsbildern ausgesetzt ist. Eine diversifizierte Allokation – insbesondere zu Anlageklassen, die in mehreren Szenarien ein attraktives Rendite-Risiko-Verhältnis aufweisen, wie etwa Insurance Linked Securities – ist ein robuster und somit langfristig erfolgreicher Ansatz.

32.5 Fazit

Ein langfristiger Investor ist einer großen Zahl von möglichen Zukunftsbildern ausgesetzt. Ein aktiver Guru-Ansatz wie auch eine passive Benchmarkstrategie weisen markante Schwächen auf. Ein strukturierter Ansatz wie etwa die Szenarioplanung kann daher einen Mehrwert bieten. Die Komplexität und Unsicherheit zukünftiger Entwicklungen wird erfasst und insbesondere bei strategischen Fragestellungen, wo quantitative Prognosemodelle meist an Aussagekraft verlieren, ist der ganzheitliche und innovative, aber auch sehr aufwändige Ansatz vorteilhaft. Für die Portfoliooptimierung ist in der Folge eine Methode zu wählen, die die ermittelten Zukunftsbilder geeignet berücksichtigt. Die weitläufige Optimierung von gewichteten Renditeerwartungen ist hierbei keine Lösung. Im Gegensatz dazu ist die robuste Portfoliooptimierung im Detail auf Szenarioplanung abgestimmt. Für einen langfristigen Investor bietet sich somit die Möglichkeit, die strategische Asset-Allokation mit einem innovativen, in sich schlüssigen und auf plausible Zukunftsbilder ausgerichteten Konzept zu gestalten.

Literatur

Becker, P. (2010). *Investing in microfinance. Integrating new asset classes into an asset allocation framework applying scenario methodology.* Wiesbaden: Gabler.
Becker, P., Bönner, A., & Gantenbein, P. (2012). Denken in Szenarien – Die Integration der Szenariomethodik in die Asset Allokation als Instrument im Umgang mit der Unsicherheit. In R. Frick, P. Gantenbein, & P. Reichling (Hrsg.), *Asset allocation in Asset management.* Bern: Haupt.
Brinson, G. P., Hood, L. R., & Beebower, G. L. (1986). Determinants of portfolio performance. *Financial Analysts Journal, 42*(4), 39–44.
Hockmann, H. J., & Thießen, F. (2012). *Investment banking.* Stuttgart: Schäffer-Poeschel.
Ibbotson, R. G., & Kaplan, P. D. (2000). Does asset allocation policy explain 0, 90, or 100 Percent of performance? *Financial Analysts Journal, 56*(1), 26–33.
Klages, A., & Thießen, F. (2012). Assetmanagement. In H. J. Hockmann & F. Thießen (Hrsg.), *Investment banking* (S. 609–848). Stuttgart: Schäffer-Poeschel.

Minx, E., & Roehl, H. (2006). Werkzeugkiste für Berater und Change Manager: 9. Szenario-Technik. *Organisationsentwicklung, 4*(07), 78–81.

Schwartz, P. (1996). *The art of the long view: Paths to strategic insight for yourself and your company.* New York: Doubleday.

Schwenker, B. (2013). *Scenario-based strategic planning: Developing strategies in an uncertain world.* Wiesbaden: Springer Gabler.

Sharpe, W. F. (1987). Integrated asset allocation. *Financial Analysts Journal, 43*(5), 25–32.

Steiner, M., Bruns, C., & Stöckl. S. (2012). *Wertpapiermanagement – Professionelle Wertpapieranalyse und Portfoliostrukturierung.* Stuttgart: Schäffer-Poeschel.

Xiong, J., Ibbotson, R. G., Idzorek, T., & Chen, P. (2010). The equal importance of asset allocation and active management. *Financial Analysts Journal, 66*(2), 22–30.

Schwarminvestments: „Wisdom of Crowds" oder „Madness of the Masses"?

33

Tobias Endreß

33.1 Gruppenentscheidungen und Schwarmintelligenz

Schwarminvestments haben im Jahr 2014 eine starke öffentliche Wahrnehmung erfahren. Gerade auch der Beginn der öffentlichkeitswirksamen Vermarktung von „Echtgeld"-Investmentprodukten durch verschiedene Anbieter (wie Investtor, Sharewise und Wikifolio) hat in der Investmentszene einige Beachtung gefunden. Der Grund, aus dem diese Modelle florieren, scheint klar: Gute Vorhersagen im Aktienmarkt sind nach wie vor schwierig zu erstellen. Ungeachtet des technischen Aufwandes und trotz einer hohen Professionalität sind viele Vorhersagen von Aktienanalysten anhaltend nicht korrekt (Malkiel 2007; Stanzel 2007). Bisherige Studien haben gezeigt, dass verschiedene Faktoren zu dieser Unsicherheit beitragen (Marinovic und Ottaviani 2013) und in der traditionellen Aktienanalyse nur schwer zu vermeiden sind (siehe: Bajari und Krainer 2004; Beyer und Guttman 2011; Bolliger 2004).

Besondere Popularität hat der Einsatz von Schwarmintelligenz allerdings insbesondere durch James Surowiecki (2005) erhalten. Sein Analyseansatz, wenn man es so nennen möchte, baut auf der Idee von „Schwarmintelligenz" auf. Die Ideen und Theorien zu Gruppenentscheidungen und der Schwarmintelligenz selbst sind jedoch deutlich älter (vgl. Laughlin 2011). So konstatierte etwa Francis Galton (1907, S. 450–451): „Under the right circumstances, groups are remarkably intelligent, and are often smarter than the smartest people in them." Weshalb Gruppenentscheidungen eine ausgezeichnete Idee sein können, hat bereits im 18. Jahrhundert der Marquis de Condorcet in seinem Jury-Theorem (1785) formuliert. Er beschreibt diesbezüglich, dass, sobald ein einzelnes Gruppenmitglied

T. Endreß (✉)
University of Gloucestershire, The Park, Cheltenham, 502RH Gloucestershire, GL, UK
E-Mail: tobias.endress@connect.glos.ac.uk

© Springer Fachmedien Wiesbaden 2015
M. Seidel, A. Liebetrau (Hrsg.), *Banking & Innovation 2015,* FOM-Edition,
DOI 10.1007/978-3-658-06746-5_33

mit einer Wahrscheinlichkeit von über 50 % richtig liegt, die Wahrscheinlichkeit mit der Anzahl der Gruppenmitglieder steigt, dass die Gruppenentscheidung richtig ist. Inzwischen ist dagegen klar, dass Gruppenentscheidungen nicht nur richtig sein können, wenn ein einzelnes Mitglied mit einer Wahrscheinlichkeit von über 50 % richtig liegt. So spielt beispielsweise auch die Zusammensetzung der Gruppe eine nicht unerhebliche Rolle. Scott Page (2008) formuliert sein Diversity Prediction Theorem wie folgt:

$$\text{Collective Error} = \text{Average Individual Error} - \text{Prediction Diversity}$$

Er geht dabei u.a. davon aus, dass sich die individuellen Fehler der einzelnen Gruppenmitglieder durch die Diversität der Gruppe aufheben. Was allerdings die „richtigen" Umstände sind, auf welche sich bereits Galton bezog, und wie die Diversität der Gruppe konkret zu managen ist, bleibt zunächst offen. Es gibt ebenfalls Stimmen, die grundsätzlich an der Idee der Gruppenentscheidungen und Schwarmintelligenz zweifeln. Der Philosoph Friedrich Nietzsche (1989, Erstveröffentlichung 1886) beschrieb beispielsweise, dass „Irrsinn" bei Einzelnen etwas Seltenes, allerdings die Regel bei Gruppen sei. Le Bon beschreibt Gruppen zwar als „Organismen", argumentiert jedoch, dass sie niemals einen hohen Grad an Intelligenz erreichen können (2009, Erstveröffentlichung 1912). In der Literatur wird eine Vielzahl von Problemen im Kontext mit Gruppenentscheidungen beschrieben, zum Beispiel der Anchoring-Effekt (Tversky und Kahneman 1974), die Konformität, der Gruppendruck (Asch 1956; Milgram 1964) oder eine erhöhte Risikoneigung (Nijstad 2009; Stoner 1961). Diese gegensätzlichen Meinungen, ob Gruppen intelligent sind oder nicht, beruhen darauf, wie der entsprechende Autor die Funktionsweise der Gruppen einschätzt. Zudem legen sie eine differenzierte Betrachtungsweise nahe.

33.2 Webbasierte kollektive Intelligenz und Schwarminvestments

Bislang gibt es lediglich wenig belastbare Studien über die Qualität dieser webbasierten kollektiven Intelligenz (Ickler 2012). Craig Kaplan (2001) hat ein Pilotexperiment mit positivem Ergebnis durchgeführt, allerdings eine geringe Datenbasis dargelegt und damit die weitere Forschung angeregt. Dennoch sind einige dieser Online-Gemeinschaften in der Vergangenheit noch einen Schritt weiter gegangen und bieten direkte Investitionsmöglichkeiten in Form von Fonds oder Zertifikaten, die von einem „Schwarm" gemanagt werden.

Die wachsende Popularität von digitalen sozialen Netzwerken, sogenannten „Social Communitys", mag dazu beitragen haben, dass in diesem Kontext gänzlich neue Modelle etabliert werden konnten. Es gibt einen regen Austausch von Investmentideen, Aktieneinschätzungen und Gewinnprognosen. Zudem wurden Funktionen geschaffen, die es den Teilnehmern ermöglichen, die jeweiligen Einschätzungen zu diskutieren.

Abb. 33.1 Chart des Marketocracy-Investmentfonds

33.2.1   Marketocracy – ein Pionier der Branche

Die amerikanische Community „Marketocracy" wurde 2001 gegründet und hatte zwischen-
zeitlich mehr als 70.000 Mitglieder rekrutiert, die im Wettbewerb virtuelle Aktienportfolien
managen (Schifrin 2011; Tapscott und Williams 2006). Die besten 100 Mitglieder bilden
indes die Grundlage für den Marketocracy m100 Fonds. In den ersten Jahren nach seiner
Auflegung hat der Fonds auch grundsätzlich seine Benchmark übertroffen. Aber etwa ab
Mitte des Jahres 2004 wurde dies zusehends schwieriger. Die Performance des Fonds fiel
hinter der Benchmark zurück (vgl. Abb. 33.1), woraufhin zahlreiche Investoren den Fonds
verließen. Das verwaltete Vermögen fiel um etwa die Hälfte. Allem Anschein nach gab
es ein Problem mit den Investitionsentscheidungen der Onlinegruppe. Einer der Gründer
beschreibt, dass das Unternehmen eine Herdenmentalität sogar bei seinen besten Mitgliedern beobachtet hat (Howe 2008). Danach wurden Änderungen am Community-Setting
vorgenommen, sodass die Mitglieder keine weiteren Aktionen von anderen Mitgliedern
sehen konnten.

Als ein weiteres Problem wird beschrieben, dass der Pool mit 100 Top-Mitgliedern zu
klein war und das vollständige Potenzial der Diversität der Gruppe somit nicht genutzt
wurde (Howe 2008). Auch wenn sie keine Top-Performer sind, können einige Gruppenmitglieder möglicherweise doch besondere Kenntnisse einbringen, die positiv zum
Gesamterfolg der Gruppe beitragen. Während der Fonds eine schlechte Performance in
den Jahren 2004 bis 2008 aufwies, steigt er seit 2009 erneut an, liegt jedoch fortwährend
hinter seiner Benchmark.

33.2.2 Schwarminvestment in Deutschland

Auch in Deutschland ist inzwischen eine Reihe von Schwarminvestment-Communitys aktiv. Nach einem ersten verstärken Aufkommen dieser Art von Communitys kurz nach dem Erscheinen von Surowieckis Werk (2005) sind einige der gestarteten Communitys bereits nach kurzer Zeit wieder vom Markt verschwunden (Endress 2009). Es gibt allerdings auch einige Communitys, die anhaltend existieren und das Konzept verfolgen. Eine Analyse von Online-Gemeinschaften mit einem Fokus auf Aktienempfehlungen hat einige der möglichen Schwierigkeiten in diesem Gruppenentscheidungsprozess aufgedeckt. Grundsätzlich konnte in vielen bestehenden Communitys beobachtet werden, dass eine mangelnde Aktivität von Mitgliedern problematisch ist. Große amerikanische Online-Gemeinschaften sind im Hinblick auf deutsche Aktien wenig hilfreich, da kaum Kommentare und Einschätzungen zu deutschen Unternehmen vorhanden sind (Endress 2013). In drei deutschen Online-Gemeinschaften (Sharewise.com, stockjaeger.de und Spekunauten.de) wurden zumindest einige Kommentare und Einschätzungen gefunden, allerdings scheinen die fortwährend begrenzte Aktivität der Mitglieder und der zeitliche Abstand zwischen den Einschätzungen problematisch zu sein. Vor allem auf „Sharewise" können zwar durchaus einige Aktivitäten festgestellt werden, jedoch kann die Aktualität nicht immer gewährleistet werden. Empfehlungen verbleiben in der Online-Gemeinschaft für ein halbes Jahr, bevor sie ausgeschlossen werden, auch wenn es fundamentale Änderungen im Unternehmen oder dessen Umfeld gab. Es ist zwar möglich, dass Mitglieder ihre Einschätzungen ändern oder löschen, es erscheint aber plausibel, dass davon wenig Gebrauch gemacht wird. Die Genauigkeit der Einschätzungen lag in dieser Analyse deutlich hinter dem Konsens von Aktienanalysten bei Bloomberg Professional. Sowohl in einer ersten Untersuchungsperiode 2012 (fünf Wochen), als auch in einer zweiten Periode 2012/2013 (zehn Wochen) waren die Einschätzungen der Laien in diesen Online-Gemeinschaften unterlegen (Endress 2013, 2014). Ein Blick auf das Design der Online-Gemeinschaften und der Art legt die Vermutung nahe, dass sie vielmehr darauf ausgerichtet sind, die Mitglieder zu unterhalten und nicht unbedingt gute Einschätzungen der Gruppe zu forcieren. Bevor eine eigene Meinung abgegeben werden kann, wird der Nutzer bereits durch eine Vielzahl von Informationen beeinflusst. Nichtsdestotrotz könnten diese Portale eine wertvolle Ergänzung zu bestehenden Informationsquellen sein und die Diversität der Investmentlandschaft verbreitern. Erste Unternehmen bieten bereits Produkte, in welche man „echtes Geld" investieren kann. Da allerdings die meisten dieser Produkte erst seit Kurzem auf dem Markt vorhanden sind, ist es vermutlich noch zu früh, um eine belastbare Aussage über deren Erfolg und Risikostruktur treffen zu können.

33.2.3 Schwarmexperimente zu Anlageentscheidungen

Die weiterhin bestehenden Unsicherheiten im Hinblick auf die Funktionsweise und Einflussfaktoren sowie die augenscheinlichen Mankos von bestehenden Schwarminvestment-

Communitys waren ein Grund, um einige Experimente in einem klar definieren und besser kontrollierbaren Umfeld durchzuführen. Die Experimente wurden entworfen, um dazu beitragen zu können, den Gruppenentscheidungsprozess in dieser Art von Communitys besser zu verstehen und die entsprechenden Einflussfaktoren sowie deren Wirkungsweise zu identifizieren. Dabei wurden verschiedene Gruppensettings und der Einfluss von Feedback analysiert. Ebenso wurden sämtliche Teilnehmer an dem Experiment im Anschluss befragt, um deren Motivlagen und Vorgehensweisen besser zu verstehen.

Grundsätzlich haben die Experimente bestätigt, dass Laien in Online-Gemeinschaften ebenfalls gute Vorhersagen treffen können. Eine generelle Überlegenheit gegenüber den Experteneinschätzungen konte allerdings nicht bestätigt werden (Endress 2014; Endress und Gear 2013). Allerdings haben Laien eine andere Perspektive auf Finanzmärkte und Unternehmen. Ein gewisser Abstand zu professionellen Investoren kann durchaus hilfreich sein. Es gibt einige Indizien, dass eine korrekte Kombination dieser Schwarmansätze und professioneller Aktienanalyse dabei helfen kann, die Renditeaussicht und/oder das Risikoprofil von Investitionsentscheidungen zu verbessern. Ein vollständiger Verzicht auf professionelle Aktienanalysten scheint allerdings vom aktuellen Wissenstand her nicht sinnvoll. Es geht vielmehr darum, das bestehende Wissen besser zu vernetzen – denn das ist wiederum bekanntlich eine der Stärken der digitalen sozialen Medien.

33.3 Fazit und Ausblick

Die Schwarmintelligenz im Anwendungsbereich der Investmententscheidungen ist ein durchaus spannendes Feld. Obwohl erste Ideen zum Thema Schwarmintelligenz bereits vergleichsweise alt sind, gibt es noch zahlreiche offene Fragen. So werden längst bekannte Erkenntnisse aus der Forschung in Bezug auf Gruppenentscheidungen vom Business nur zum Teil umgesetzt oder gänzlich missachtet. Allerdings sind auch viele Fragen zu den Wirkungsweisen und Limitationen der Vorgehensweise nicht ausreichend erforscht. Ein zentraler Aspekt bei den Gruppenentscheidungen scheinen die Zusammensetzung der Gruppe und die konkreten Fragestellungen zu sein. Als Ergänzung zu bestehenden Analystenmeinungen haben diese Gruppenentscheidungen sicherlich einen hohen Wert, allerdings sind die Ergebnisse nicht grundsätzlich überlegen. Die Frage, in welchem Kontext die Gruppenentscheidungen besonders gut und wann eher problematisch sind, ist erst in einigen Ansätzen bekannt, sodass weiterhin viele Fragen ungeklärt bleiben.

Trotz dieser offenen Fragen scheinen Online-Gemeinschaften im Investmentbereich immer stärker Einzug zu halten. Allerdings sind viele dieser vielversprechenden Ansätze mit Risiken verbunden, die noch nicht ausreichend untersucht wurden und somit im operativen Geschäft zu massiven Problemen führen können. Im Hinblick auf den möglichen Nutzen scheint es aus Unternehmenssicht von Finanzdienstleistern jedoch außerordentlich sinnvoll, diese Themen aktiv anzugehen und Möglichkeiten zu suchen, um dieses externe Wissen aus den Online-Gemeinschaften in bestehende Geschäftsprozesse zu integrieren oder neue Prozesse entsprechend zu etablieren. Grundsätzlich scheinen digitale soziale Medien das Potenzial zu haben, das Geschäftsumfeld von Finanzdienstleistungsunternehmen wesentlich zu beeinflussen und in einigen Teilbereichen auch radikal zu verändern. Wenn sie richtig genutzt werden, können digitale soziale Medien einen bedeutenden Beitrag in der Wertschöpfungskette liefern.

Literatur

Asch, S. E. (1956). *Studies of independence and conformity: I: A minority of one against a unanimous majority*. Washington: American Psychological Association.

Bajari, P., & Krainer, J. (2004). *An empirical of stock analysts' Recommendations: Market fundamentals, conflicts of interest, and peer effects* (No. 10665) (p. 32). Cambridge: NBER.

Beyer, A., & Guttman, I. (2011). The effect of trading volume on analysts' forecast bias. *The Accounting Review, 86*(2), 451–481.

Bolliger, G. (2004). The characteristics of individual analysts' forecasts in Europe. *Journal of Banking & Finance, 28*(9), 2283–2309.

Condorcet, M. (1785). Essai sur l'application de l'analyse à la probabilité des décisions rendues à la pluralité des voix. http://books.google.de/books?id=RzAVAAAAQAAJ. Zugegriffen: 25. April 2014.

Endress, T. (2009). Financial Community 2.0?: Nutzen digitaler sozialer Netzwerke für Banken und Finanzplattformen. UdK Berlin, Berlin. http://www2.ub.tu-berlin.de/permalink/u000347426. Zugegriffen: 06. Mai 2014.

Endress, T. (2013). A pilot study of quality of equity predictions in online communities. *International Journal of Innovations in Business, 3*(2), 225–240.

Endress, T. (2014). An e-Delphi experiment of quality of equity predictions in online groups. In G. Vignali (Hrsg.), 11th International CIRCLE Conference – Book of Abstracts. University of Manchester: Access Press.

Endress, T., & Gear, T. (2013). e-Delphi pilot experiment of quality of equity predictions in online groups. *International Journal of Management Cases, 15*(4), 74–88.

Galton, F. (1907, März 7). Vox Populi. *Nature, 75,* 450–451.

Howe, J. (2008). *Crowdsourcing: How the power of the crowd is driving the future of business*. London: Random House.

Ickler, H. (2012). *Wertschöpfung durch webbasierte kollektive Intelligenz Geschäftsmodelle, Prozessarchitekturen und informationstechnische Umsetzung*. Norderstedt: BOD.

Kaplan, C. A. (2001). Collective intelligence: A new approach to stock price forecasting. In IEEE Intern. Conference on Systems Man and Cybernetics (Vol. 5, S. 2893-2898).

Laughlin, P. R. (2011). *Group problem solving*. Princeton: Princeton University Press.

Le Bon, G. (2009, Erstveröffentlichung 1912). *Psychologie der Massen*. Hamburg: Nikol.

Malkiel, B. (2007). *A random walk down Wall Street: The time-tested strategy for successful investing* (9 Aufl.). New York: W.W. Norton.

Marinovic, I., & Ottaviani, M. (2013). Forecasters' Objectives and Strategies. In G. Elliott & A. Timmermann (Hrsg.), *Handbook of economic forecasting* (Vol. 2B). Boston: Elsevier North-Holland.

Milgram, S. (1964). Group pressure and action against a person. *Journal of Abnormal and Social Psychology, 69*(2), 137–143.

Nietzsche, F. (1989, Erstveröffentlichung 1886). *Beyond good and evil: Prelude to a philosophy of the future*. New York: Vintage.

Nijstad, B. A. (2009). *Group performance*. Hove: Psychology Press.

Page, S. E. (2008). *The difference: How the power of diversity creates better groups, firms, schools, and societies*. Princeton: Princeton University Press.

Schifrin, M. (2011). *The Warren Buffetts next door: the world's greatest investors you've never heard of and what you can learn from them*. Hoboken: Wiley.

Stanzel, M. (2007). *Qualität des Aktienresearch von Finanzanalysten: Eine theoretische und empirische Untersuchung der Gewinnprognosen und Aktienempfehlungen am deutschen Kapitalmarkt*. Wiesbaden: DUV.

Stoner, J. (1961). A comparison of individual and group decisions involving risk. http://dspace.mit.edu/bitstream/handle/1721.1/11330/33120544.pdf . Zugegriffen: 06. Mai 2014.

Surowiecki, J. (2005). *The wisdom of crowds*. New York: Anchor Books.

Tapscott, D., & Williams, A. (2006). *Wikinomics: How mass collaboration changes everything*. New York: Portfolio.

Tversky, A., & Kahneman, D. (1974). Judgment under uncertainty: Heuristics and biases. *Science, 185*(4157), 1124–1131.

Transformation der Medienauswertung mittels Integration sozialer Medien

Wie mit der Einführung eines digitalen Social-Media-Monitoring-Systems die klassische Medienbeobachtung und -analyse der UBS transformiert wurden

Patrick Kramer und Felix Wenger

Die UBS AG hat von 2011 bis 2013 ihre Medienauswertung konzernweit harmonisiert und digitalisiert. Über ein Intranet-Portal kann sich heute jeder Mitarbeiter rund um die Uhr durch Medienberichte aus weltweit über 1250 Online-, Print- und Social-Media-Quellen gezielt informieren.

34.1 Ausgangslage

Am Anfang stand die zentrale Kommunikationsabteilung des Konzerns vor der Herausforderung zu definieren, wie sie soziale Medien in ihre betrieblichen Prozesse integrieren kann. Eine Studie identifizierte verschiedene Anwendungsmöglichkeiten, die nebst einer Vielzahl von Chancen auch eine Reihe von Risiken aufzeigten. Ein umfassendes Social Media Monitoring war die Grundvoraussetzung, damit die Bank selbst aktiv Social Media für Kommunikationszwecke einsetzen kann. Das Ziel des Monitoring besteht darin zu erkennen, welche Themen online im Zusammenhang mit dem Bankensektor diskutiert werden und in welchem Umfang.

P. Kramer (✉)
UBS AG, 8098 Zürich, Schweiz
E-Mail: patrick.kramer@ubs.com

F. Wenger
UBS, Communication & Branding, Bahnhofstrasse 45,
8098 Zürich, Schweiz

© Springer Fachmedien Wiesbaden 2015
M. Seidel, A. Liebetrau (Hrsg.), *Banking & Innovation 2015,* FOM-Edition,
DOI 10.1007/978-3-658-06746-5_34

34.2 Vorprojekt: Evaluation und Einführung einer Social-Media-Monitoring-Lösung

In einer ersten Projektphase wurden über 50 Social-Media-Monitoring-Tools auf Wirksamkeit, Quellenabdeckung und Sprachverarbeitung geprüft. Nach einem rigorosen Auswahlverfahren entschied die Bank sich für eine Lösung, die auch heute noch als marktführend gilt. Für die Bewirtschaftung des Tools wurde eine zusätzliche Spezialistenstelle im bereits bestehenden Medienbeobachtungsteam bewilligt.

In einem nächsten Schritt wurden verschiedene Berichtformate definiert und allen Kommunikationseinheiten vorgestellt. Dabei wurde aufgezeigt, wie die erfassten Informationen für die tägliche Medienarbeit genutzt werden können. Gleichzeitig richtete das Projektteam eine E-Mail-Verteilerlösung ein, welche die Berichte je nach Region, Sprache und Kommunikationsrolle automatisch an die richtigen Benutzergruppen verteilte. Der integrierte Subskriptionsmechanismus ermöglichte dabei laufend Rückmeldungen auf die tatsächliche Nutzung der Dienstleistung.

Nach zirka sechs Monaten wurde das Projekt evaluiert und lieferte drei primäre Erkenntnisse:

- Die Kosten für die Lizenzierung des Tools sind für eine Bank signifikant höher als für spezialisierte externe Anbieter, welche die Lizenzen direkt beim Anbieter in den USA einkaufen.
- Die Konfiguration und der Betrieb der Monitoring-Lösung sind aufgrund der Komplexität des Tools aufwändig. Da durch die Abdeckung von Social Media die interne Nachfrage für Marktforschungs-, Kampagnenbeobachtungs- und Kundensupportzwecke steigt, werden weitere Spezialisten benötigt.
- Die Social-Media-Monitoring-Berichte werden als eigenständige, separate Dienstleistung erstellt. Eine Integration mit den klassischen Kernprodukten der internen Medienbeobachtung, wie beispielsweise Pressespiegel oder Medienreputationsanalysen, fehlt.

34.3 Hauptprojekt: Social-Media-Integration und Errichtung einer Media Intelligence Utility

Die Führung der Kommunikationsabteilung entschied den Projektumfang zu erweitern. Die aus dem Social-Media-Monitoring-Projekt gewonnenen Erfahrungen sollten als Basis für eine industrialisierte, skalierbare und integrierte Medienbeobachtungslösung dienen.

34.3.1 Transformation als übergeordnetes Projektziel

Transformationsinitiativen bei UBS verfolgen ein übergeordnetes Ziel: das Betriebsmodell des Unternehmens soll mit Hilfe solcher Projekte einfacher, leistungsfähiger und

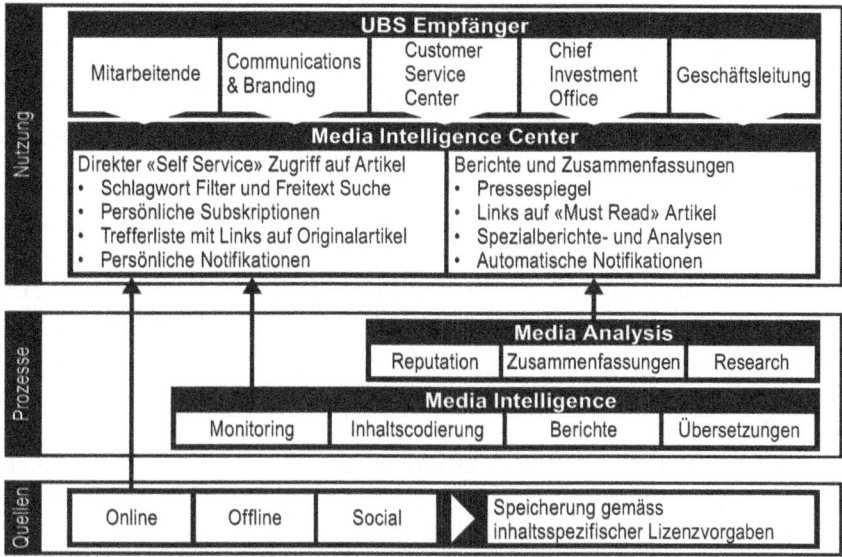

Abb. 34.1 Betriebsmodell der UBS Media Intelligence Utility

nachhaltiger werden, um den Anforderungen eines sich wandelnden Marktes gerecht zu werden.

Für die Kommunikationsabteilung bedeutete das eine Weiterentwicklung und Zentralisierung der bestehenden, zum Teil lokalen Medienbeobachtung und -analyse. Gleichzeitig sollte eine globale, standardisierte aber auch erweiterte Serviceeinrichtung, nachfolgend *Media Intelligence Utility (MIU)* genannt, geschaffen werden. Diese sollte kosteneffizient, umfassend und anpassungsfähig sein. Das Projekt musste somit ein Betriebsmodell entwickeln, das effizient betrieben werden kann und sich flexibel an unterschiedliche sowie sich ständig ändernde Bedürfnisse und Rahmenbedingungen anpassen lässt. Abbildung 34.1 zeigt das Betriebsmodell mit den drei Hauptebenen: *Quellen*, *Prozesse* und *Nutzung*.

34.3.1.1 Quellen

Für die Übersicht im globalen Mediendschungel sorgt in einem ersten Schritt eine ausgeklügelte Datenbank, welche Informationen aus drei unterschiedlichen *Quellen* bezieht:

1. Online Media: Digitale Informationen aus Zeitungen, Fernsehen und Radio, die online gratis oder gegen Gebühr verbreitet werden.
2. Offline Media: Gedruckte Informationen aus Zeitungen, die in klassischer Form publiziert, für die Media Intelligence Utility jedoch in digitalisierter Form bezogen werden.
3. Social Media: Digitale Informationen, die private Benutzer oder Unternehmen über soziale Plattformen wie Facebook, Twitter, YouTube oder Blogs öffentlich verbreiten.

Aus weltweit über 1250 Quellen, von den klassischen Printmedien wie Zeitungen und Zeitschriften über Meldungen von Nachrichtenagenturen, aus TV und Radio bis zu Social Media, wird alles eingekauft, was die Bank wissen sollte. Berichte zu UBS, ihren Konkurrenzbanken oder dem regulatorischen Umfeld werden in die Datenbank aufgenommen.

Effizienz ist dabei die oberste Maxime. Einerseits soll nur eingekauft werden, was auch wirklich konsumiert wird, andererseits sollen die Daten vollautomatisch verarbeitet und verteilt werden. Die umgesetzte Lösung ist mit einer digitalen Medienbibliothek vergleichbar. Die für den Konsum in über 50 Länder lizenzierten Medien werden nur nach Verbrauch bezahlt. Der UBS-interne Service-Manager hat so die Möglichkeit Angebot und Nachfrage dynamisch zu steuern.

34.3.1.2 Prozesse

Rohdaten alleine bieten noch keinen echten Mehrwert. Erst mit Unterstützung intelligenter Monitoring- und Verarbeitungsprozesse werden die Daten so angereichert, dass sie für die Nutzer maximale Relevanz bieten. Dies geschieht einerseits automatisiert, indem digitale Medienclips auf Basis eines Codebuchs maschinell mit Schlagwörtern versehen werden, anderseits für bestimmte Produkte und Spezialthemen mit Unterstützung externer auf Medien- Monitoring und -Analyse spezialisierter Unternehmen.

Die monatlichen Datenvolumen aus den *On- und Offline-Medien* umfassen im Durchschnitt mehrere Tausend Artikel in sechs verschiedenen Sprachen. In den *sozialen Medien* beträgt das Volumen sogar mehrere Millionen Einträge.

34.3.1.3 Nutzung

Die eingekauften und verarbeiteten Daten fließen in eine Vielzahl von Produkten ein, die den Benutzern über eine Schnittstelle, dem *Media-Intelligence-Center* zur Verfügung gestellt werden.

Aus der Fülle an Informationen werden die wichtigsten Artikel ausgesucht und in Pressespiegeln und Spezialberichten oder -analysen zusammengefasst. Diese können abonniert oder nach vordefinierten Regeln automatisch an die darauf angewiesenen Benutzergruppen, zum Beispiel Pressestellen, Management oder Kundendienst verteilt werden. Durch Filter können Benutzer die Themen auch selbstständig eingrenzen und den eigenen Bedürfnissen optimal anpassen.

Die *MIU* ermöglicht so eine größtmögliche Individualisierung bei einem Service, der dem ganzen Unternehmen, also über 60.000 Mitarbeitern zur Verfügung steht. Im Gegensatz zu früheren Lösungen können UBS-Mitarbeiter jetzt selber bestimmen, was sie lesen möchten.

34.3.2 Eine zentrale Einrichtung für die gesamte Bank

Die Medienbeobachtung und -analyse war schon immer wichtig für UBS, nicht zuletzt um zu wissen, wie es um ihre Reputation in der Öffentlichkeit steht. Zunächst war dieser

Service stark lokal organisiert. Mit Schaffung der zentralen Einrichtung wurde der gesamte noch intern produzierte Teil der Wertschöpfungskette vollständig ausgelagert.

Die intern neu geschaffene Fachstelle Media Intelligence & Analysis konzentriert sich nun auf die Erbringung von Dienstleistungen wie, Budget- und Qualitätskontrolle, interne Beratung sowie die Steuerung des Prozesses und die Koordination der Aufträge mit den externen Stellen. Nach und nach konnte die zentrale Fachstelle so die Medienauswertung und -analyse für die regionalen und divisionalen Kommunikationsfachstellen, mit einem weiterhin starken Fokus auf dem Heimmarkt Schweiz, übernehmen.

34.3.3 Erfolgsfaktoren

Bei der Umsetzung des Projektes gab es eine Reihe von kritischen Faktoren, die für den Erfolg entscheidend waren.

34.3.3.1 Medienkatalog und Lizenzmodell

Das Herzstück der *MIU* ist ein *globaler Medienkatalog*, der definiert, welche Inhalte einge- kauft, analysiert und dem einzelnen Benutzer zur Verfügung gestellt werden. Der Katalog teilt die Quellen dabei in zwei Dimensionen auf: globale versus lokale Leitmedien. Je nach benötigter Perspektive können die Medieninhalte so äußert granular gebündelt und analysiert werden.

Ebenfalls zentral ist die Frage der *Lizensierung und Urheberrechte*. Gewisse Medien- inhalte können global, andere nur lokal genutzt werden. Um Lizenzen und Urheberrechte effizient bewirtschaften zu können, arbeitet UBS mit externen Betriebspartnern zusam- men, die über das notwendige medienrechtliche Wissen verfügen, sowie die komplexen Zahlungsströme mit einer Vielzahl nationaler Rechteverwerter abwickeln können.

Ein wichtiger Kostenhebel stellt im Betriebsmodell auch die Zentralisierung der al- ten, lokal verstreuten Lizenzverträge dar. Erst durch Bündelung, Angleichung und Neuverhandlung dieser Verträge können die geplanten Kosteneinsparungen erzielt werden.

34.3.3.2 Schnittstelle zwischen externer Mediendatenbank und internen Benutzern

Ein weiteres zentrales Element und ein kritischer Erfolgsfaktor der Utility stellt die in Abb. 34.2 gezeigte Benutzerschnittstelle dar, das sogenannte *Media-Intelligence-Center (MIC)*. Die benutzerfreundliche Bereitstellung der Informationen war eines der wichtigsten Entwicklungsziele und aufgrund der Fülle an Funktionen eine große Herausforderung. Gleichzeitig sollten aus Effizienzgründen Technologien, die bei UBS bereits im Einsatz sind, so weit wie möglich wiederverwertet werden.

Nebst dem bestehenden strategischen Web-Content-Management-System, das unter anderem für ubs.com genutzt wird und mit dem internen Benutzerberechtigungssystem verknüpft ist, setzt UBS auch eine Such- und Filtertechnologie ein, die beispielsweise von UBS NEO, der strategischen Investment Bank Plattform, verwendet wird. Gemeinsam bil-

Custom **Selection**	Free-text **Search**	Standard **Newsletters**
O All Media O My Saved Subscriptions **Add Subscriptions** ▶	Search in your selection...　　**Search**	Click to subscribe to newsletters **Subscribe** ▶
Filter	**Results 1-20** of...　　☑ Must-reads	**Reports**
Date range ... Content types ... Languages ...	☑ ——— ☑ ——— ☑ ——— ☑	Daily ... Weekly ... Monthly ...

Abb. 34.2 UBS Media-Intelligence-Center

den diese Lösungen eine interne Schnittstelle, über welche Benutzer, sofern berechtigt, die lizenzierten Medieninhalte direkt abrufen oder subskribieren können.

Unter der sichtbaren Benutzeroberfläche liegt eine externe Mediendatenbank versteckt, die vom Media-Intelligence-Center smart abgefragt werden kann. Mitarbeiter können nach Kriterien wie Sprache, Medientyp, Thema, Region etc. eigene „Subskriptionen" erstellen oder, noch einfacher, bereits definierte tägliche Pressespiegel und wöchentliche oder monatliche Berichte abrufen, abonnieren oder bei Abwesenheit temporär sistieren.

34.3.4　Herausforderungen

Ein Projekt dieser Komplexität bietet eine Menge Herausforderungen: die Erbringung einer qualitativ hochwertigen, globalen Dienstleistung, die Kommunikation und Koordination des Service-Management-Teams gegenüber externen Partnern und internen Empfängern sowie die strenge Einhaltung des geplanten Kostenbudgets bleiben auch nach Lancierung der neuen Media Intelligence Utility wichtige Zielsetzungen.

Während im Projekt die Ablösung der alten Plattform durch die neue technische Lösung sowie die Entwicklung des zukünftigen Dienstleistungsmodells und -portfolios Priorität hatte, liegt der Fokus nun hauptsächlich auf dem *laufenden Betrieb*. Interne und externe Teams und eine Vielzahl verschiedener Rollen müssen optimal zusammenspielen. Eine Service-Management-Kultur, die sich stärker auf Koordination mit internen und externen Partnern konzentriert als auf die ursprünglich intern erbrachte Produktionsleistung, muss nach und nach entwickelt werden. Da die gesamte Produktion nun von externen Partnern außerhalb der Schweiz erbracht wird, sind virtuelle Zusammenarbeit, Knowledge-Management und Qualitätssicherungsprozesse unabdingbar. Dies bedingt jedoch gegenseitiges Vertrauen und interkulturelles Verständnis.

Für den langfristigen Erfolg des Projektes wird auch die *Akzeptanz der internen Serviceempfänger* ausschlaggebend sein. Es ist allen Beteiligten bewusst, dass die Industrialisierung der Medienauswertung auch eine Standardisierung dieser Dienstleistung mit sich bringt. Das verlangt von den bisherigen Nutzern, gerade auch auf der Führungsebene, eine Umstellung. Einige der liebgewonnenen Spezialleistungen werden aus Effizienzgründen nicht mehr angeboten. Dafür bietet die Utility auch neue Dienstleistungen an. Der einzelne Nutzer muss aber am Anfang bereit sein, sich darauf einzulassen und ein bisschen zu experimentieren.

34.3.5   Schlussfolgerungen

Die *Transformation* ermöglicht UBS, Kosten bei besonders arbeitsintensiven Prozessen zu sparen und die Geschwindigkeit und die Verfügbarkeit von Dienstleistung zu steigern.

Eine konzernweit einheitliche Lösung wurde aus verschiedenen Gründen ins Auge gefasst. Zum einen strebte man die Gleichbehandlung der Regionen an, wollte die Sprachenvielfalt widerspiegeln und mit dem Service jeden Mitarbeiter von UBS erreichen. Zum anderen sollte den neuen digitalen und sozialen Medien Rechnung getragen werden.

Durch die *Utility* stehen UBS-Mitarbeitern Informationen aus mehr als 1250 Quellen aus 26 maßgeblichen Märkten jetzt rund um die Uhr zur Verfügung – auch am Wochenende. Der erste Pressespiegel des Tages wird vier Stunden früher veröffentlicht als bisher.

Literatur

Das Projekt hat den Sonderpreis ASCO Award 2013 für die beste Unternehmenstransformation gewonnen

http://www.asco.ch/award/asco-award-2013/

UBS AG

http://www.ubs.com
http://www.ubs.com/socialmedia
http://www.ubs.com/NEO

Projektpartner

http://www.accenture.com
http://www.unicepta.com

Die Herausgeber

Axel Liebetrau gilt als Deutschlands einflussreichster Experte für Innovationen und Trends in Banking und Insurance. Nach seiner Laufbahn als Banker arbeitete er zuerst in verschiedenen Beratungsfirmen für Banken und danach in führenden Zukunftsforschungsinstituten. Er studierte Bankbetriebslehre in Deutschland und International Management Consulting in England. Seit 2005 ist er als Unternehmer in der Innovationsberatung sowie als Keynote Speaker zu Innovation, Zukunft und Trends tätig. Er lehrt (Innovationsmanagement) und forscht (kundenzentrierte Bankarchitekturen) an den führenden Business Schools in der Schweiz und England.

Prof. Dr. Marcel Seidel ist gelernter Bankkaufmann und studierte Wirtschaftswissenschaften an der Universität Stuttgart. Nach mehreren beruflichen Stationen promovierte er 1996 zum Thema Fusionsmanagement in Banken. Er hat fast 20 Jahre Erfahrung in der Organisations- und Strategieberatung. In dieser Zeit hat er zahlreiche Strategieprojekte erfolgreich begleitet. Er ist Co-Gründer und Gesellschafter der BIG – Banking Innovation Group GmbH. Seine Beratungsschwerpunkte sind Strategieentwicklung, Innovationsmanagement, strategisches Marketing und Veränderungsmanagement. Seit März 2012 lehrt er an der FOM Hochschule in Stuttgart in den Themenfeldern Strategische Unternehmens- und Organisationsentwicklung, Human Resources und Marketing.

© Springer Fachmedien Wiesbaden 2015
M. Seidel, A. Liebetrau (Hrsg.), *Banking & Innovation 2015*, FOM-Edition,
DOI 10.1007/978-3-658-06746-5

Die Autoren

Dr. Philipp Becker ist Executive Director im Bereich Asset Allocation & Research bei LGT Capital Partners. Er ist verantwortlich für strategische Asset-Allocation-Projekte der LGT und Mitglied des erweiterten Investment-Komitees der Fürstlichen Strategie. Dr. Becker ist Experte auf dem Gebiet der Szenarioplanung und hat den szenariobasierten strategischen Anlageprozess der LGT maßgeblich mitgestaltet. Zuvor hat er bei Credit Suisse und Monitor Group in Zürich, London und Frankfurt gearbeitet. Sein Studium in Volkswirtschaft und Finance, das er mit einer Promotion zum Thema Szenarioplanung in der Asset Allocation abschloss, absolvierte er an der Universität St. Gallen und der ESADE (Spanien).

Katharina Berger arbeitet seit 1978 für die Deutsche Bank und war in verschiedenen Feldern tätig (Privatkundengeschäft, Investmentbanking sowohl auf Kunden- wie auf IT-Seite). Seit 2008 ist sie im Innovationsmanagement tätig. Gemeinsam mit der Universität St. Gallen hat sie das Konzept „Embedded Design Thinking" entwickelt. Als „Head of Design Thinking" ist sie für die weitere strategische Entwicklung dieses Konzepts wie auch der Evaluierung weiterer Innovations- und Kreativmethoden wie zum Beispiel „Foresight Thinking" verantwortlich. Daneben verfügt sie über Erfahrungen in der Qualitätssicherung und dem User Support in lokalem und internationalem Umfeld.

© Springer Fachmedien Wiesbaden 2015
M. Seidel, A. Liebetrau (Hrsg.), *Banking & Innovation 2015,* FOM-Edition,
DOI 10.1007/978-3-658-06746-5

Prof. Dr. Alexander Bönner lehrt an der FOM Hochschule u. a. die Themen Finanzierung, Unternehmensbewertung und Asset Management. Der gelernte Bankkaufmann studierte VWL und Banking & Finance an der Universität St. Gallen sowie an der University of Western Ontario (Kanada). Nach Stationen bei einer führenden Beratungsgesellschaft sowie bei einem kanadischen KMU promovierte er zum Thema „Forecasting Models for the German Office Market". Während dieser Zeit arbeitete er am Schweizerischen Institut für Banken und Finanzen (Universität St. Gallen). Anschließend war er mehrere Jahre als Unternehmensberater mit dem Fokus auf Executive Compensation und Corporate Finance tätig.

Dr. Georg Bouché begann seine akademische Ausbildung an der Europa Universität Viadrina in Deutschland und an der Universidad de Almeria in Spanien. Sein Studium zum European MBA schloss er an der University of Birmingham und an der FUNDESEM Business School in Spanien ab. Er promovierte an der Liverpool John Moores University im Bereich internationales Marketing an der Faculty of Business and Law. Vor der Gründung der Beratungsgesellschaft Bouché & Jakob war Dr. Georg Bouché in Spanien für ein Private Equity Unternehmen als Business Development Manager und Senior Consultant tätig. Seine Tätigkeitsschwerpunkte liegen in den Bereichen Business Development, Field Sales, Marketing, Project Management sowie im strategischen Vertrieb.

Kerstin Bruns ist Mitarbeiterin der Internen Revision bei der Evangelischen Kreditgenossenschaft eG (EKK). Während ihrer Berufstätigkeit als Bankkauffrau hat sie Betriebswirtschaft mit dem Schwerpunkt Bankwirtschaft an der Süddeutschen Hochschule für Berufstätige in Lahr studiert. Nach Abschluss ihres Diploms in 2001 ist sie in der Prüfung und Beratung für Genossenschaftsbanken tätig gewesen. Im Jahr 2004 ist sie zur Verbandsprüferin ernannt worden und hat die fachtheoretische Eignung nach § 33 Abs. 2 KWG erlangt. Seit 2006 ist sie wieder als Mitarbeiterin von Genossenschaftsbanken schwerpunktmäßig im Bereich Kundenkreditgeschäft, Gesamtbanksteuerung und Innenrevision tätig.

Hendrik M. Budliger ist Partner bei BridgeLink, einem global tätigen Beratungsunternehmen für Unternehmensfinanzierung und Mergers & Acquisitions. Nach seinem Studium an der Universität St. Gallen arbeitete er in der Unternehmensberatung und als Produktentwickler bei einer Schweizer Privatbank. Nebenbei bildete er sich zum Innovationsmanager und zum Finanzberater weiter. Privat betreibt er eine Online Kunstgalerie und restauriert alte Vespas.

Alexander Burggraf ist in der Personalentwicklung bei der Volksbank Rhein-Lahn eG beschäftigt. Vorher war er – nach seinem Studium der Wirtschaftswissenschaften – für die Akademie Deutscher Genossenschaften tätig.

Timo Capriuoli absolviert derzeit ein betriebswirtschaftliches Studium mit der Fachrichtung Management and Finance an der Steinbeis Universität Berlin. Er begann nach seiner Tätigkeit in verschiedenen Industrieunternehmen bei der Volksbank Heilbronn und übernahm dort nach kurzer Zeit die Verantwortung für die Funktion „Verwaltung". Mittlerweile ist er Funktionsverantwortlicher für das Prozessmanagement, welches für die Koordination aller Projekte und Prozesse und im Wesentlichen für die Aufgaben der klassischen Organisation verantwortlich ist.

Claude Del Don arbeitet im Middle Management einer Schweizer Privatbank. Er studierte Geisteswissenschaften an der Universität Zürich (UZH) und ist Inhaber des Titels „licentiatus philosophiae". Im Zuge seiner Weiterbildung erwarb er den „Master of Advanced Studies" in Banking & Finance.

André Del Piero ist Dozent an der HFBF Zürich und berät mittelständische Unternehmen in Fragen der Corporate Finance, Entscheidungsfindung und Strategie. Er war für führende Bankhäuser tätig und hält sowohl einen MBA in Banking und Finance als auch einen MBA in Corporate Finance CFO der Fachhochschule Nordwestschweiz. André Del Piero ist dipl. Bankwirtschafter HF und Absolvent des Executive Programs des Swiss Finance Institutes Zürich. Er schreibt eine Dissertation an der Universität of Gloucestershire UK zum Thema „Entscheidungsverhalten und Prospect Theory".

Margret Dreyer hat Volks- und Betriebswirtschaftslehre an den Universitäten Freiburg, Kiel und Münster studiert. Seit mehr als 20 Jahren ist sie auf Marketing- und Kommunikationsaufgaben in der Finanzdienstleistungsbranche ausgerichtet mit entsprechenden Positionen im Deutschen Sparkassen- und Giroverband und der Deutschen Postbank AG. Hier verantwortet sie als Abteilungsdirektorin die Markenstrategie und Marketingkommunikation für die Marken BHW, DSL Bank und Postbank.

Dirk Emminger ist Sales & Business Development Manager bei FI-TS (Finanz Informatik Technologie Services), einem führenden IT-Service-Partner für die Finanzbranche. Er verantwortet die Bereiche Neukunden und Finance + Business Development. Davor war er bei aixigo als Sales Manager tätig und für Private-Banking-Lösungen in der D-A-CH-Region verantwortlich. Dirk Emminger ist seit 1996 in der Banken- und Finanzdienstleistungsbranche aktiv. Im Laufe seiner Karriere hat er die Finanzbranche aus verschiedenen fachlichen Funktionen kennengelernt: Von der aktiven Kundenberatung über fachliche Trainings bis zum B2B-Vertrieb. Im täglichen Gespräch mit Kunden und Experten diskutiert er gerne über innovative Themen und die Banken der Zukunft.

Tobias Endreß beschäftigt sich als Doktorand an der University of Gloucestershire intensiv mit dem Thema Gruppenentscheidungen und Schwarminvestments. Er ist Autor verschiedener Veröffentlichungen und Vorträge zu Decision-Making, Online-Gemeinschaften und Digital Governance. Er hat eine Ausbildung zum Bankkaufmann absolviert, einen Abschluss als Informatik-Betriebswirt von der Hessischen VWA sowie in Betriebswirtschaft (BBA) von der Avans+ Breda erworben und schloss ein Masterstudium in Leadership in Digitaler Kommunikation an der UdK Berlin und Universität St. Gallen ab.

Jens Fehlhauer wurde in Hannover geboren. Nach der Ausbildung zum Bankkaufmann und ersten Erfahrungen in der Beratung bei der heutigen Hannoverschen Volksbank eG, wechselte er nach einer kurzen Zwischenstation bei der Commerzbank AG zur DZ BANK AG (früher DG BANK). Von 2004 bis Anfang 2008 war Jens Fehlhauer als Leitender Angestellter für den Aufbau des Vertriebs easy credit bei der Teambank AG in den Regionen Nord/Ost und Mitte tätig. Hierbei lag die Verantwortung neben dem B2B und B2C Vertrieb auch in dem Auf- und Ausbau des neuen stationären Vertriebskonzeptes easy credit-Shops. Seit dem 1.3.2008 ist er als Geschäftsführer der GENOPACE GmbH tätig.

Kurt Gerlach wurde in Kempen geboren. Nach seiner Ausbildung zum Bankkaufmann bei der Volksbank Kempen eG und ersten Erfahrungen in der Kundenbetreuung wechselte er 1988 zur Gladbacher Bank AG. Nach einigen Jahren als Leiter eines Filialbereiches übernahm er 1991 den Aufbau einer auf Immobilienfinanzierungen spezialisierten Fachabteilung. Seit 2006 ist Kurt Gerlach als Direktor Immobilienfinanzierung in Leitungsfunktion bei der Volksbank Düsseldorf Neuss eG tätig. Ein wesentlicher Meilenstein in dieser Zeit war sicherlich die im Wesentlichen von ihm mitverantwortete Entwicklung der Genopace Plattform.

Dr. Ariel Sergio Goekmen ist Partner, Head Kaiser Partner Privatbank AG, Vaduz. Er bewegt sich seit 30 Jahren im Bankgeschäft, seit fast 25 Jahren im Bereich Private Banking. Bei Kaiser Partner, einer Treuhandgruppe, ist Ariel Sergio Goekmen Partner und Vorsitzender der Geschäftsleitung der Privatbank. Er konzentriert sich hauptsächlich auf die Beratung sehr vermögender Kunden in Fragen der Strukturierung von Vermögen und der Risikominimierung. Gemeinsam mit internen und externen Fachleuten unterstützt er diese sehr wichtige Kundschaft in der steuerkonformen Vermögensstrukturierung. Dabei werden auch Gesichtspunkte und Fragen im Bereich Nachfolgeregelung und Erbschaftsplanung berücksichtigt. Er richtet sich geografisch vor allem auf Kunden in Russland, den GUS-Staaten und im Vereinigten Königreich aus.

Dr. Andreas Grahl ist Digitalisierungs-Experte und verantwortet strategische Konzernprojekte im Rahmen des Digital Programms der Allianz SE zur Entwicklung von innovativen mobilen Versicherungsservices. Zuvor hat Dr. Andreas Grahl den Bereich Projektmanagement und -controlling im Ressort Bankbetrieb der Allianz Deutschland AG geleitet und war hier verantwortlich für das Online-Banking-Projektportfolio in der Allianz und die Entwicklung mobiler Finanzapplikationen. Er ist seit 2004 in der Allianz Gruppe unter anderem auch in der Dresdner Bank AG in verschiedenen Managementfunktionen tätig und verfügt über mehrjährige Erfahrung in der internationalen Managementberatung bei Roland Berger Strategy Consulting und Gemini Consulting (Cap Gemini).

Alexander Gysinn ist seit seiner Ausbildung zum Bankkaufmann bei der Volksbank Heilbronn tätig. In dieser Zeit hat er von der Vermögensberatung über die Marketing- und Vertriebsleitung, den Aufbau des Produktmanagements, die Verantwortung für den Marktservice und für die Betreuung von Privat- und Firmenkunden in den 20 Filialen bis zur Leitung diverser Projekte unterschiedlichste Aufgaben verantwortet und umgesetzt. Derzeit ist er im Prozessmanagement verantwortlich für die Koordination aller Projekte und Prozesse in der Bank sowie für Aufgaben der klassischen Organisation. Parallel studiert er aktuell Betriebswirtschaftslehre mit dem Schwerpunkt Management and Finance.

Maria-Helena Hansen (geb. Scheffler), dipl. Betriebswirtin (BA), ist Referentin Vertrieb Strategie & Steuerung bei der Wüstenrot Bausparkasse AG. Zuvor war sie Direktionsmanagerin der Wüstenrot Direktion Partnervertrieb. Ursprünglich kommt sie aus dem Bereich Marketing & Kommunikation (PR). Nebenberuflich ist sie als Dozentin an der Dualen Hochschule BW tätig.

Ira Holl studierte Ökonomie mit der Spezialisierung Finanzkontrolle Industrie. Seit 1990 arbeitet sie bei der Deutschen Bank. In den Jahren 2005 bis 2010 leitete sie Q110 – Die Deutsche Bank der Zukunft in Berlin. Heute ist sie in der Deutschen Bank PGK AG Frankfurt im Vertriebsmanagement Deutschland für die Themen Serviceerlebnisse und Serviceinnovationen zuständig.

Norbert Huber ist Dipl. Bankbetriebswirt (BA). Er hat über 25 Jahre Erfahrung in der genossenschaftlichen Bankengruppe. Dabei war er für die VR Bank in Amberg und seit 2010 für die VR Bank Nürnberg tätig und war dabei Geschäftsstellenleiter, im Private Banking und Bereichsleiter Vertriebsmanagement. Die Schwerpunkte seines Verantwortungsbereichs liegen heute im Multikanalvertrieb, Marketing, Kundenqualitätsmanagement, EBL, Vertriebssteuerung und -controlling. Neben der beruflichen Tätigkeit betrieb er über 15 Jahre als Amateur sehr erfolgreich und leistungsorientiert Ausdauersport. Von 2002 bis 2005 war er Mitglied der Duathlon- Nationalmannschaft und 2004 Duathlet des Jahres in Deutschland. Er errang in seinen Altersklassen diverse deutsche Meistertitel im Triathlon und wurde im Powerman-Duathlon 2009 Weltmeister. Im Jahr 2012 bestritt er das „Race across America".

Dr. Markus Keck war nach seiner Bankausbildung bei der Citibank und nach seinem Studium der Betriebswirtschaftslehre in verschiedenen Führungspositionen im Retail Banking tätig. Nach seiner Tätigkeit als Projekt- und Produktmanager im Kartengeschäft der DG BANK leitete er dort für mehrere Jahre die zentrale Vertriebssteuerung und das Produktmarketing im Electronic Banking. Mit seinem Wechsel zur Commerzbank AG leitete er zunächst die Entwicklung von Produktangeboten für den E-Commerce. Begleitend promovierte und publizierte er in dem Themenfeld „Multi-Channel Banking". Anschließend wechselte er in das Segment „Private Kunden" als Abteilungsleiter für Selbstbedienung & Kasse. Seit 2013 verantwortet er darüber hinaus die Entwicklung der Technologien & Prozesse für die neue Filialstrategie der Commerzbank AG.

Ralf Knappkötter ist Generalbevollmächtigter der Volksbank Dortmund-Nordwest eG und Geschäftsführer der VB-Grundstücksgesellschaft mbH. Zuvor war der Diplom-Kaufmann u. a. als Referatsleiter beim Sparkassen- und Giroverband in Frankfurt/Main und anschließend zwölf Jahre bei der Westdeutschen Genossenschafts-Zentralbank AG in Düsseldorf tätig. Dort verantwortete er als Abteilungsdirektor die Themen Vertriebs- und Produktmanagement im Bereich Firmenkunden. In dieser Zeit hat er als Projektleiter mit der Universität Münster das Programm MinD (Managementinstrumente & Dialog) für Firmenkunden und VR-Banken entwickelt.

Dr. Elizaveta Kozlova promovierte bei Prof. Dr. Ulrich Hasenkamp am Institut für Wirtschaftsinformatik der Philipps-Universität Marburg. Sie ist heute als IT-Beraterin und IT-Trainerin bei der best-practice innovations GmbH und als Redakteurin für wissenschaftliche Zeitschriften tätig.

Patrick Kramer studierte Wirtschaftswissenschaften mit Vertiefungsrichtung Wirtschaftsinformatik an der Universität Basel sowie Digitales Marketing an der IE Business School Madrid. Er verfügt über 15 Jahre Erfahrung als Kommunikations- und Marketingleiter in der Finanzindustrie. In dieser Zeit hat er zahlreiche Strategie- und Change-Management-Projekte erfolgreich umgesetzt. Seit 2011 ist er innerhalb der UBS-Konzernkommunikation verantwortlich für den Bereich E-Channel Strategy mit den Schwerpunktthemen Social Media, integriertes Medien-Monitoring und Gamification.

Dr. Melanie T. Lais studierte Betriebswirtschaftslehre und Wirtschaftspsychologie. Im Anschluss promovierte sie an der LMU München in Psychologie mit wirtschaftspsychologischem Schwerpunkt zur Auswirkung von Führungsverhalten auf spezifische Mitarbeiterverhaltensweisen.

In ihrer beruflichen Praxis verantwortet sie als Abteilungsleiterin den Marketingbereich eines mittelständischen Finanzdienstleistungsunternehmens. Neben dieser Tätigkeit betätigt sie sich gerne in Arbeitskreisen und Vorträgen zum Thema Psychologie, Führung und Veränderungen in der Wirtschaft.

Markus Malz, dipl. Bankbetriebswirt, ist Bereichsleiter für das Website-Management und die Portalsteuerung im Konzern Wüstenrot & Württembergische AG. Nach seiner Ausbildung und dem Studium an der Frankfurt School of Finance and Management war er in diversen Führungsfunktionen bei verschiedenen Banken und Finanzdienstleistern tätig. Im Fokus standen hier insbesondere die Entwicklung von innovativen Zielgruppenstrategien und das Produktmanagement im Retail Banking.

Stefan Mertes studierte Betriebswirtschaftslehre an der Universität Mannheim und der Aston Business School, Birmingham. Nach einem Traineeprogramm und Stationen im zentralen Geschäftsfeld Group Treasury der Commerzbank AG wechselte er Ende 2008 zur Hypo Real Estate. Hier war er, zunächst als Vorstandsassistent und später als Leiter Global Business Management des Ressorts Treasury/Public Finance, mit der Leitung verschiedener strategischer Projekte betraut. Seit Mitte 2011 leitet Stefan Mertes die Abteilung Business Development des Privatkundensegments der Commerzbank AG. Unter anderem ist er an der Entwicklung der neuen Privatkundenstrategie sowie der Konzeption und Pilotierung neuer Filialmodelle beteiligt.

Dr. Franziska Nocke ist Bereichsleiterin Vorstandsstab und Prokuristin bei der Evangelischen Kreditgenossenschaft eG (EKK). Hier verantwortet sie die Themenfelder Öffentlichkeitsarbeit, Marketing, Gremienarbeit, Veranstaltungsmanagement, Vertriebsmanagement sowie Nachhaltigkeit. Darüber hinaus ist Frau Dr. Nocke als Dozentin tätig und hat als Autorin zahlreiche Beiträge zum Thema Kundenbeziehungsmanagement, insbesondere Kundenabwanderung und -rückgewinnung, publiziert.

Dr. Elke Präg studierte Neurobiologie an der Universität Tübingen und promovierte in der Neuropsychologie der Universität Zürich zum Thema der Veränderbarkeit (Plastizität) des menschlichen Gehirns. Nach einem Auslandsaufenthalt an der Harvard Medical School, Boston, USA, kehrte sie nach Deutschland zurück und machte sich mit ihrem Unternehmen WisA – Angewandte Neurowissenschaften selbstständig. Neben ihrer wissenschaftlichen Tätigkeit vermittelt sie seither Unternehmen und der Allgemeinheit die neuesten Ergebnisse aus der Gehirnforschung mit dem Ziel, den fachlich korrekten Transfer in die Praxis zu gewährleisten.

Elisabeth Prähauser (Mag.) ist Projektmanagerin und Hochschuldozentin. In der Salzburger Sparkasse Bank AG ist sie für Vertriebsprojekte verantwortlich sowie als Inhouse-Beraterin für interdisziplinäre Projekte mit Schnittstellen zum Vertrieb tätig. Elisabeth Prähauser gibt seit mehreren Jahren ihr Wissen als Dozentin an verschiedenen Hochschulen mit betriebswirtschaftlichem Schwerpunkt an Studierende weiter, wobei ihr der Konnex von Wissenschaft und Wirtschaftspraxis ein besonderes Anliegen ist.

Volker Pressel ist Bankbetriebswirt, zertifizierter Fachberater regionaler Energieentwicklungsprojekte (Technische Hochschule Mittelhessen) sowie Geschäftsfeldverantwortlicher Erneuerbare Energie, Volksbank RheinAhrEifel eG; Vorstand Eifel-Energiegenossenschaft, eegon. Er verantwortet die Entwicklung und Umsetzung regionaler Projekte insbesondere mit Bürgerbeteiligung (Begleitung in der Gründung von Bürger-Unternehmen und Genossenschaften zu Themen der Regionalentwicklung), Steigerung und Erhalt regionaler Wertschöpfung und Netzwerkarbeit.

André Renfer, Bereichsleiter Services der Hypothekarbank Lenzburg AG, ist eidg. dipl. Betriebsökonom FH sowie Absolvent des Nachdiplomstudiums Bankmanagement (Master of Banking Administration) am Institut für Finanzdienstleistungen in Zug. Er arbeitet seit 25 Jahren im Finanzbereich bei verschiedenen Banken, Beratungsfirmen und Serviceprovidern. Seit 2012 ist er bei der Hypothekarbank Lenzburg AG als Bereichsleiter Services tätig und verantwortlich für die Serviceerbringung im Bereich Zahlen, Anlegen und Finanzieren für die eigene Bank sowie für Drittbanken.

Alexander J. Renner verantwortet das Marketing bei FI-TS (Finanz Informatik Technologie Services), einem führenden IT-Service-Partner für die Finanzbranche. Seit 2000 beschäftigt er sich mit der Vermarktung von IT-Lösungen und Outsourcing für die Finanzbranche bei IT-Partnern für Banken. Zuvor hat er bei der Deutschen Bank Erfahrungen sowohl im Privatkundengeschäft als auch im neuen E-Banking für Geschäftskunden gesammelt. Seit 2005 ist Alexander J Renner Leiter Marketing bei FI-TS. Als langjähriger Kenner des IT-Marktes in der Finanzwirtschaft liegt sein Fokus auf innovativen und cloudbasierten Lösungen für die Branche, die Banken, Finanzdienstleister und Versicherungen bei den aktuellen Herausforderungen unterstützen.

Prof. Dr. Dieter Rohrmeier absolvierte nach seiner Ausbildung in der Sparkasse Straubing und Bankpraxis ein Studium zum Diplom-Handelslehrer an der Universität München. Ab 1983 war er als wissenschaftlicher Mitarbeiter an der Universität München tätig und promovierte mit Schwerpunkten Bankbetriebslehre, Allgemeine Betriebswirtschaftslehre, Industriebetriebslehre und Wirtschaftspädagogik. Ab 1987 war er stellvertretender Leiter der Sparkassenakademie Bayern und ab 2002 Leiter der Deutschen Sparkassenakademie Bonn Seit Juli 2005 ist er Hochschullehrer an der Hochschule der Sparkassen-Finanzgruppe – University of Applied Sciences – Bonn für Management, Personalwirtschaft und Organisation und Studienleiter für den MBA-Studiengang „Management of Financial Institutions".

Horst Schreiber, gelernter Bankkaufmann und Dipl. Bankbetriebswirt (ADG), ist seit 1981 Vorstand. Zunächst bei der Volksbank Kordel, dann bei der Raiffeisenbank Trier und nun schon viele Jahre bei der Volksbank Trier. Herr Schreiber bekleidet verschiedene Ämter innerhalb der genossenschaftlichen Organisation. So ist er u. a. Geschäftsführer der WGZ Beteiligungs GmbH & Co.KG, Aufsichtsratsmitglied DG Verlag eG, Aufsichtsratsmitglied VR-NetWorld GmbH, Vorsitzender des Fachausschuss Marketing beim Rheinisch Westfälischen Genossenschaftsverband, Vorsitzender des Fachrat Markt beim Bundesverband der Volksbanken Raiffeisenbanken, Mitglied im Allfinanzbeirat DZ Bank Gruppe, Mitglied im Advisory Komitee der UNION Institutional.

Ewald Seifried ist gelernter Bankkaufmann und verfügt über mehr als 30 Jahre Erfahrung im Banking. Ab 2000, als Dipl. Bankbetriebswirt (ADG), ergänzte er sein Profil als Unternehmensberater, Personalentwickler, Trainer und Coach. Als Sparringspartner begleitet er Führungskräfte und Teams in Industrie- und Dienstleistungsbetrieben systemisch wie situativ. Er ist Co-Gründer und Gesellschafter der BIG – Banking Innovation Group GmbH. Seine Beratungsschwerpunkte sind Führungskräfteentwicklung, Individualgeschäft der Zukunft, Business Coaching, Innovationsmanagement, Lernen in Bewegung und Veränderungsmanagement.

Birgit Spors studierte Betriebliche Planung und Koordination an der Hochschule der Künste Berlin, u. a. mit Schwerpunkt Marketing. Sie ist seit über 20 Jahren in unterschiedlichen Marketing- und Vertriebspositionen von Finanzdienstleistern tätig, wie LBS Ost AG, Commerzbank AG, Deutsche Bank AG und ING-DiBa. In den vergangenen neun Jahren war sie verantwortlich für die Markenführung und das Marketing der ING-DiBa und prägte die aktuelle Positionierung der Bank maßgeblich. Zum 1.6.2014 hat Birgit Spors die Bereichsleitung Vertrieb für das inländische Fördergeschäft der KfW Bankengruppe übernommen.

Dr. Axel Steudle ist gelernter Bankkaufmann. Er studierte Betriebswirtschaft und ist als Senior Berater bei der DZ PRIVATBANK Niederlassung Stuttgart im Private Banking tätig. Zuvor hat er zahlreiche berufliche Stationen im Bankbereich vom Kreditgeschäft für Firmenkunden/Akquisitionsfinanzierungen über Private Equity bis hin zu Vermögensverwaltungen durchlaufen. Auf Basis dieser 20-jährigen Berufserfahrung ist er seit September 2010 als nebenberuflicher Dozent an der FOM Hochschule in Essen in den Themenfeldern Turnaround Management, International Finance und Konfliktmanagement tätig.

Kaspar Trachsel leitet das Kundenmanagement bei der österreichischen Bank BAWAG P.S.K. Er ist zuständig für die Ausgestaltung der CRM-Multikanal-Strategie und die Umsetzung der Roadmap. Frühere Stationen seiner beruflichen Tätigkeit waren Führungspositionen in Marketing, Vertrieb und Unternehmenssteuerung bei Postfinance AG, UBS AG und einem IT Unternehmen. Kaspar Trachsel studierte Betriebsökonomie und Marketing an der Berner Fachhochschule und ist Inhaber eines Executive MBA in Business Engineering der Universität St. Gallen.

Felix Wenger hält einen Executive MBA der Universität St. Gallen sowie einen Master in Geschichte und Deutscher Sprach- und Literaturwissenschaft. Er arbeitet seit über 20 Jahren in der Finanzindustrie sowohl auf der Seite verschiedener Großbanken als auch bei spezialisierten Verlagshäusern. Aktuell leitet er den Konzernbereich Communication Shared Services der UBS AG, zu dem neben verschiedenen analogen und digitalen Marketing- und Investor-Relations-Kanälen auch der Bereich Medienbeobachtung gehört.

Marianne Wildi, CEO der Hypothekarbank Lenzburg AG ist eidg. dipl. Betriebsökonomin FH, eidg. dipl. Bankfachfrau sowie Absolventin des Executive Programm Swiss Banking School und des SKU Advanced Management Diplom der Executive School der Universität St. Gallen. Sie ist seit 30 Jahren bei der Hypothekarbank Lenzburg AG tätig – zuerst 25 Jahre in verschiedenen Funktionen der IT-Abteilung und seit Oktober 2009 als Vorsitzende der Geschäftsleitung. Sie ist auch weiterhin verantwortlich für die IT der Bank, welche unter anderem die Entwicklung und die Wartung der eigenen Gesamtbankensoftware „Finstar" umfasst.

Stefan Wittlinger ist Marktgebietsleiter bei der TeamBank AG und verantwortlich für die Betreuung und Beratung der Volksbanken Raiffeisenbank im Geschäftsfeld Konsumentenkredit in Nordbayern. Zuvor begleitete er unterschiedliche Vertriebspositionen im b2b-Bereich innerhalb des Instituts. Vor seinem Eintritt in die TeamBank AG war er in verantwortlicher Position im Privat- und Gewerbekundengeschäft innerhalb der Sparkassenorganisation sowie der Sparda-Banken-Gruppe tätig. Stefan Wittlinger ist diplomierter Bankbetriebswirt der Frankfurt School of Finance & Management wo er auch als Dozent tätig ist.

Jens Wöhler ist seit 2010 Markt- und Handelsvorstand beim Sparkassen Broker. Nach Abschluss seines Studiums Internationale Beziehungen an der Universität St. Gallen war er Konzernpressesprecher bei der UBS in Zürich. 1999 wechselte er als Berater zu Oliver Wyman nach München. Von 2004 bis 2007 war Jens Wöhler als Bereichsleiter Business Development bei der DAB Bank tätig. Bevor er beim S Broker begann, beriet er Banken und Asset Manager als Mitglied der Geschäftsleitung bei Kienbaum Management Consultants in Strategie- und Prozessfragen. An der Hochschule Würzburg ist Jens Wöhler Lehrbeauftragter für strategische Trends in der Finanzdienstleistungsindustrie und an der Management Akademie der Sparkassen-Finanzgruppe Dozent für Kapitalmärkte und Portfoliomanagement.

Dr. Andrew J. Zeller ist Mitglied des Management Boards bei der TeamBank AG und leitet den Bereich Strategie. In seiner Verantwortung liegen die Entwicklung der Geschäfts- und Risikostrategien, Kooperationsstrategie, strategische Investitionen und Beteiligungssteuerung, Innovationsmanagement sowie das Qualitäts- und Kundenzufriedenheitsmanagement. Bevor er 2005 zur TeamBank AG wechselte, war er für ein amerikanisches Investmenthaus und eine internationale Unternehmensberatung tätig.

Stefanie Zethner ist seit 2011 als Projektmanagerin im Bereich Personalmanagement der Volksbank Mittelhessen eG in Gießen tätig. Dabei ist sie unter anderem für innovative und strategische Themen, konzeptionelle Ausarbeitungen und das Multiprojektmanagement verantwortlich. Stefanie Zethner begann ihre Karriere nach einer Ausbildung zur Bankkauffrau und einem Studium der Wirtschaftswissenschaften sowie der Arbeits- und Organisationspsychologie als Programm-Managerin bei der ADG Business School auf Schloss Montabaur.

Dr. Friedrich G. Zuther leitet die Abteilung Bankorganisation/Informationstechnologie beim Bundesverband der Deutschen Volksbanken und Raiffeisenbanken e. V. Im heterogenen Umfeld der genossenschaftlichen FinanzGruppe initiiert und leitet er übergreifende Projekte zur Optimierung von Prozessen, IT-Unterstützung der Banken sowie insbesondere Untersuchungen zu den Chancen und Risiken, die sich für die Banken beim Einsatz innovativer Technologie ergeben. Dr. Friedrich G. Zuther studierte Elektrotechnik und Philosophie in Berlin und Paderborn. An der TU Berlin promovierte er 1996 am Fachbereich Kommunikationswissenschaften auf dem Gebiet der Kybernetischen Pädagogik.

The manufacturer's authorised representative in the EU is Springer
Nature Customer Service Centre GmbH, Europaplatz 3, 69115 Heidelberg,
Germany. If you have any concerns regarding our products, please
contact ProductSafety@springernature.com

Printed and bound by CPI Group (UK) Ltd, Croydon, CR0 4YY

27/04/2026

02097646-0007